全本全注全译丛书

中华
经典
名著

张　景　张松辉◎译注

鬻　子
计倪子
於陵子

中華書局

图书在版编目(CIP)数据

鹖子　计倪子　於陵子/张景,张松辉译注. —北京:中华书局,2025.3. —(中华经典名著全本全注全译丛书). —ISBN 978-7-101-17028-3

Ⅰ. B229

中国国家版本馆 CIP 数据核字第 2025Y4A540 号

书　　名	鹖子　计倪子　於陵子
译 注 者	张景　张松辉
丛 书 名	中华经典名著全本全注全译丛书
责任编辑	刘胜利
装帧设计	毛　淳
责任印制	韩馨雨
出版发行	中华书局
	(北京市丰台区太平桥西里 38 号　100073)
	http://www.zhbc.com.cn
	E-mail:zhbc@zhbc.com.cn
印　　刷	北京盛通印刷股份有限公司
版　　次	2025 年 3 月第 1 版
	2025 年 3 月第 1 次印刷
规　　格	开本/880×1230 毫米　1/32
	印张 9⅝　字数 220 千字
印　　数	1-8000 册
国际书号	ISBN 978-7-101-17028-3
定　　价	32.00 元

目录

鬻　子

前言

《鬻子》被称为"诸子之首"（逢行珪《进〈鬻子〉表》），其作者鬻熊被周文王尊为老师，而且是楚国的实际创建者，可见鬻熊与《鬻子》在历史上都具有相当重要的政治、文化地位。但由于年代实在太久远，无论是鬻熊，还是他的作品《鬻子》，都笼罩于一团迷雾之中。我们根据有限的史料，对此做一简单梳理。

一　鬻熊生平

鬻熊，也写作"粥熊"，"鬻""粥"二字古代通用，芈姓。梁玉绳《人表考》卷三说："鬻熊，祝融十二世孙，楚先封鬻，夏、商间因为姓。"鬻熊的先祖最早姓芈，后来封于鬻（所在地不详），故又姓鬻。鬻熊是商末周初人，具体生卒年月不详，但他是先秦楚国承上启下的一位极为重要的历史人物。《史记·楚世家》记载：

> 楚之先祖出自帝颛顼（zhuān xū）高阳。高阳者，黄帝之孙，昌意之子也。高阳生称，称生卷章，卷章生重黎。重黎为帝喾（kù）高辛居火正，甚有功，能光融天下，帝喾命曰祝融。共工氏作乱，帝喾使重黎诛之而不尽。帝乃以庚寅日诛重黎，而以其弟吴回为重黎后，复居火正，为祝融。
>
> 吴回生陆终。陆终生子六人，坼剖而产焉。其长一曰昆吾；二

曰参胡;三曰彭祖;四曰会人;五曰曹姓;六曰季连,芈姓,楚其后也。……季连生附沮,附沮生穴熊。其后中微,或在中国,或在蛮夷,弗能纪其世。

周文王之时,季连之苗裔曰鬻(yù)熊。鬻熊子事文王,蚤卒。其子曰熊丽。熊丽生熊狂,熊狂生熊绎。熊绎当周成王之时,举文、武勤劳之后嗣,而封熊绎于楚蛮,封以子男之田,姓芈氏,居丹阳。

楚国的祖先出自颛顼帝高阳。高阳是黄帝的孙子,昌意的儿子。高阳生称,称生卷章,卷章生重黎。重黎在帝喾高辛时任火正(负责火的官员),建立了很大功劳,能使光明普照天下,帝喾便赐予他祝融的称号。共工氏叛乱时,帝喾派重黎前去镇压,但重黎没能斩草除根。于是帝喾就在庚寅那一天杀死了重黎,让其弟吴回接替重黎,继续担任火正之职,仍称之为祝融。

吴回生陆终。陆终有六个儿子,都是母亲腹裂而生。长子叫昆吾。次子叫参胡。三子叫彭祖。四子叫会人。五子叫曹姓。六子叫季连,季连姓芈,楚国王族就是他的后裔。……季连生附沮,附沮生穴熊。这一家族中道衰落,有的住在中原,有的则流落在蛮夷,无法理清他们的世系。

周文王的时候,季连的后代有一位叫鬻熊的。鬻熊像儿子(一说"鬻熊子"是"鬻熊先生"的意思,"子"是对鬻熊的尊称)一样侍奉文王,早死。他的儿子叫熊丽。熊丽生下了熊狂,熊狂生下了熊绎。熊绎生活于周成王时代,成王要举用文王、武王时功臣的后代,于是就把熊绎封到楚蛮,赐给他子男爵位的田地,姓芈,住在丹阳(在今河南淅川南,一说在今湖北枝江,一说在今湖北秭归东南)。

从这一记载看,虽然楚王家族最早源出于颛顼帝,是黄帝后裔,但鬻熊之前的若干代先祖已经没落,完全离开了国家政治舞台。到了鬻熊时,这种衰落才有了转机。《史记·周本纪》记载:"(文王)礼下贤者,日中不暇食以待士,士以此多归之。伯夷、叔齐在孤竹,闻西伯善养老,盍往归之。太颠、闳夭、散宜生、鬻子、辛甲大夫之徒皆往归之。"鬻子见文王时，还有一段比较有名的对话：

> 昔文王见鬻子年九十，文王曰："嘻，老矣！"鬻子曰："若使臣捕虎逐麋，臣已老矣；坐策国事，臣年尚少。"（《意林》一）

这一记载与《史记》中的"鬻熊子事文王，蚤卒"有矛盾，我们一般应以《史记》的记载为准。关于这一矛盾，学界也有较为圆融的两种解释：第一，严可均认为鬻子高寿，有一百多岁，"蚤（早）卒、蚤（早）终，谓不及受封先卒耳，非不寿之谓也。"（《全上古三代文》卷九）第二，锺肇鹏说："鬻子九十见文王，文王师事之，由于年龄太大，可能不久就去世了。事文王的时间比较短，所以《楚世家》说他'早卒''早终'，是指事文王的时间很短，而不是说他年纪很轻。"（《鬻子校理·前言》）无论真相如何，鬻子这段话讲得很有道理，因此常被后人所引用："楚丘先生披蓑带索，往见孟尝君。孟尝君曰：'先生老矣！春秋高矣！多遗忘矣！何以教文？'楚丘先生曰：'恶将使我老？恶将使我老？意者将使我投石超距乎？追车赴马乎？逐麋鹿、搏虎豹乎？吾则死矣，何暇老哉？将使我深计远谋乎？役精神而决嫌疑乎？出正辞而当诸侯乎？吾乃始壮耳，何老之有！'孟尝君赧然，汗出至踵，曰：'文过矣！文过矣！'"（《韩诗外传》卷十）可见，鬻子的话得到了后人共鸣。

根据现有史料，鬻子的确如他所说，没有建立过"捕虎逐麋"的具体事功，但留下了不少"坐策国事"的言论。这些言论主要保存在《鬻子》一书中。关于鬻子对于周代建立的功劳，我们想引用刘邦与其臣下的一段对话予以概括。刘邦即位的第五年（前202），已经消灭了项羽，平定了天下，刘邦要对将士们论功行赏。刘邦认为萧何的功劳最大，封他为酂侯，给他的食邑最多。很多大臣对此不服，说："我们身披铠甲，手执兵器，多的打过一百多次仗，少的也经历了数十次战斗，攻破敌人城池，夺取敌人土地，或大或小，都有战功。而萧何没有立过军功，只不过靠舞文弄墨，发发议论，从不上战场，反而位居我们之上，这是什么道理？"《史记·萧相国世家》接着记载：

　　高帝（刘邦）曰："诸君知猎乎？"曰："知之。""知猎狗乎？"曰："知之。"高帝曰："夫猎，追杀兽兔者狗也，而发踪指示兽处者人也。今诸君徒能得走兽耳，功狗也。至如萧何，发踪指示，功人也。"

　　这段话翻译为："汉高祖刘邦问诸将：'诸位知道打猎的事情吗？'诸将回答：'知道。'刘邦又问：'你们知道猎狗的作用吗？'诸将答道：'知道。'刘邦说：'打猎的时候，追赶扑杀野兽、兔子的是猎狗，而能够发现野兽踪迹向猎狗指示野兽所在之处的是猎人。如今你们诸位只是能够追赶扑杀野兽，不过是有功的猎狗而已。至于萧何，他能够发现野兽踪迹，指示追赶方向，是有功的猎人。'"功狗"自然不如"功人"，具体攻城略地的将军自然不如发号施令的萧何。

　　鬻子虽然没有立下具体的事功，但他"坐策国事"，也为西周的建立做出了自己的贡献，不然，周成王也不会再去追念他的功劳，立他的曾孙熊绎为诸侯。

　　我们顺便介绍一下楚国刚刚建国时的情况。周成王追念鬻熊的功劳，于是封其曾孙熊绎为子爵，正式建立楚国。据《清华简·楚居》记载，楚人立国之初，不仅地处蛮荒，而且极为贫穷，在举行祭祀时，因一无所有，只好跑到相邻的邻国偷盗一头小牛做祭品。后来，周成王在岐阳（岐山的南边，岐山在今陕西岐山县东北）举行诸侯大会时，熊绎作为低等诸侯，也赶来参会。关于熊绎在大会期间的待遇，《国语·晋语八》是这样记载的：

　　　　昔成王盟诸侯于岐（qí）阳，楚为荆蛮，置茅蕝（jué），设望表，与鲜卑守燎（liáo），故不与盟。

　　在这次大会上，由于熊绎的地位低下，而且还被视为蛮夷，于是就被安排去做三件事情：一是置茅蕝，也即把茅草捆树立在祭坛前，然后把酒浇灌在茅草捆上，让酒慢慢渗下，象征神灵饮用了这些酒。二是设望表，就是设置标杆，以标出所要祭祀的山川的方位。三是到了晚上，熊绎就与另外一位少数民族鲜卑（一作"鲜牟"）族的首领一起蹲在外面看守篝火。

由于地位低下，自始至终，熊绎都没能正式参加其他公、侯的正式会盟。

熊绎大概还是尽心尽力地完成了周王朝分派给自己的这些带有服务性质的工作，但如此低等的待遇，对熊绎及其后人的心理刺激应该是相当大的。在这之后，熊绎就带领楚人开始了"筚路蓝缕，以处草莽；跋涉山林，以事天子"（《左传·昭公十二年》）的艰苦创业，但楚人从未忘记这次岐阳之会上的糟心待遇，所以到了熊绎四世孙熊渠时，就公开声称："我蛮夷也，不与中国之号谥。"既然周王朝视我为蛮夷，那么我就以蛮夷的态度去对待周王朝，于是"立其长子康为句亶王，中子红为鄂王，少子执疵为越章王"（《史记·楚世家》）。熊渠竟然把自己的三个儿子全部封为王，在称号上与周天子平起平坐了，这无疑是对周天子的一种羞辱性报复。后来熊渠担心周厉王的讨伐，又取消了儿子们的王号。到了楚武王熊通的时候，楚国进一步强大，熊通便公开威胁周王朝："我蛮夷也。今诸侯皆为叛相侵，或相杀。我有敝甲，欲以观中国之政，请王室尊吾号。"（《史记·楚世家》）公开向周王朝讨要尊号，遭到周王朝的拒绝后，熊通极为愤怒地说："吾先鬻熊，文王之师也，蚤终。成王举我先公，乃以子男田令居楚，蛮夷皆率服，而王不加位，我自尊耳。"（《史记·楚世家》）周王朝不给尊号，那就自立尊号，于是熊通自称为王，从此之后的楚君一直以"王"为号。到了楚庄王时，更是发生了问鼎周王朝的事件："楚王问鼎小大轻重，（王孙满）对曰：'在德不在鼎。'庄王曰：'子无阻九鼎！楚国折钩之喙，足以为九鼎。'"（《史记·楚世家》）楚庄王问鼎周室，表现出对周王朝权威的极大蔑视。

从以上史料不难看出，鬻子在楚国发展史上的重要地位，可以说，没有鬻子，一个延续数百年、影响极为深远的楚国就不可能出现。正因为如此，《左传·僖公二十六年》记载："夔子不祀祝融与鬻熊，楚人让之。对曰：'我先王熊挚有疾，鬼神弗赦，而自窜于夔。吾是以失楚，又何祀焉？秋，楚成得臣、斗宜申帅师灭夔，以夔子归。"夔国是楚国的同姓国，因为不祭祀先祖祝融与近祖鬻子，便被灭国。另外，自鬻熊之后，楚国王族皆以"鬻熊"的名字"熊"为氏,由此可见鬻子在楚国人心目中的地位之高。

二　鬻子思想

《鬻子》一书,《汉书·艺文志》把它列为道家,《四库全书》《百子全书》把它列为杂家,今本《鬻子》又被一些学者视为小说家(见锺肇鹏《鬻子校理》),可见该书的思想较为丰富,或者说较为驳杂,并非专主一家。当然,如果《鬻子》确实反映了鬻熊的言行,那么对于周初之人,也无某一家可主,因而也就没有必要一定要为它定性为哪一家。我们这里较为全面、也较为简单地介绍一下鬻子的主要思想。

首先,我们谈鬻子的哲学思想。

第一,重视大道。

先秦的所有思想家,无不重视大道。据说在舜、禹时代,人们就提出了"道"这一概念,《尚书·大禹谟》说:"人心惟危,道心惟微;惟精惟一,允执厥中。"意思是:"人心动荡不安,道心精微难明;要做到精诚专一,切实施行中庸之道。"后来的理学家认为这十六个字是由圣人一脉相传的道统心法。

鬻子同样重视大道:

> 君子不与人谋之,则已矣;若与人谋之,则非道无由也。(《撰吏五帝三王传政乙第五》)

鬻子说:"如果君子不参与别人的国务谋划,就不用说了;如果参与别人的国务谋划,那么不遵循大道是行不通的。""道"的本义是道路,人们从某地到某地,必须通过某条道路,否则就无法到达自己的目的地。同样的道理,包括人在内的万物要想达到自己的某种目的,必须遵循某种规律、原则,否则就无法成功。于是在词汇比较贫乏的先秦,人们就把道路的"道"拿来作规律、真理、原则等含义来使用。"道"是天地间所有规律、真理的总称。鬻子明确要求事无大小,必须遵循规律施行。

  要说明的是,鬻子虽然重道,但在具体论述中,对"道"的定位有一定的混乱之处,《汤政汤治天下理第七》说:"有天然后有地,有地然后有别,有别然后有义,有义然后有教,有教然后有道,有道然后有理,有理然后有数。"鬻子一方面把大道置于谋划国事的首要地位,另一方面又把"道"摆在天、地、别、义、教之后,这与后来的道家把道置于天地之先的观点有一定差异。

  第二,承认万物不停运动变化及质量互变规律。

  在中国古代,几乎所有思想家都承认万物在不停地运动变化,而且也模模糊糊地意识到质量互变规律。鬻子也是如此。《列子·天瑞》记载:

   粥熊曰:"运转亡已,天地密移,畴觉之哉?故物损于彼者盈于此,成于此者亏于彼。损盈成亏,随世随死。往来相接,间不可省,畴觉之哉?凡一气不顿进,一形不顿亏;……俟至后知。"

  鬻子认为,万事万物运动变化永不停止,就连天地也在悄悄地移动。事物在那里减少了,而在这里就增多了;在这里成就了,而在那里就亏损了。这些现象生生灭灭,相互转化衔接,在事物慢慢变化期间,人们无法察觉它的变化,……等到发生了巨大变化的时候,人们才能知道。鬻子说的"密移"类似今天说的量变,他说的"至"类似今天说的质变。这段话中的"天地密移"特别值得我们注意,因为多数古人认为天动而地静,大地是不动的,而鬻子则认为大地也是移动的,这一思想应该说是超前的。

  鬻子承认并重视万物的变化,但进入政治领域里,他没有贯彻这一哲学观,反而认定:"昔者五帝之治天下也,其道昭昭,若日月之明然,若以昼代夜然。其道若首然,万世为福、万世为教者,唯从黄帝以下、舜禹以上而已矣。君王欲缘五帝之道而不失,则可以长久。"(《贵道五帝三王周政乙第五》)万物在变,但黄帝至舜、禹的政治制度却不可以变,只有坚守这些制度,国家才能长治久安。这一政治观与他的哲学观明显是相互矛盾的。

  第三,具有某种程度的命定论。《列子·力命》记载:"鬻熊语文王曰:'自长非所增,自短非所损,算之所亡若何。'"鬻熊对文王说:"长寿是自然而然的事情,不是人力所能增加的;短命也是自然而然的事情,也不是人力所能减损的,任何算计谋划对于生命的长短来说,都是无可奈何的。"鬻子认为人们在自然命运面前无能为力,但鬻子的命定论是不彻底的,他一边认为人在命运面前是无可奈何的,另一方面又指出,当圣王在位时,可以"使民富且寿"(贾谊《新书·修政语下》引)。这同样是自相矛盾的。

其次,我们谈鬻子的政治思想。

鬻子对治国的方略,有一个总体概括,《道符五帝三王传政甲第五》说:"发教施令为天下福者,谓之道;上下相亲,谓之和;民不求而得所欲,谓之信;除去天下之害,谓之仁。仁与信,和与道,帝王之器。"鬻子强调大道、和谐、诚信、仁爱是帝王治国的四大利器。具体讲,鬻子的治国思想主要有以下几点:

第一,民本思想。

《贵道五帝三王周政乙第五》说:"昔之帝王,所以为明者,以其吏也;昔之君子,其所以为功者,以其民也。力生于民,而功最于吏,福归于君。"帝王之所以能够做事明智,靠的是官吏;官吏之所以能够建功立业,靠的是民众。一切事业的成功,靠的都是民众的力量,官吏的功劳,君主的幸福,无不是出自民众之力。鬻子的这一观念,与后来的君主养育百姓的观念刚好相反,可以说是民本思想的先声。

第二,爱护民众。

既然民为邦本,自然就应该爱护民众。这一点在《鬻子》中表现得尤为突出:

　　　鬻子对曰:"……为人君者敬士爱民,以终其身,此道之要也。"
　　周成王曰:"受命矣。"(贾谊《新书·修政语下》)

鬻子教诲周成王说:作为君主,一生最重要的事情就是爱护百姓。在爱民的问题上,鬻子还有一句话值得注意:"民不求而得所欲,谓之信。"(《道符五帝三王传政甲第五》)要求统治者在民众没有提出任何诉求的情况下，就能够自觉地满足民众的需求。这一观念在历史上还是少见的。

第三，反对世袭，任贤使能，建立以民意为基础的官员选举制度。

在我们所看到的史料中，第一位在理论上明确反对世袭制度的大概要数鹖子了。他说："夫国者，卿相无世，贤者有之。"(《道符五帝三王传政甲第五》)鹖子主张在任何一个国家里，卿相都不能世袭，只有那些贤良的人才能获取卿相的职位。由此可见，鹖子重视的是贤人，而不是贵族身份。鹖子不仅重视贤人，而且提出了以民意为基础的官员选举制度。《撰吏五帝三王传政乙第三》说：

> 民者，贤、不肖之杖也，……士民与之，明上举之；士民苦之，明上去之。……察吏于民，然后随。……民者，至卑也，而使之取吏焉，必取所爱。故十人爱之，则十人之吏也；百人爱之，则百人之吏也；千人爱之，则千人之吏也；万人爱之，则万人之吏也。故万人之吏，撰卿相矣。

鹖子指出，民众是贤人与不贤人的评判者。民众赞成的人，明君就要提拔重用他；民众痛恨的人，明君就要废弃他。要通过民众去考察官吏的好坏，然后君主听从民众的意见。民众的社会地位最为低下，然而可以让他们来选取官吏，他们一定会选取自己最为爱戴的人做官吏。因此，如果有十人爱戴某人，那么此人就可以做管理十人的官吏；如果有一百人爱戴某人，那么此人就可以做管理一百人的官吏；如果有一千人爱戴某人，那么此人就可以做管理一千人的官吏；如果有一万人爱戴某人，那么此人就可以做管理一万人的官吏。那些可以做管理一万人的官吏，就可以被选拔为卿相了。这种民主选举制度，即使放在数千年后的今天，仍不失为一种美好的政治制度。

第四，君主要善于纳谏。

一位君主要想治理好整个天下，非常重要的一点就是要善于纳谏，

因为一个人的智慧毕竟是有限的。《上禹政第六》记载:

> 禹之治天下也,以五声听。门悬钟、鼓、铎、磬,而置鞀,以得四海之士。为铭于簨虡,曰:"教寡人以道者,击鼓;教寡人以义者,击钟;教寡人以事者,振铎;语寡人以忧者,击磬;教寡人以狱讼者,挥鞀。"

大禹在治理天下的时候,利用五种乐器的声音来听取民众的意见。他在宫门外悬挂着钟、鼓、大铃、磬,同时还放置了小鼓,用这五种乐器的声音等待天下的贤士来提出建议。大禹还在悬挂钟鼓的架子上雕刻着铭文,铭文说:"能够用大道来教诲我的人,可以敲鼓;能够用正义来教诲我的人,可以敲钟;能够用具体办事方法来教诲我的人,可以摇动大铃;能够告诉我一些忧患之事的人,可以敲磬;能够教诲我如何处理狱讼案件的人,可以挥动小鼓。"鹖子这里虽然只是复述了大禹的做法,但无疑他是赞成这种做法的。在中国古代,是否善于纳谏,已经成为判断一个君主是否贤良的重要标准之一。

第五,反对战争。

鹖子认为:"圣王在上位,则天下不死军兵之事。故诸侯不私相攻,而民不私相斗阋,不私相杀也。故圣王在上位,则民免于一死,而得一生矣。"(贾谊《新书·修政语下》)判断一个君主是否圣明,就看他是否能够保证天下安定太平。鹖子认为,圣王在位的时候,天下百姓不会因为打仗的事情而死亡。此时的诸侯不会私自相互进攻,而百姓也不会私下相互争斗,不会私自相互杀害。所以说圣王在位的时候,百姓就可以避免战争这种死亡的原因,而获得一条生路。

第六,鼓励发展生产,节约用度。

鹖子重视发展生产,他说:"妇人为其所衣,丈夫为其所食,则民无冻馁矣,故圣王在上,则民免于二死,而得二生矣。……圣王在上,则使民有时,而用之有节,则民无疢疾矣。"(贾谊《新书·修政语下》)圣王在位的时候,妇女可以安心纺织人们所要穿的衣服,男子可以安心种植人们所要食用的粮食，那么百姓就不会受冻挨饿了；圣王在恰当的时候使用民力，而使用民力时也非常有节制，那么百姓就不会患上各种疾病了。

第七，主张慎罚。

《慎诛鲁周公第六》说："昔者，鲁周公使康叔往守于殷，戒之曰：'与杀不辜，宁失有罪。无有无罪而见诛，无有有功而不赏。戒之！封！诛赏之慎焉。'"本段提出的"与杀不辜，宁失有罪"，是一个非常古老、也极具爱心的执法理念，《尚书·大禹谟》记载："皋陶曰：'与其杀不辜，宁失不经。'"所谓"不经"，就是不按常理做事的罪人。如果说《大禹谟》这篇文章的真实性有待进一步考证的话，那么《左传·襄公二十六年》也有类似记载："故《夏书》曰：'与其杀不辜，宁失不经。'"这就是说，从大禹时起，人们就认同这一观念，然而在现实的残酷政治斗争中，滥杀无辜的事件，在史书中屡见不鲜。

最后，我们谈鬻子的个人处世原则。

第一，守柔。

守柔思想源远流长，远在鬻子之前的大禹时代，就提出了"柔克"（《尚书·洪范》）这一概念。后来的老子更是以守柔而闻名："柔弱胜刚强。"（《老子》三十六章）生活时代处于二者之间的鬻子同样赞成这一观念。《列子·黄帝》记载："鬻子曰：'欲刚，必以柔守之；欲强，必以弱保之。积于柔必刚，积于弱必强。观其所积，以知祸福之乡。强胜不若己，至于若己者刚；柔胜出于己者，其力不可量。'"鬻子认为，要想刚健，必须用柔和来维护它；要想强大，必须用柔弱来保护它。使用刚强的手段，可以战胜力量不如自己的人，一旦遇到力量与自己相当的人就会遭殃；使用柔弱的手段可以战胜力量超过自己的人，柔弱的力量不可估量。

第二，淡泊名利。

《列子·杨朱》记载："鬻子曰：'去名者无忧。'"为什么"去名无忧"呢？《列子·说符》有一个解释："行善不以为名，而名从之；名不与利期，而利归之；利不与争期，而争及之；故君子必慎为善。"避开名与利，就是避开争夺与灾祸。这一思想属于典型的道家思想，对后世影响很大，庄子就认为圣人的标志之一就是"无名"（《庄子·逍遥游》）。

第三，对于别人的错误，不要恶言相向，而要用实际行动为对方做出榜样。

鬻子清楚地知道，一个人即使能够按照大道做事，但未必能够得到别人的理解："故君子之谋，能必用道，而不能必见受；能必忠，而不能必入；能必信，而不能必见信。"在这种情况下，该怎么办呢？他的回答是："君子非人者，不出之于辞，而施之于行。故非非者行是，恶恶者行善，而道谕人。"（《撰吏五帝三王传政乙第五》）即使别人错了，君子批评别人的方法，不是把批评表现在言辞上，而是通过自己的行为去纠正对方。所以只有那些能够批评错误的君子才能做出正确的行为，讨厌恶行的君子才能做出善良的事情，这样自然而然就使别人明白大道了。

第四，提醒人们要有自知之明。

《道符五帝三王传政甲第二》说："不肖者，不自谓不肖也，而不肖见于行；虽自谓贤，人犹谓之不肖也。愚者，不自谓愚，而愚见于言；虽自谓智，人犹谓之愚。"那些不贤良的愚昧之人，从不认为自己是不贤良的愚昧之人，但别人依然认为他不贤良、愚昧。这段话客观上提醒人们要有自知之明，不可自己被自己蒙蔽了。

《鬻子》一书只是一些残卷，其表达的思想体系有失完整与系统。然而就在这些残卷之中，依然闪耀着许多思想的亮点，如大地在移动、反对贵族世袭、官员选拔制度等，无不显示了数千年之前中国古人的智慧。

三　《鬻子》的流传与版本

关于《鬻子》，《汉书·艺文志》记载："《鬻子》二十二篇。名熊，为周师，自文王以下问焉，周封为楚祖。""《鬻子说》十九篇。后世所加。"这就是说，在汉代，人们可以看到鬻子的作品有两部：一是《鬻子》，共二十二篇，班固把它归入道家，认为是鬻子所作；二是《鬻子说》十九篇，班

固把它归入小说家，并明确指出该书为"后世所加"，即为后人所托名编
撰的。

说《鬻子》为鬻熊亲撰，无论从时代背景看，还是从《鬻子》行文风
格看，似不可能。刘勰《文心雕龙·诸子》的说法似乎更接近历史事实：

鬻熊知道，而文王咨询，余文遗事，录为《鬻子》。子自（目）肇
始，莫先于兹。及伯阳识礼，而仲尼访问，爰序道德，以冠百氏。

刘勰按照时间顺序，把《鬻子》列为诸子之首，接着是《老子》。但
他同时又认为，是后人根据鬻子的言行传说，"录为《鬻子》"。也就是
说，《鬻子》非鬻熊亲撰。那么这部《鬻子》究竟是否可以列为诸子之首，
学界则见智见仁，给出了不同看法。如刘勰、逄行珪等人就认为《鬻子》
当之无愧是诸子之首，而锺肇鹏对此提出质疑："既然《鬻子》并非鬻熊
之作，乃后人掇拾'余文遗事'编成，当然就鬻熊的年代来说他是殷商
晚期的人，时代很古，但编成《鬻子》书的时代则可能很晚，也许在《老
子》《墨子》《孟子》《管子》之后，因此说'子目肇始'于《鬻子》是难以
成立的。"（《鬻子校理·前言》）

既然《鬻子》不太可能是鬻熊亲撰，那么《鬻子》究竟成书于何时，
则众说纷纭。第一种说法，出自鬻熊弟子政之手，宋濂说："其文质，其义
弘，实为古书无疑。第年代久邈，篇章舛错，而经汉儒补缀之手，要不得
为完书。黄氏疑为战国处士所托，则非也。序称熊见文王时，年已九十。
其书颇及三监、曲阜时事，盖非熊自著，或者其徒名'政'者之所记欤？"
（《诸子辩》）第二种说法，刘勰认为《鬻子》是后人根据鬻子的言行传说
而撰写，但没有指明时代。第三种说法，黄震认为"此必战国处士假托
之辞"（《黄氏日抄》卷五十五）。第四种说法，《四库全书·提要》则怀
疑《鬻子》出自唐代："或唐以来好事之流依仿贾谊所引，撰为赝本，亦未
可知。"

说《鬻子》出自鬻熊弟子政之手，自然不可信，因为在《鬻子》中，
"政"明显不是人名，而是指"古代政典"。贾谊《新书·修政语下》记

载："周文王问于鬻子曰：'敢问君子将入其职，则于其民也何如？'鬻子对曰：'唯。疑请以上世之政，诏于君王。政曰：君子将入其职，则于其民也，旭旭然，如日之始出也。'"这段话中的"政"明显是指政典而言。如说出自唐人伪作，也难服人。对此锺肇鹏反驳说："第一，要是唐代好事者依仿贾谊《新书》所引《鬻子》，造为赝书，则应将《新书》所引内容包罗其中，才足以证明其真实性。而今本《鬻子》中则《新书·修政语》下所引七条，无一相合。《提要》说这是作伪者'有意回避'。既有意作伪，为何要'回避'呢？这一'回避'，岂不更暴露出是'伪'而非'真'吗？第二，今本《鬻子》文字与唐初编的《群书治要》及《意林》所引《鬻子》大部分相合。要是唐人作伪，为何把唐代编的书抄进去，不加'回避'，反而要'有心回避'汉初贾谊的书呢？"（《鬻子校理·前言》）

总之，关于《鬻子》的流传情况，可以说是笼罩于迷雾之中。我们综合各种史料与前人的看法，认为鬻熊作为一位著名的政论家，作为强大的楚国的先祖，的确会留下一些言行传说，这些传说亦虚亦实，真假参半。大约到了春秋战国时期，有人就把这些传说记录下来，形成《鬻子》一书，这就是《汉书·艺文志》里记录的《鬻子》与《鬻子说》。可惜的是，这些书籍在流传过程中，出现了遗失，仅仅留下一些残卷。到了唐代，逢行珪就把自家保存的《鬻子》残卷献给朝廷，这就是我们今天所看到的《鬻子》。

今本《鬻子》主要有《四库全书》本、《百子全书》本、《道藏》本、《观古堂》本等，这些版本都是出自逢行珪献给朝廷的《鬻子》，因此各版本文字大同小异。我们以《文渊阁四库全书》本为底本，参考《百子全书》本、锺肇鹏先生的《鬻子校理》本（中华书局2010年出版），对各本不同之处，择善而从，并在注释中予以说明。《四库全书》本后面附有《鬻子》佚文，锺肇鹏先生在此基础上，又增加了数条佚文。我们的这本《鬻子》后面的佚文则以锺先生收集的佚文为蓝本，加以注释与翻译。

《鬻子》的最早注本是唐代逢行珪的注本，这是我们的重要参考书之一。锺肇鹏先生的《鹖子校理》对《鹖子》的整理与注释也做了大量的工作,也是我们注译三全本《鹖子》的重要参考书。我们在写作本书时,不仅有"题解""原文""注释""译文",而且还增加了"解读"部分,对有关思想与事件做了进一步的阐述与补充,对《鹖子》书中的一些思想矛盾之处,也做了相应的诠释。

由于我们学识有限,再加上《鹖子》一书的残缺,我们的译注与解读会有许多不到位之处,甚至会出现一些误读、误解,希望尊敬的读者不吝指教。

张景　张松辉

2024年1月

撰吏五帝三王传政乙第五

【题解】

关于题目的解释有两种。

第一,逄行珪注:"撰,具也。吏者,为政之具也。又,撰,博也。言王者布政施令,其在博求于良吏也。贤者举之,不贤者不预。言五帝三王政道可以百代传行者。乙次于甲,以此明政之次也。"按照逄行珪的解释,题目的断句应为:"撰吏,五帝三王传政,乙第五。"撰(xuǎn)吏,选拔官吏。撰,同"选",选择,选拔。五帝,说法不一,一说指黄帝、颛顼、帝喾、尧、舜。一说指伏羲、神农、黄帝、尧、舜。三王,指夏、商、周三代开国贤君。传政,可以流传后世的政治措施。乙,次于甲,以标明政治措施的先后次序。那么翻译下来就是:"选拔合适的官吏,是五帝三王可以传之后世的善政。乙编第五。"关于"乙第五",逄行珪《鹖子·序》说:"遭秦暴乱,书记略尽;《鹖子》虽不预焚烧,编秩由此残缺。……篇或错乱,文多遗阙。"意思是,由于秦朝暴乱,《鹖子》虽然未被烧毁,但已经残缺不全,篇章秩序也已混乱,无法恢复原貌。我们也只能按照残篇的次序进行译注与解读。

第二,锺肇鹏《鹖子校理·前言》认为:"《四库提要》说:'其篇名冗赘,古无此体。'的确是在古书中无此体例。我认为今传逄注《鹖子》是一本隋唐以前随手摘录的抄本。摘抄者案自己所需的节录摘抄。其中如'五帝三王'甲、乙第几等均系抄录所加,用甲、乙第几以示区别。……并不是说'明政'治国的先后次序。"锺先生认为"撰吏"才是题目,其后的文字为抄录者所随意加上去的,所以他把"撰吏五帝三王传政乙第五"这一题目直接改为"撰吏"。其下各篇题目均如此处理,而且对篇章次序也做了调整。但锺先生对抄录者加入的这些文字没有做出任何解释。

虽然锺先生的推测有道理,但为了保持《鹖冠子》残书原貌,我们仍然使用原题目,按照原书篇章次序予以译注与解读。

政曰①:君子不与人谋之②,则已矣;若与人谋之,则非道无由也③。故君子之谋,能必用道,而不能必见受④;能必忠,而不能必入⑤;能必信⑥,而不能必见信。君子非人者⑦,不出之于辞⑧,而施之于行⑨。故非非者行是⑩,恶恶者行善⑪,而道谕人⑫。

【注释】

①政:指政治典籍。明人宋濂怀疑"政"为人名,是鹖冠子的弟子:"或者其徒名'政'者之所记欤? 不然,何有称'昔者文王有问于鹖冠子'云?"(《诸子辩》)。

②与:参与。人:别人。根据本段文意,这里说的"人"主要指君主。谋之:谋划治国事务。之,代指国家事务。

③非道无由:除了大道就没有别的办法。无由,无从,没有办法。什么是"道"? 见"解读一"。

④必见受:肯定会被别人接受。见,被。见"解读二"。

⑤必入:肯定会被别人接纳。入,接受,接纳。

⑥信:诚实。下一句的"信"为信任的意思。

⑦非人者:批评别人的方法。非,批评。

⑧不出之于辞：不表现在言辞上。也即不使用言辞对别人进行直接的指责。不用言辞直接批评别人的目的，见"解读三"。

⑨而施之于行：而是用自己的行为去纠正对方。也即为对方做出表率。

⑩故非非者行是：所以那些能够批评错误的君子才能做出正确的行为。第一个"非"是批评的意思，第二个"非"是错误的意思。是，正确。

⑪恶（wù）恶（è）者行善：讨厌恶行的君子才能做出善良的事情。第一个"恶"是讨厌的意思，第二个"恶"指恶人、恶行。

⑫谕人：使别人知道，使别人明白。人，《百子全书》本、《鹖子校理》本作"矣"。

【译文】

政治典籍上说：如果君子不参与别人的国务谋划，就不用说了；如果参与别人的国务谋划，那么不遵循大道是行不通的。因此君子在为别人出谋划策时，肯定能够遵循大道，然而不能使别人一定接受；肯定能够竭尽忠心，然而不能使别人一定接纳；肯定能够做到诚实无欺，然而不能使别人一定信任。君子批评别人的方法，不是把批评表现在言辞上，而是通过自己的行为去纠正对方。所以只有那些能够批评错误的君子才能做出正确的行为，讨厌恶行的君子才能做出善良的事情，这样自然而然就能够使别人明白大道了。

【解读】

一

《汉书·艺文志》把《鹖子》列为道家，道家自然重道，所以本段说："若与人谋之，则非道无由也。""道"是道家思想中的最高概念，也是这一学派被称为道家的原因所在。那么"道"究竟是什么呢？

数十年来的学界对"道"的解释有不小分歧，主要观点有：（一）"道"是精神性的、能够产生万物的根源。本派学者据此定道家为唯心主义者。（二）"道"是细微物质性的、能产生万物的根源。本派学者据此定道家为唯物主义者。（三）以上两派在承认"道"是产生万物根源（或物质的或精神的）的同时，也都承认"道"是万事万物的规律。由于这些学者赋予"道"可以直接生养万物的功能，所以这些解释都带有一定的神秘色彩。而我们认为，"道"没有任何神秘性，"道"就是宇宙间所有规律、真理、原则的总称。

"道"的本义是道路，人们从某地到某地，必须通过某条道路，否则就无法到达自己的目的地。同样的道理，包括人在内的万物要想达到自己的某种目的，必须遵循某种规律、原则，否则就无法成功。于是在词汇比较贫乏的先秦，思想家们就把道路的"道"拿来作规律、真理、原则等含义来使用。"道"是天地间所有规律、真理的总称。道家所讲的规律同今天所讲的规律虽然在概念上一样，都是指万物所必须遵循的客观法则，但在阐述规律的具体内容时，却有所不同。除了自然、社会规律外，道家还把一些伦理道德、甚至一些与规律相违背的东西也视为规律，这是时代的局限性造成的，不必苛求。

二

看到本段讲的"故君子之谋，能必用道，而不能必见受；能必忠，而不能必入；能必信，而不能必见信"这一段话，就使我们自然想到《庄子·外物》中的论述：

> 外物不可必，故龙逢诛，比干戮，箕子狂，恶来死，桀、纣亡。人主莫不欲其臣之忠，而忠未必信，故伍员流于江，苌弘死于蜀，藏其血，三年而化为碧。人亲莫不欲其子之孝，而孝未必爱，故孝己忧而曾参悲。

《庄子》说："身外的事情是自己所无法把握得住的，因此贤臣关龙逢被杀害，比干被剖心，箕子被迫装疯卖傻，而奸臣恶来也同样死于非命，暴君夏桀和商纣也同样身败国亡。每一位君主都希望臣下能够效忠于自己，然而忠心耿耿的臣下未必就能够得到君主的信任，因此伍子胥被赐死后抛尸江中，苌弘被流放到蜀地后剖腹而死，蜀人把苌弘的血珍藏起来，三年之后这些血化为碧玉。每一位父母都希望子女能够孝顺自己，然而竭尽孝心的儿女未必就能够得到父母的怜爱，因此孝顺的孝己因后母迫害而忧愁至死，曾参因父母虐待而悲哀终身。"

关于"外物不可必"的观点，我们十分赞成。宋人许棐《樵谈》说："耕尧田者有水虑，耕汤田者有旱忧，耕心田者无忧无虑，日日丰年。"帝尧、商汤都是圣君，然而生活在如此美妙的时代，尚且有水旱之忧。既然身外的事情无法把握，我们就去把握身内的事物，也即许棐说的"耕心田"。所谓"耕心田"，无非就是修德、读书而已。对此，曾国藩也深有体会，他在道光二十四年（1844）八月二十九日《致诸弟》的信中说：

> 吾人只有进德、修业两事靠得住。进德，则孝悌仁义是也；修业，则诗文作字是也。此二者由我作主，得尺则我之尺也，得寸则我之寸也。今日进一分德，便算积了一升谷；明日修一分业，又算余了一文钱，德业并增，则家私日起。至于功名富贵，悉由命定，丝毫不能自主。（《曾国藩家书》卷一）

这段话既是经验之谈，更是肺腑之言。我们能够把握的就是提高自身的修养，至于身外之事，一概付诸命运与机遇，不必放在心里。

三

本段还说："君子非人者，不出之于辞，而施之于行。"这里说的"人"，根据上下文，主要指君主，我们当然可以把这一批评原则运用到其他人身上。鬻子提醒人们，君子作为至下，不要用语言去直接批评君主，因为这样做会引起君主的反感，而是要通过自己的行为去纠正、提醒君主。《论语·宪问》记载：

> 子曰："邦有道，危言危行；邦无道，危行言孙。"

孔子说："国家政治清明时，便直言直行；国家政治昏暗时，便行为正直，讲话要谦卑，不可太直率。"这可以说是一位饱经政治风霜者的经验之谈。我们今天虽然已经远离封建制度的严酷统治，但在处理人与人、下级与上级关系时，孔子的告诫依然不失其借鉴意义。

　　至于如何用行动去纠正、提醒君主的错误，我们举两例。第一例，《吕氏春秋·具备》记载：

　　　　宓子贱治亶父，恐鲁君之听谗人，而令己不得行其术也。将辞而行，请近吏二人于鲁君，与之俱至于亶父。邑吏皆朝，宓子贱令吏二人书。吏方将书，宓子贱从旁时掣摇其肘；吏书之不善，则宓子贱为之怒。吏甚患之，辞而请归。宓子贱曰："子之书甚不善，子勉归矣。"二吏归报于君，……鲁君太息而叹曰："宓子以此谏寡人之不肖也。寡人之乱子，而令宓子不得行其术，必数有之矣。微二人，寡人几过。"遂发所爱，而令之亶父，告宓子曰："自今以来，亶父非寡人之有也，子之有也。有便于亶父者，子决为之矣。"

　　鲁君委派孔子的弟子宓子贱去治理亶父（又作"单父"，今山东单县），宓子贱担心鲁君听信他人谗言，从而干涉、打乱自己治理亶父的计划，于是在向鲁君辞行的时候，请求鲁君派两位亲信官员随自己一起去亶父。到了亶父以后，亶父的官员都来参见，宓子贱就让那两位同来的官员书写文书。两位官员刚一提笔，宓子贱就从旁边不停地摇动他们的胳膊。这两位官员无法把字写好，宓子贱就为此大发雷霆。两位官员十分为难，便请求辞官回去。宓子贱说："你们连字都写不好，那就赶快回去吧！"两位官员回去后就把此事汇报给鲁君，鲁君听了长叹一声，感慨说："宓子贱是用这个方法来劝谏我呀！我扰乱宓子贱的治理，使他不能按照自己的计划行事，这样的事情一定有过好多次了。如果没有你们两位，我几乎又要犯错误了！"于是就派自己最信任的人到亶父，对宓子贱说："从今以后，亶父不再属于我所有了，而是归您所有了。凡是有利于亶父的事情，您决定了就办吧！"这就是"掣肘"一词的由来。

　　虽然鲁君多次干扰宓子贱的治理计划，但宓子贱并没有直接批评鲁君，而是用自己的行为做出暗示，"而道谕矣"，鲁君自然而然也就明白了正确的管理方法。第二例，《史记·高祖本纪》记载：

　　　　六年，高祖五日一朝太公，如家人父子礼。太公家令说太公曰：

"天无二日，土无二王。今高祖虽子，人主也；太公虽父，人臣也。奈何令人主拜人臣？如此则威重不行。"后高祖朝，太公拥彗，迎门却行。高祖大惊，下扶太公。太公曰："帝，人主也，奈何以我乱天下法！"于是高祖乃尊太公为太上皇。心善家令言，赐金五百斤。

刘邦即位的第六年，每隔五天就去朝见父亲太公一次，见面时，使用的是一般百姓家的父子礼节。太公家令（官名。负责太公家务）就对太公说："天上没有两个太阳，地上没有两位君主。如今皇上虽然是您的儿子，但他是千万民众的君主；您虽然是皇上的父亲，但还属于臣下。怎么能让君主拜见臣下呢！这样做会使皇上失去应有的威严和尊贵。"后来高祖再来朝见太公时，太公就拿着扫帚，在门口迎接，然后倒退着行走以示谦恭。高祖见此情景大吃一惊，赶忙下车挽扶着太公。太公解释说："皇帝是万民的君主，怎么能因为我的缘故而破坏天下的纲纪呢！"于是高祖就尊奉太公为太上皇。高祖心里很赞成家令讲的这些话，于是就赏赐给他五百斤黄金。

太公家令也没有直接批评刘邦没有尊奉太公为太上皇的行为，而是让太公用自己的具体行为，提醒刘邦用两全之策妥善地处理好自己与父亲之间的礼节关系。

大道文王问第八

【题解】

关于"道"的含义,我们在上一篇的"解读一"中已有解释。文王,指周文王。又称"周侯""西伯""姬伯",姓姬名昌,去世后被追尊为"文王"。文王是周太王之孙,季历之子,周武王之父。他尊老爱幼,礼贤下士,是周朝的奠基者。题目的意思是:"周文王关于大道的提问,第八篇。"逢行珪解释说:"夫道者,覆天地,廓四方,斥八极。高而无际,深不可测,绵六合,横四维。不可以言象尽,不可以指示说,应无间之迹,终政教之端。包万物之形,彰三光之外。为而不有,行而不见。有道之王,动而同之。妙用无穷,故谓之大。文王因用无穷,故谓之大师闻道,可为永则,因以名篇也。"本篇主要记载鬻子提醒周文王有错必改,否则会国破人亡。

政曰:昔者文王问于鬻子,曰①:"敢问人有大忘乎②?"对曰③:"有。"文王曰:"敢问大忘奈何?"鬻子曰:"知其身之恶而不改也,以贼其身④,乃丧其躯。其行如此,是谓之大忘⑤。"

【注释】

①曰：锺肇鹏《鹖子校理》："'曰'，原无，误抄入注'以政术之门'下，钱熙祚守山阁本《鹖子》校勘记云：'此下原有"曰"字，误在注末。'钱说是，今据移入'鹖子'下。"

②敢：谦辞。有冒昧的意思。大忘：最严重的健忘。《鹖子校理》依据《群书治要》，认为本段的"忘"应为"忌"："'忌'，原作'忘'，误。'忘''忌'形近而误，《治要》作'忌'是，今据《治要》校正。下两'忌'字均同。"我们仍按照《文渊阁四库全书》原文"忘"字理解，因为按照《四库全书》原文理解，也文从字顺。

③对：回答。

④贼：戕害，伤害。

⑤是：代词。代指以上行为。

【译文】

政治典籍上说：从前，周文王请教鹖子，说："请问人们有最严重的健忘吗？"鹖子回答说："有。"周文王问："请问最严重的健忘是怎么回事？"鹖子回答："知道自身有严重的恶行、错误而不去改正，为此而伤害了自身，甚至丢掉了自己的生命。一个人有了这种行为，就叫作最严重的健忘。"

【解读】

关于健忘的问题，古代典籍中有一个与此类似的例子，而且讲得更为圆融。《尸子》佚文记载：

鲁哀公问孔子曰："鲁有大忘，徙而忘其妻，有诸？"孔子曰："此忘之小者也。昔商纣有臣曰王子须，务为谄，使其君乐须臾之乐，而忘终身之忧。"（《太平御览》四百九十）

有一次，鲁哀公问孔子说："鲁国有一位非常健忘的人，搬家的时候竟然把自己的妻子忘记了，有这样的事吗？"孔子曰："这还属于轻微的健忘者。从前商纣王有一个大臣名叫王子须，一心讨好君主，使他的君主为了享受片刻的快乐,而忘记了亡国的终身之苦。"

到了唐朝,唐太宗李世民与自己的大臣用这一故事相互勉励。《资治通鉴》卷一百九十二记载:

> 上谓侍臣曰:"吾闻西域贾胡得美珠,剖身以藏之,有诸?"侍臣曰:"有之。"上曰:"人皆知笑彼之爱珠而不爱其身也;吏受赇抵法,与帝王徇奢欲而亡国者,何以异于彼胡之可笑邪!"魏徵曰:"昔鲁哀公谓孔子曰:'人有好忘者,徙宅而忘其妻。'孔子曰:'又有甚者,桀、纣乃忘其身。'亦犹是也。"上曰:"然。朕与公辈宜戮力相辅,庶免为人所笑也!"

有一次,唐太宗向大臣们询问说:"我听说西域有些经商的胡人(对西北地区少数民族的统称),如果得到宝珠,就用刀割开自己的身体,把宝珠藏在身体里面,有这样的事情吗?"大臣们回答道:"有这样的事情。"唐太宗说:"人们都知道嘲笑这些商人爱惜宝珠而不爱惜自己的身体;然而那些因贪赃受贿而依法受刑的官吏,与那些追求奢华生活而导致国家灭亡的帝王,他们的行为与胡人商贾的可笑做法又有什么不同呢?"魏徵说:"从前鲁哀公对孔子说:'有个人非常健忘,搬家的时候把自己的妻子给忘记了。'孔子说:'还有比这更严重的,夏桀、商纣连自身的安危都忘记了。'讲的也是这类事情。"唐太宗说:"是这样。我与各位应当同心协力,相互辅助,希望不会被后人所嘲笑啊!"

贵道五帝三王周政乙第五

【题解】

周，兼有符合、完备二义。题目的意思是："重视大道，是五帝三王一致的、完备的政治措施，乙编第五。"逄行珪解释说："夫为政以德，必贵于道，为化国之福焉。当文王之时，而通称三王者，据近以及远，明道以同也。周者，合也，备也。言五帝三王贵道，其政能合若一也，而无所不备也。"本篇的主要内容，一是强调民众对治国的重要性，二是要求选拔官员时要听取民众意见，三是提醒君主要遵循黄帝至舜、禹时期的治国方略。

昔之帝王，所以为明者^①，以其吏也^②；昔之君子^③，其所以为功者，以其民也。力生于民^④，而功最于吏^⑤，福归于君。民者，至库也^⑥，而使之取吏焉^⑦，必取所爱。故十人爱之，则十人之吏也；百人爱之，则百人之吏也；千人爱之，则千人之吏也；万人爱之，则万人之吏也。

【注释】

①所以为明者：能够做事英明的原因。所以，……的原因。

②以其吏也：依靠的是他们的官吏。意思是，帝王之所以能够做事英明，是因为他们能够拥有众多的官员作为自己的辅佐之人。以，凭借，依靠。

③君子：根据下文，这里的"君子"主要指贤良的官员。

④力生于民：力量来自民众。《四库全书》作"力生于神"。《鹖子校理》："'民'，原误作'神'，唯《群书治要》卷三十一引《鹖子》作'民'，不误。今据《治要》订正。……今案上句云：'昔之君子所以为功者，以其民也'，此云'力生于民'，上下前后正相呼应。'神''民'音近而误。"

⑤而功最于吏：而功劳归之于官吏。最，聚集于，归之于。

⑥庳（bì）：低贱。"民者，至庳也"……"则万人之吏也"一节原脱，今据《群书治要》卷三十一校补。

⑦使之取吏焉：让他们来选择官吏。

【译文】

从前的那些帝王，之所以能够做事英明，依靠的是他们手下的官吏；从前的那些贤良的官吏，之所以能够建功立业，依靠的是他们手下的民众。力量产生于民众，而功劳归之于官吏，幸福归之于君主。民众，是社会地位最为低下的人，然而可以让他们来选取官吏，他们选取官吏时一定会选取自己最为爱戴的人。因此如果有十人爱戴某人，那么此人就可以做管理十人的官吏；如果有一百人爱戴某人，那么此人就可以做管理一百人的官吏；如果有一千人爱戴某人，那么此人就可以做管理一千人的官吏；如果有一万人爱戴某人，那么此人就可以做管理一万人的官吏。

昔者五帝之治天下也，其道昭昭①，若日月之明然②，若以昼代夜然③。故其道若首然④，万世为福、万世为教者，唯从黄帝以下、舜禹以上而已矣⑤。君王欲缘五帝之道而不失⑥，则可以长久。

【注释】

①昭昭：明亮的样子。

②明然：光明的样子。

③若以昼代夜然：就好像用白天代替了夜晚一样。

④其道若首然：他们的治国之道就好像是自己首创的一样。一说"若首然"的意思是"就好像人的头脑一样"。

⑤唯从黄帝以下，舜禹以上而已矣：只有遵循黄帝以下、舜禹以上的政教而已。意思是说，黄帝以前，文明未开；舜禹以后，政令已乱，只有黄帝至舜、禹这段时间的政教才能够为万世造福。从，遵从，遵循。

⑥缘：遵循。五帝：这里指黄帝、颛顼、帝喾、尧、舜。从黄帝至尧舜，刚好与前文说的"唯从黄帝以下、舜禹以上而已矣"相合。

【译文】

从前五帝在治理天下的时候，他们的治国原则是那样的正确、清明，就好像日月那样光明，好像用白天替代了夜晚一样。五帝的治国原则还好像是他们自己首创的，要想为万世造福、为万世垂教，只有遵循黄帝以后、舜禹以前的政教制度而已。君主们如果愿意遵循五帝的治国之道而不违背，就可以长治久安了。

【解读】

"民者，至庳也……万人爱之，则万人之吏也"这段文字可以视为典型的民本思想。远在战国之前，人们对民本思想就有所阐述：

传曰："君者，舟也；庶人者，水也。水则载舟，水则覆舟。"（《荀子·王制》）

孔子曰："且丘闻之：君者，舟也；庶人者，水也。水则载舟，水则覆舟。君以此思危，则危将焉而不至矣？"（《荀子·哀公》）

古人说的"传"，一般是指作者之前的古籍。依据第二段引文，在孔子之前，人们对君与民之间的关系已经有着清醒的认识。对民本思想阐述得更为明确的是孟子：

> 孟子曰："民为贵，社稷次之，君为轻。是故得乎丘民而为天子，得乎天子为诸侯，得乎诸侯为大夫。诸侯危社稷，则变置。牺牲既成，粢盛既洁，祭祀以时，然而旱干水溢，则变置社稷。"

孟子说："百姓最为重要，土神、谷神其次，君主为轻。因此得到民众的支持可以做天子，得到天子的支持可以做诸侯，得到诸侯的支持可以做大夫。如果诸侯危害到了土神、谷神（如不按时祭祀，欺骗土神、谷神等），就改立诸侯。如果用来祭祀的牛、羊、猪已经做得很好，用来祭祀的谷物也很洁净，并且能够按时祭祀，但仍然遭受旱灾水灾，那就要改立土神、谷神。"

如果把"民者，至庫也……万人爱之，则万人之吏也"这段文字与孟子的主张结合起来，就可以看出，古人已经主张，得到民众拥护的人，才有资格担任包括天子在内的各级官员。可惜的是，古人没有能够提出实现这一政治主张的可行方法，比如官员选举制度等。即使有人提出这一方法，在中国古代大概也难以施行。

守道五帝三王周政甲第四

【题解】

　　题目的意思是："坚守大道，是五帝三王一致的、完备的政治措施，甲编第四。"逢行珪注："执大象而天下往，明道不往，则道不可暂离所也。"本篇主要通过对比，揭示了圣王爱护贤人、暴君排斥贤人这一普遍社会现象。

　　圣人在上，贤士百里而有一人①，则犹无有也②。王道衰微③，暴乱在上④，贤士千里而有一人，则犹比肩也⑤。

【注释】

①而：如果。

②则犹无有也：就好像没有一样。以上三句是说，如果圣人做君主，就会广泛招贤纳士，贤士也乐意出仕，在这样的时代里，处处都是贤士、人才，如果方圆百里才出现一位贤士的话，就等于没有。逢行珪注："言圣王在上，化被苍生，德周万物，虽百里而有一贤士，以圣道广宣，贤迹不见，其贤虽多，则若无有也。"

③王道：以仁义治天下的政治措施叫"王道"，以武力、权势治理天下的政治措施叫"霸道"。

④暴乱：指残暴、昏聩的君主。

⑤比肩：肩膀挨着肩膀。形容人非常多。以上四句是说，由于暴君在位，不重视贤人，贤人皆隐居山野，在这种不利于贤人生存的时代，方圆千里如果能够出现一位贤人，那已经算是很多了。

【译文】

圣人当君主的时候，如果方圆百里只出现一位贤人，那就好像没有一样。王道衰微之后，那些残暴、昏聩的人当君主的时候，如果方圆千里能够出现一位贤人，那就算是非常多了。

【解读】

这段话说明，天下不是没有贤人，而是没有渴求贤人的君主。我们就在这里集中谈谈古代求贤的问题及贤人的命运。

《战国策·燕策一》记载，燕昭王整顿了残破的燕国之后，登上了王位，他礼贤下士，想要依靠贤人来报齐国破燕之仇。为此他去请教郭隗（wěi）："齐国乘着我们燕国内乱，攻破我们燕国，我知道燕国势单力薄，无力复仇。如果能够得到贤士与我共商国是，以雪先王之耻，这是我的最大愿望。请问先生，如何才能报国家的大仇呢？"郭隗回答："成就帝业的君主把贤人视为老师，成就王业的君主把贤人视为朋友，成就霸业的君主把贤人视为臣下，行将灭亡的君主则把贤人视为奴仆。……大王先要广泛选用国内的贤人，并且亲自登门拜访他们，天下的贤人听说大王的这一敬贤行为，都一定会来到燕国。"燕昭王问："那么我应该先拜访谁才好呢？"郭隗说：

臣闻古之君人，有以千金求千里马者，三年不能得。涓人（官名）言于君曰："请求之。"君遣之。三月得千里马，马已死，买其首五百金，反以报君。君大怒曰："所求者生马，安事死马？而捐五百金！"涓人对曰："死马且买之五百金，况生马乎？天下必以王为能市马，马今至矣。"于是不能期年，千里之马至者三。今王诚欲致士，先从隗始；隗且见事，况贤于隗者乎？岂远千里哉！"

这即著名的"千金市骨"的故事。燕昭王听后，就为郭隗建造房屋，并拜他为师。消息传开后，乐毅从魏国赶来，邹衍从齐国赶来，剧辛也从赵国赶来，贤人们争先恐后聚集于燕国。到了燕昭王即位二十八年时，燕国殷实富足，国力强盛，将兵们心情舒畅，愿意效命。于是燕昭王任乐毅为上将军，与秦、楚、赵、魏、韩联合攻打齐国，齐国大败，齐闵王逃亡国外。

与此类似的还有一个求贤故事。《说苑·尊贤》记载：

> 齐桓公设庭燎，为士之欲造见者，期年，而士不至。于是东野鄙人有以九九之术见者，桓公曰："九九何足以见乎？"鄙人对曰："臣非以九九为足以见也，臣闻主君设庭燎以待士，期年而士不至。夫士之所以不至者，以君天下贤君也，四方之士，皆自以论而不及君，故不至也。夫九九薄能耳，而君犹礼之，况贤于九九者乎？夫太山不辞壤石，江海不逆小流，所以成大也。《诗》云：'先民有言，询于刍荛（ráo）。'言博谋也。"桓公曰："善。"乃因礼之。期月，四方之士相携而并至矣。

齐桓公在庭院里安置了象征着要礼贤下士的火炬，以接待愿意前来的士人，然而过了整整一年，也没有士人前来。有一天，从东边的乡野里来了一位乡村人，称自己会"九九"算法口诀。齐桓公说："会九九算术口诀也值得来见我吗？"这位乡村人回答："我也不认为会九九算术口诀就值得来拜见您，但我听说您在庭中安排火炬以接待士人，整整一年了而士人也不来。士人不来的原因，是因为他们都认为您是天下的贤君，感到自己的才能无法与您相比，因此就不敢来了。九九算术口诀，是非常低级的技能，而君主尚且对此尊重礼敬，更何况技能超过会九九算术口诀的人呢？泰山不拒绝任何一块土壤石头，江海不拒绝任何一条小河流，所以才能成就自己的高大与广阔。《诗经》说：'从前的君子说过这样的话，即使割草打柴的人，也值得前去向他们请教。'意思是说要广泛地征求意见啊。"齐桓公听后说："您讲得真好。"于是就给他很高的礼遇。不到一年的时间，各地的士人接踵而至。

如何对待贤人,唐代大文豪韩愈有一篇《杂说》(其四),写得极好:

> 世有伯乐,然后有千里马。千里马常有,而伯乐不常有。故虽有名马,只辱于奴隶人之手,骈死于槽枥之间,不以千里称也。马之千里者,一食或尽粟一石。今食马者不知其能千里而食也。是马也,虽有千里之能,食不饱,力不足,才美不外见,且欲与常马等不可得,安求其能千里也?策之不以其道,食之不能尽其材,鸣之而不能通其意,执策而临之,曰:"天下无良马!"呜呼!其真无马邪?其真不识马也!

韩愈说:"世上先有伯乐,然后才有千里马。千里马经常有,而伯乐却不常有。因此即使有骏马,也只能埋没于仆役的手中,跟普通的马一起死于马槽之间,无法以千里马著称。日行千里的马,一顿也许能吃一石粮食。喂马的人不知道它能日行千里而喂养它。这样的骏马,即使有日行千里的能力,却吃不饱,力不足,它的美好才能也就无法表现出来,想和普通马一样尚且做不到,怎么能够要求它日行千里呢?人们不按照驱使千里马的方法去驱使它,喂养它的时候也不让它吃饱,更无法听懂千里马的嘶鸣声,拿着鞭子站在它的面前,却感叹说:'天下没有千里马啊!'唉!难道果真没有千里马吗?大概是真的不认识千里马吧!"

在现实社会里,贤人所面临的困境,还不仅仅是无人认识的问题,更严重的是还要面对小人的阻拦与迫害。《韩非子·说林上》记载:

> 子圉(yǔ)见孔子于商太宰。孔子出,子圉入,请问客。太宰曰:"吾已见孔子,则视子犹蚤虱之细者也。吾今见之于君。"子圉恐孔子贵于君也,因谓太宰曰:"君已见孔子,亦将视子犹蚤虱也。"太宰因弗复见也。

宋国大夫子圉把孔子引见给宋国的太宰(相当于宰相)。孔子出去之后,子圉进来,问太宰对孔子这位客人的印象如何。太宰说:"我看到孔子以后,再去看你,就好像看到了一只个头最小的跳蚤、虱子一样。我马上就把孔子引见给我们的君主。"子圉担心君主将来会重用孔子,于是就对太宰说:"君主看到孔子以后,也会把你看得就像一只个头最小的跳蚤、虱子一样。"太宰于是就不再把孔子引见给自己的君主了。

孔子还算幸运,他虽然没有被举荐给君主,至少也没有被"撕咬"。《韩非子·外储说右上》记载:

> 宋人有酤(gū)酒者,升概甚平,遇客甚谨,为酒甚美,县帜甚高,然而不售,酒酸。怪其故,问其所知间长者杨倩,倩曰:"汝狗猛耶?"曰:"狗猛则酒何故而不售?"曰:"人畏焉。或令孺子怀钱挈壶瓮(wèng)而往酤,而狗迓(yà)而龁(hé)之,此酒所以酸而不售也。"夫国亦有狗,有道之士怀其术而欲以明万乘之主,大臣为猛狗迎而龁之,此人主之所以蔽胁,而有道之士所以不用也。

宋国有一位卖酒的人,他卖酒的分量十分公平,对待顾客的态度也很恭敬谨慎,他做的酒质量很好,酒旗悬挂得也很高很显眼,然而就是卖不掉酒,酒都变酸了。他对酒卖不出去的原因很奇怪,就去请教他所认识的间里的长者杨倩,杨倩说:"你家的狗很凶猛吗?"他说:"家里的狗凶猛,而酒为什么就卖不出去呢?"杨倩说:"人们害怕你家的狗啊。有人让小孩子揣着钱、提着壶瓮去你家买酒,而你家的狗却迎上去扑咬小孩子,这就是你家的酒变酸而卖不出去的原因啊。"国家也有这样的恶狗,掌握大道的人怀着治国谋略,想去游说大国的君主,而大臣们却像恶狗一样迎上去扑咬他们,这就是君主被蒙蔽、被挟持的原因,也是掌握大道的人不能得到任用的缘故。

被凶狗拦在门外的贤人仍然算是幸运的,因为有一些被公认的贤人,却被极端自私、为一时快意而不计后果的君主置于死地。《史记·宋微子世家》记载:"孔子称:'微子去之,箕子为之奴,比干谏而死,殷有三仁焉。'"孔子认为,商纣王在位时,国家有三位仁人,那么这三位仁人的结果如何呢?商纣王的庶兄微子被迫逃亡,叔父(一说庶兄)箕子被逼得披发装疯为奴,叔父王子比干的命运更惨,被剖心而死。商纣王难道不知道他们贤良、忠诚吗?当然知道,我们看《史记·宋微子世家》记载:

　　王子比干者，亦纣之亲戚也。见箕子谏不听而为奴，则曰："君
有过而不以死争，则百姓何辜？"乃直言谏纣。纣怒曰："吾闻圣人
之心有七窍，信有诸乎？"乃遂杀王子比干，刳（kū）视其心。

　　王子比干也是商纣王的亲属，看到箕子因进谏君主不听而去做了奴
隶，就说："君主有罪过，而大臣不能用生命直言规劝，百姓将会受害，百
姓又有什么罪过呢？"于是，比干就直言进谏商纣王。商纣王大怒道："我
听说圣人的心有七个窍，真是这样吗？"于是商纣王就杀死比干，挖出他
的心来验证。古人认为，心是思维器官，人的聪明程度，与人的心眼多少
直接相关，圣人的心有七窍，最愚笨的人则"一窍不通"。商纣王在明明
知道比干是圣人的情况下，但为了清除阻碍自己享乐的人，还是把这位
圣人叔父剖心了。在这种政治环境中，恐怕不是千里没有一个贤人的问
题，大概是整个天下也不会出现一个贤人了。

撰吏五帝三王传政乙第三

【题解】

　　题目的意思是："选拔官吏,是五帝三王可以传之后世的善政,乙编第三。"逢行珪注:"帝王所以安国家,行政教,其在良吏乎! 言必博广以取也。"本篇认为,民众是衡量官员好坏的尺度,要求君主选拔官员时要充分听取民众的意见。

　　政曰:民者,贤、不肖之杖也①,贤、不肖皆具焉②。故贤人得焉③,不肖人休焉④。杖能侧焉⑤,忠信饰焉⑥。民者,积愚也⑦。虽愚,明主撰吏焉⑧,必使民兴焉⑨。士民与之⑩,明上举之;士民苦之⑪,明上去之⑫。故王者取吏不忘⑬,必使民唱然后和⑭。民者,吏之程也⑮。察吏于民,然后随⑯。

【注释】

　　①民者,贤、不肖之杖也:民众,是贤人与不贤人的评判者。杖,锺肇鹏《鹖子校理》:"杖,古通'丈'。《礼记·曲礼》'席间函丈'郑注:'丈,或为"杖"。'《经典释文》:'丈,王肃作"杖"。'是其证。'丈'为衡量尺度的标准,故称'丈量'。'民者,贤、不肖之杖也',就是

说民众是衡量贤与不肖的标准。"

②皆具焉：都要使用这一衡量标准。焉，代指民众的评判。

③故贤人得焉：所以贤人能够得到民众的拥护。焉，代指民众。《四库全书》"焉"作"贤"，据《百子全书》《鹖子校理》本改。

④休焉：失去民众的支持。

⑤杖能侧焉：民众的评判可以作为衡量官员好坏的标准。侧，《鹖子校理》："通'测'，测量，衡量。"

⑥忠信饰焉：要用忠信的标准来修养自身。逢行珪注："怀尽忠之节，必修于道。修身贵真，履行务实，由于正路。礼、义、仁、信以文饰其身也，故曰：忠信饬焉。"一说"忠信饰焉"应为"忠臣饰焉"。《鹖子校理》："'忠臣'，原作'忠信'，义颇难通。唯贾谊《新书·大政下》作'忠臣饬焉'，今据校正为'忠臣'。'饰''饬'古通。此言忠臣以为警惕，引以为戒也。"饰，修饰，修养。

⑦积愚：有许多愚昧之处。积，积累，许多。

⑧撰（xuǎn）吏：选拔官吏。撰，同"选"，选择，选拔。

⑨必使民兴焉：一定要让民众去举荐官吏。兴，举，举荐。焉，代指官吏。

⑩与之：赞成某人。与，赞成。

⑪苦之：痛恨某人。苦，以之为苦，因某人而感到痛苦。

⑫去之：废除他。去，去除，废除。

⑬忘：通"妄"，胡乱行事。

⑭使民唱然后和：先让民众提出建议，然后君主附议。《鹖子校理》："一唱一和，唱者在前，和者在后。先唱，然后和之。"

⑮程：里程标准。这里引申为评判标准。

⑯随：顺从，听从。

【译文】

政治典籍上说：民众，是贤人与不贤人的评判者，贤人与不贤人都要接受他们的评判。所以贤人能够得到民众的拥戴,不贤人则被民众所抛弃。民众的评判可以成为衡量贤与不贤的标准,因此官员要用忠信的品德来修养自身。民众,有许多愚昧的地方。民众虽然愚昧,但圣明君主在选拔官吏时,一定要让民众进行举荐。士人与民众赞成的人,圣明君主就要提拔重用他;士人与民众痛恨的人,圣明君主就要废弃他。因此帝王在选择官吏时不会胡乱做出决定,一定要让民众先举荐,然后帝王听从这种举荐。民众,是官吏好坏的评判者。要通过民众去考察官吏的好坏,然后君主听从民众的意见。

【解读】

本段所提倡的选拔官吏的方法,与孟子的意见极为相似。《孟子·梁惠王下》记载:

（孟子）曰:"国君进贤,如不得已,将使卑逾尊,疏逾戚,可不慎与? 左右皆曰贤,未可也;诸大夫皆曰贤,未可也;国人皆曰贤,然后察之;见贤焉,然后用之。左右皆曰不可,勿听;诸大夫皆曰不可,勿听;国人皆曰不可,然后察之;见不可焉,然后去之。左右皆曰可杀,勿听;诸大夫皆曰可杀,勿听;国人皆曰可杀,然后察之;见可杀焉,然后杀之。故曰,国人杀之也。如此,然后可以为民父母。"

孟子说:"君主选拔贤人,在不得已时,甚至会把原本地位低的人提拔到地位高的人之上,把原本关系疏远的人提拔到关系亲近的人之上,这样做可以不谨慎吗? 因此,左右亲信都说某人贤良,不可轻信;诸位大夫都说某人贤良,也不可轻信;全国民众都说某人贤良,然后去考察他;发现他是真正的贤人,再任用他。左右亲信都说某人不贤良,不可轻信;诸位大夫都说某人不贤良,也不可轻信;全国民众都说某人不贤良,然后去考察他,发现他真不贤良,再罢免他。左右亲信都说某人该杀,不可轻信;诸位大夫都说某人该杀,也不可轻信;全国民众都说某人该杀,然后去考察他,发现他真的该杀,再杀掉他。所以说,是全国民众杀了他。如此做,才可以真正成为老百姓的父母官。"

孟子与鹖子一样，都把民众视为判断官员好坏的最终依据。然而在现实政治生活中，更多的君主则是依据自己的好恶去任免官员，这就是亡国之事不断发生的根本原因。

政曰：民者，至卑也，而使之取吏焉①，必取所爱。故十人爱之，则十人之吏也；百人爱之，则百人之吏也；千人爱之，则千人之吏也；万人爱之，则万人之吏也。故万人之吏，撰卿相矣②。卿相者，诸侯之丞也③。故封侯之土④，秩出焉⑤。卿相者，侯之本也⑥。

【注释】

①取吏：选拔、举荐官吏。

②撰（xuǎn）卿相：选拔为卿相。撰，同"选"，选择，选拔。卿，先秦高官名、爵位名。在公之下，大夫之上。相，辅佐君主的最高官员。

③丞：辅佐。

④土：封地。

⑤秩：爵位，俸禄。

⑥侯之本：是诸侯的根本。逄行珪注："政之兴亡，在于卿相。得贤者和辑，失贤者离散，故为侯之职，在卿相也。"

【译文】

政治典籍上说：民众，是社会地位最为低下的人，然而可以让他们来选取、举荐官吏，他们一定会选取自己最为爱戴的人做官吏。因此如果有十人爱戴某人，那么此人就可以做管理十人的官吏；如果有一百人爱戴某人，那么此人就可以做管理一百人的官吏；如果有一千人爱戴某人，那么此人就可以做管理一千人的官吏；如果有一万人爱戴某人，那么此人就可以做管理一万人的官吏。因此那些可以做管理一万人的官吏，就可以进一步被选拔为卿相了。卿相，是诸侯的辅佐者。因此他们可以得到诸侯封给的土地，得到诸侯给予的爵位、俸禄。卿相，是诸侯治国的基础啊。

【解读】

本段说："卿相者，侯之本也。"卿相对于诸侯的重要作用，在齐桓公身上体现得淋漓尽致。齐桓公是春秋第一位霸主，? —前643年在位。齐桓公在位时，起用著名的政治家管仲为相，推行改革，励精图治；打出"尊王攘夷"的旗号，九合诸侯；平定宋国内乱，北击山戎，南伐楚国，成为第一位中原霸主，受到周天子的赏赐。孔子多次赞扬管仲，并且总结说："桓公九合诸侯，不以兵车，管仲之力也。如其仁！如其仁！"（《论语·宪问》）孔子把齐桓公能够成为五霸之首的功劳归之于管仲的辅佐。失去管仲这一卿相，齐桓公的状况如何呢？《史记正义》引颜师古的记载：

> 竖刀（一作"刁"）、易牙皆齐桓公臣。管仲有病，桓公往问之，曰："将何以教寡人？"管仲曰："愿君远易牙、竖刀。"公曰："易牙烹其子以快寡人，尚可疑邪？"对曰："人之情非不爱其子也，其子之忍，又将何爱于君！"公曰："竖刀自宫以近寡人，犹尚疑邪？"对曰："人之情非不爱其身也，其身之忍，又将何有于君！"公曰："诺。"管仲遂尽逐之，而公食不甘，心不怡者三年。公曰："仲父不已过乎？"于是皆即召反。明年，公有病，易牙、竖刀相与作乱，塞宫门，筑高墙，不通人。有一妇人逾垣入至公所。公曰："我欲食。"妇人曰："吾无所得。"又曰："我欲饮。"妇人曰："吾无所得。"公曰："何故？"曰："易牙、竖刀相与作乱，塞宫门，筑高墙，不通人，故无所得。"公慨然叹，涕出，曰："嗟乎，圣人所见岂不远哉！若死者有知，我将何面目见仲父乎？"蒙衣袂而死乎寿宫。虫流于户，盖以杨门之扇，二月不葬也。

竖刀、易牙两人都是齐桓公的大臣。管仲病重时，齐桓公前去看望，问道："您还有什么需要教诲我的吗？"管仲说："希望您能够远离易牙、竖刀这两个人。"齐桓公问:"易牙烹煮了自己的儿子供我品尝,他还有什么可疑的呢?"管仲回答:"人之常情,没有不爱自己儿子的,而他却如此残忍地对待自己的儿子,又怎么会爱护您这位君主呢!"齐桓公问:"竖刀为了亲近我,自我阉割以便能够进入宫中,他还有什么可疑的呢?"管仲回答:"人之常情,没有不爱护自己身体的,他对自己的身体尚且如此残忍,又怎么会爱护您这位君主呢!"齐桓公说:"我同意您的意见。"于是管仲就把二人全部赶走了,而齐桓公为此整整三年吃饭不香、心情不悦。管仲去世后,齐桓公说:"仲父(对管仲的尊称)不是做得也太过分了吧?"于是马上就把二人又召了回来。第二年,齐桓公病了,易牙与竖刀相互勾结起来发动叛乱,他们堵塞了宫门,筑起了高墙,不许任何人进出。有一位妇人翻墙进入齐桓公的住室。齐桓公说:"我想吃点儿东西。"妇人说:"我没有任何食物。"齐桓公又说:"我想喝口酒。"妇人说:"我也没有。"齐桓公问:"为什么会这样呢?"妇人回答:"易牙、竖刀二人相互勾结起来反叛,他们堵塞了宫门,筑起了高墙,不许任何人进出,所以我什么也没有。"齐桓公听后长叹了一声,流出了眼泪,说:"唉,圣人(指管仲)的眼光真是远大啊! 如果死去的人有知,我将有什么面目去见仲父呢?"于是齐桓公就用衣服的袖子把眼睛蒙住,饿死于寿宫。据《史记·齐太公世家》记载,因齐国大乱,齐桓公的尸体躺在床上整整六十七天而无法安葬,以至于尸虫爬到了门外,人们只好用杨门(宫殿里的门名)的门板遮盖在齐桓公的尸体上。

　　齐桓公有管仲做自己的卿相,可以九合诸侯而不以兵车,成为五霸之首;换了竖刀、易牙做卿相,自己就只能饿死于宫中。这两种结局的鲜明对比,无可置疑地证明了本段"卿相者,侯之本也"这一观念的正确性。

曲阜鲁周公政甲第十四

【题解】

曲阜，地名。在今山东曲阜东北。为鲁国都城。鲁，周代诸侯国名。周武王灭商后，封其弟周公姬旦于鲁，建都曲阜。周公留在周朝辅佐周武王，由长子伯禽去管理封地。鲁国于周初为强国，入战国后降为小国，公元前256年，为楚国所灭。周公，周代初年的著名政治家。生平详见"解读"。题目的意思是："封于曲阜的鲁国君主周公的治国状况，甲编第十四。"逢行珪注："曲阜之地，方七百里，少昊之墟，是鲁周公所封之邑。以周公裨益政礼，故称之以为篇耳。"本篇提醒君主要知善则行，知错则改。

政曰：昔者鲁周公曰①：吾闻之于政也，知善不行者谓之狂②，知恶不改者谓之惑。夫狂与惑者，圣王之戒也③。

【注释】

①鲁周公：鲁国的开国君主周公。在中国历史上，周公的文化地位
　与政治地位都非常重要，其生平事迹可见"解读"。

②狂：疯。

③戒：戒除，清除。

【译文】

政治典籍上记载：从前鲁国的开国君主周公说：我听说古代的政治典籍上讲过这样的话，知道什么是善事而不去施行的人，可以称之为疯子；知道自己做了凶恶之事而不去改正的人，可以称之为愚蠢。疯狂与愚蠢，都是圣王所要戒除的行为。

【解读】

周公不仅是本段文字里的主角，也是本书最后一篇《慎诛鲁周公第六》的主角，同时还是历史上一位极为重要的人物，对中国古代的政治、思想都产生了重大影响。其事迹主要见于《史记·鲁周公世家》。因《史记》原文太长，我们就直接用白话文对周公的生平事迹予以简单介绍。

周公，姓姬名旦，是周文王的儿子，周武王的弟弟。文王在世的时候，姬旦作为儿子就非常孝顺，他忠厚仁爱，超过其他几位兄弟。周武王即位以后，姬旦经常辅佐武王，处理很多政务。武王即位的第九年，亲自率军东征商纣王至盟津（在今河南孟州西南），周公随军辅助。十一年，再次讨伐商纣王，周国军队到了牧野（在今河南卫辉、淇县之间），周公佐助武王，发布了动员战斗的《牧誓》。击败商朝军队之后，周公进入商王宫殿。杀掉商纣王以后，周公手持大斧，召公手持小斧，一左一右辅佐着武王，举行了祭祀社神的典礼，并且向上天与商朝民众公布了商纣王的罪行。然后把商朝贤臣箕子从监狱里释放出来，分封商纣王的儿子武庚禄父，命令自己的兄弟管叔、蔡叔辅助他（实际带有监视目的），让武庚禄父承续对商朝先王的祭祀。武王遍封功臣、同姓及亲戚。封周公于少昊（黄帝之子）的故地曲阜（在今山东曲阜东北）。周公没有到自己的封地去，而是留在朝廷辅佐武王。

武王灭掉商纣王的第二年，天下统一大业尚未最后完成，而武王病了。大臣们都很担心，姜太公和召公计划举行虔敬的占卜，以预测吉凶。周公说："不可以让我们的先王为此忧虑悲伤。"于是周公把自己作为人质，设立了三个祭坛，周公向北站立，手捧玉璧、玉圭，向曾祖父太王、祖父王季、父亲文王之灵祈祷,命史官作祈祷文说:"你们的长孙周王发(武王名发)辛劳成疾。如果三位先王欠上天一个儿子的话,那就请让我代替周王发归天。我灵巧能干,多才多艺,能够事奉鬼神。周王发不如我多才多艺,不会事奉鬼神。但周王发受命于上天,要普救天下民众,而且他还能使你们的子孙在人世间安定地生活,四方民众无不敬畏他。他能使上天赏赐的国运长守不失,我们的先王也能永远享受祭祀。现在我通过占卜的大龟听命于先王,你们如果能够答应我的请求,我就将玉圭、玉璧献上,一切听从你们的吩咐。你们如果不答应,我就把玉圭、玉璧收藏起来。"周公向先王祈祷之后,就到三王祭坛前占卜。占卜人都说大吉大利,翻开占卜的兆书一看,果然吉利。周公非常高兴,又开锁察看藏于柜中的占卜书,也是吉利的征兆。周公马上进宫祝贺武王,说:"您没有灾祸,我刚刚接受三位先王之命,让您只需考虑周朝的长远之计,别无他虑。上天为您考虑得非常周到啊。"周公把祈祷文收藏在金丝缠束的柜中,并密封起来,告诫守柜者不许泄露。第二天,武王果然痊愈。

武王去世后,儿子成王年幼。周公担心天下人知道武王去世而背叛朝廷,于是就登上王位代替成王处理政务,主持国家大权。周公的庶兄管叔和他的几个弟弟就在国中散布流言:"周公将对成王不利。"周公就告诉太公望(即姜太公)、召公奭(shì)说:"我之所以不避嫌疑代理国政,是担心天下人背叛周朝,没法向我们的先王太王、王季、文王交代。三位先王为天下的事情忧劳甚久,现在才刚刚成功。武王早逝,成王年幼,我只是为了完成稳定周朝之大业,才这样做的。"于是周公继续辅佐成王,而命令儿子伯禽代替自己到鲁国就封。周公告诫伯禽说:"我是周文王的儿子,周武王的弟弟,周成王的叔父,在全天下人中,我的地位不算低贱了。但我洗一次头还要三次握起头发,吃一顿饭还要三次吐出正在咀嚼的食物,赶忙起身接待贤士,即使这样还担心失掉天下贤人。你到鲁国之后,千万不要因为有了国土而傲视于人。"

管叔、蔡叔、武庚禄父等人果然率领淮夷(淮河一带的部族)造反。

周公于是奉成王之命,率兵东征,为此写了《大诰》。于是就杀掉了管叔与武庚禄父,流放了蔡叔。周公收服商朝的遗民之后,封弟弟康叔于卫(今河北南部与河南北部地区),封商纣王庶兄微子于宋(在今河南商丘一带),让微子接续对商朝先王的祭祀。淮夷及东部其他地区的平定事宜,在两年内全部完成。诸侯都归附于周王朝。

此时,天降祥瑞,成王的弟弟唐叔得到了一棵二茎共生一穗的庄稼,于是就献给成王,成王命令唐叔把这棵庄稼送给还在东部军队驻地的周公,并写了一首《馈禾》。周公接受后,为了感激、赞颂天子之命,也写了一首《嘉禾》。东部地区安定后,周公回来向成王汇报,作了一首诗献给成王,其诗名为《鸱鸮(chī xiāo)》(其中有告诫成王之意),成王也未敢责备周公。

成王七年二月乙未日,成王在镐(hào)京(在今陕西西安长安区西北)朝拜武王庙,然后步行至丰京(在今陕西西安长安区西)朝拜文王庙,命太保召公先行到洛邑(今河南洛阳)勘察地形。三月,周公去洛邑营造成周京城洛邑,并进行占卜,占卜结果大吉,于是就以洛邑为国都。

成王长大后,能够处理国事了,于是周公就把政权还给成王,成王开始临朝听政。过去周公代替成王治理天下时,面南而坐,背对着扆(yǐ)屏(一种屏风),接受诸侯朝拜。七年之后,还政于成王,周公面向北站在臣子之位上,非常敬畏地朝拜成王。

当初成王幼小时,生病了,周公就剪下自己的指甲沉入黄河,向河神祈祷说:"成王年幼,没有什么自己的主张,冒犯神灵的是我。"周公也把祈祷文藏于秘府,成王果然痊愈。到成王临朝听政后,有人说周公坏话,周公只得逃亡到了楚国。成王打开秘府,发现周公当年的祈祷文,感动得泪流满面,于是就把周公接了回来。……

周公住在丰京,当时天下虽然已经安定,但周朝的官职制度尚未安排妥当,于是就写了《周官》,划定百官的职责。还写了《立政》,主张施恩惠于百姓,百姓都很高兴。

　　周公在丰京患上重病，临终时说："一定要把我埋葬在成周（指洛邑），以表明我不敢离开成王。"周公去世后，成王也很谦让，最后把周公葬于毕（在今陕西咸阳北），以陪伴着文王，成王这样做是表示自己不敢把周公视为自己的臣下。

　　周公去世的那年秋天，庄稼还未收割，突然来了一场暴风、雷霆，庄稼全部倒伏，大树连根拔起。都城的人们十分恐慌。成王和大臣们穿好朝服，打开金丝缠束的柜子，看到周公愿以身代替武王去死的祈祷文。太公、召公和成王于是询问史官及有关人员，他们回答说："确有此事，但周公命令我们不许说出去。"成王手执祈祷文，流着泪说："今后不要再为此事占卜了！过去周公为王室辛劳，但我年幼不了解。现在上天用狂风、雷霆来彰明周公的美德，我应该安排祭祀以迎回周公的神灵，这样做也符合我们的国家礼制。"成王于是举行郊祭之礼，果真下了雨，风向反转，倒伏的庄稼又全部被风吹了起来。太公、召公又命令国人把倒下的大树都扶起来，培实土基。当年获得了大丰收。于是成王特别准许鲁国可以行郊祭上天、庙祭文王的天子之礼。鲁国之所以拥有周天子一样的礼乐，就是为了褒奖周公的美德啊。

道符五帝三王传政甲第二

【题解】

道符，符合大道。指治国理政要符合大道。题目的意思是："治国措施符合大道，这是五帝三王可以传之后世的善政，甲编第二。"逄行珪注："夫开国崇基，必先于道。道既符合，无往不真。影响相同，自然合应。甲者，先于乙也。"本篇认为，那些不贤良的愚昧之人，从来不会认为自己是不贤良的愚昧之人，但别人依然认为他不贤良、愚昧。客观上提醒人们要有自知之明。

　　不肖者，不自谓不肖也①，而不肖见于行②；虽自谓贤，人犹谓之不肖也。愚者，不自谓愚，而愚见于言；虽自谓智，人犹谓之愚。

【注释】

①谓：说，认为。

②见（xiàn）：同"现"，显现，表现。

【译文】

　　那些不贤良的人，从来不会认为自己不贤良，而他们的不贤良就表现在他们的行为上；即使他们总说自己贤良，人们仍然认为他们不贤良。那些愚昧的人，从来不会认为自己愚昧，而他们的愚昧就表现在他们的言语中；即使他们总说自己睿智，人们仍然认为他们愚昧。

【解读】

《道德经》三十三章说："知人者智，自知者明。"知人不易，自知更难。所以那些不肖者总以为自己贤良，那些愚昧者总以为自己聪明。

我们先举"不肖者，不自谓不肖也"的例子。齐湣王是齐宣王之子，他在位早期，由于前辈的治国得当，齐国比较强盛，于是齐湣王便四处出击，先后进攻秦、楚等国，灭宋，还曾狂妄地自称"东帝"。因其自矜骄暴，处处树敌，诸侯忍无可忍，于是燕国联合各国伐齐，攻入齐国都城临淄（今山东淄博临淄区），齐湣王出逃，后被号称前来救援的楚将淖齿所杀。我们看齐湣王逃亡途中的表现：

> 齐湣王亡居于卫，昼日步足（一本作"走"，逃跑），谓公玉丹曰："我已亡矣，而不知其故。吾所以亡者，果何故哉？我当已。"公玉丹答曰："臣以王为已知之矣，王故尚未之知邪？王之所以亡也者，以贤也。天下之王皆不肖，而恶王之贤也，因相与合兵而攻王，此王之所以亡也。"湣王慨焉太息曰："贤固若是其苦邪？"（《吕氏春秋·审己》）

> 齐湣王亡居卫，谓公玉丹曰："我何如主也？"王丹对曰："王，贤主也。臣闻古人有辞天下而无恨色者，臣闻其声，于王而见其实。王名称东帝，实辨（治理）天下。去国居卫，容貌充满，颜色发扬，无重国之意。"王曰："甚善！丹知寡人。寡人自去国居卫也，带益三副矣。"（《吕氏春秋·过理》）

文中说的"公玉丹"与"公王丹"是同一人，古代"玉"与"王"相通。齐湣王已经亡国，却不知道自己亡国的原因，还误以为是因为自己才华出众、贤良无比，故而引起各国君主的嫉妒，才遭此厄运。正是因为齐湣王自以为贤良，对亡国之事"问心无愧"，所以逃亡期间，心宽体胖，体重不断增加,不得不连续三次加长自己的腰带。齐湣王可以说至死也没能做到"自知"。

其次我们举"愚者,不自谓愚"的例子。另一位至死也没能认识自己的政治愚昧的帝王是项羽。项羽可以说是一位真正的所向无敌的战神,然而最终却失败了,这是他百思不得其解的一个难题。《史记·项羽本纪》记载了项羽在垓下冲出包围后、乌江自杀前的一个细节:

> 项王自度不得脱。谓其骑曰:"吾起兵至今八岁矣,身七十余战,所当者破,所击者服,未尝败北,遂霸有天下。然今卒困于此,此天之亡我,非战之罪也。今日固决死,愿为诸君快战,必三胜之,为诸君溃围,斩将,刈旗,令诸君知天亡我,非战之罪也。"……骑皆伏曰:"如大王言。"

项羽认为统治天下仅靠武力就行,所以项羽就把武力第一的自己之失败归咎于上天,他的部下对他的这一看法也十分赞赏。可以说项羽与他的部下在懵懵懂懂之中相互蒙蔽,至死不悟。关于项羽失败的原因,司马迁看得十分清楚:"羽背关怀楚,放逐义帝而自立,怨王侯叛己,难矣。自矜功伐,奋其私智而不师古,谓霸王之业,欲以力征经营天下,五年卒亡其国,身死东城,尚不觉寤而不自责,过矣。乃引'天亡我,非用兵之罪也',岂不谬哉!"(《史记·项羽本纪》)司马迁的意思是:"项羽放弃有利的关中之地,因怀念故乡楚国而建都彭城,放逐自己的君主义帝,自立为霸王,而又抱怨别的诸侯背叛自己,如此想成大事,可就困难重重了。他自恃能征善战,竭力施展个人聪明,却不懂得效法古人,认为霸王的功业,仅仅依靠武力征伐就能建立,结果五年之后,最终丢了自己的国家,死于东城,至此仍不觉悟,也不自责,实在是大错特错了。而他竟然拿'上天要灭亡我,不是我用兵的过错'这句话来自我辩解,难道不是太荒谬了吗?"

项羽能征善战,但在政治上是一个愚昧者。项羽在政治上的愚昧表现远不止司马迁所说的这些,然而他至死也没有明白这一点,只好愚昧地认为自己的失败是上天的意愿。

最后我们要强调的一点是，即便是贤良、聪明之人，也不可自我夸奖、自我炫耀。《道德经》二十四章说："自是者不彰，自伐者无功，自矜者不长。其在道也，曰余食赘行，物或恶之，故有道者不处。"喜欢自我夸奖、自我炫耀是会招人厌恶的。关于这一点，《庄子·山木》举了一个十分典型的例子：

> 阳子之宋，宿于逆旅。逆旅人有妾二人，其一人美，其一人恶，恶者贵而美者贱。阳子问其故，逆旅小子对曰："其美者自美，吾不知其美也；其恶者自恶，吾不知其恶也。"阳子曰："弟子记之！行贤而去自贤之行，安往而不爱哉？"

阳子就是因为主张"拔一毛而利天下，不为也"（《孟子·尽心上》），被孟子批评为"无君"的著名思想家杨朱。杨朱在去宋国途中，住在一家旅店里，他发现旅店主人有两位妻子，长相丑陋的那位妻子在家里地位尊贵，而长相美丽的妻子反而地位低贱。阳子甚感不解，询问其故，店主人回答说："那个容貌美丽的总是喜欢自我吹嘘，时间久了我就一点儿也不觉得她美；那个长相丑陋的总是自谦，时间久了我一点儿也不觉得她丑。"喜欢炫耀长相美丽的美女，妥妥地把自己由美女炫耀成了一个丑女。所以杨朱感慨地对自己的弟子说："你们一定要记住这件事！做了贤良的事，但一定要去掉自以为贤良的言行，这样到哪里会不受爱戴呢？"

数始五帝治天下第七

【题解】

　　数始，五帝开始治理天下时的岁数。题目的意思是："五帝开始治理天下的岁数，第七。"逢行珪注："言帝者，年数之始，以记其佐帝及升位之年数也。天下者，岂可忘（妄）理哉？亦由积德累业以有之也。言五帝之道相缘为政，故同称之也。"本篇主要记载颛顼与帝喾执政时的年龄及其治国理念。

　　昔者帝颛顼[①]，年十五而佐黄帝[②]，二十而治天下。其治天下也，上缘黄帝之道而行之[③]，学黄帝之道而常之[④]。昔者帝喾[⑤]，年十五而佐帝颛顼，三十而治天下。其治天下也，上缘黄帝之道而明之[⑥]，学帝颛顼之道而行之。

【注释】

① 颛顼（zhuān xū）：五帝之一，姬姓，号高阳氏。相传为黄帝之孙，昌意之子。据《新序》《帝王世纪》等书记载，高阳十多岁就参与了治国。《史记·五帝本纪》记载："黄帝崩，葬桥山。其孙、昌意之子高阳立。"按照这一记载，黄帝的直接继承人是颛顼。

②黄帝：中国古代部落联盟首领，五帝之首，被尊为"人文初祖"。据说他是少典之子，本姓公孙，因居轩辕之丘，故号"轩辕氏"。又因居住于姬水，改为姬姓。因建都于有熊，又称"有熊氏"。史载黄帝因有土德之瑞，故号"黄帝"。黄帝在位期间，大力发展生产，始制衣冠、造舟车、制音律。后击败炎帝，斩杀蚩尤，被诸侯尊为天子。

③缘：遵循，遵照。

④常之：以黄帝的治国原则为常法。之，代指黄帝的治国原则。

⑤帝喾（kù）：姬姓，号高辛氏，五帝之一。据说是黄帝的曾孙，颛顼的族子。十五岁时辅佐叔父颛顼，三十岁时继承帝位，建都于亳（据说在今河南偃师一带）。

⑥明之：阐明黄帝的治国方略。

【译文】

从前的帝王颛顼，十五岁的时候就开始辅佐黄帝，二十岁的时候就即位治理整个天下了。颛顼在治理天下的时候，继承、遵循着黄帝的治国原则去行事，学习黄帝的治国方略，并以此为常法。从前的帝喾，十五岁的时候就开始辅佐颛顼，三十岁的时候就即位治理整个天下了。他在治理天下的时候，继承、遵循着黄帝的治国原则，并且进一步阐明黄帝的治国方略，他还学习颛顼的治国方法，并且进一步推行这些方法。

【解读】

司马迁《五帝本纪》是《史记》的第一篇，记载了远古时代被后人尊为帝王的五个部落联盟首领——黄帝、颛顼、帝喾、尧、舜的事迹，其中的尧、舜，读者相对较为熟悉，对于黄帝这位民族共祖，特别是颛顼、帝喾的事迹，读者或很陌生。另外，我们还要说明的是，嚚子即颛顼高阳的后裔。我们这里就把《史记·五帝本纪》中有关前三位帝王的事迹摘录如下，并做了翻译，以供读者参考。

黄帝者，少典之子，姓公孙，名曰轩辕。生而神灵，弱而能言，幼而徇齐，长而敦敏，成而聪明。

轩辕之时，神农氏世衰。诸侯相侵伐，暴虐百姓，而神农氏弗能征。于是轩辕乃习用干戈，以征不享，诸侯咸来宾从。而蚩尤最为暴，莫能伐。炎帝欲侵陵诸侯，诸侯咸归轩辕。轩辕乃修德振兵，治五气，蓺（yì）五种，抚万民，度四方，教熊罴（pí）貔（pí）貅（xiū）貙（chū）虎，以与炎帝战于阪泉之野。三战，然后得其志。蚩尤作乱，不用帝命，于是黄帝乃征师诸侯，与蚩尤战于涿鹿之野，遂禽杀蚩尤。而诸侯咸尊轩辕为天子，代神农氏，是为黄帝。天下有不顺者，黄帝从而征之，平者去之，披山通道，未尝宁居。

东至于海，登丸山，及岱宗；西至于空桐，登鸡头；南至于江，登熊、湘；北逐荤粥（xūn yù），合符釜山，而邑于涿鹿之阿。迁徙往来无常处，以师兵为营卫。官名皆以云命，为云师。置左右大监，监于万国。万国和，而鬼神山川封禅与为多焉。获宝鼎，迎日推策。举风后、力牧、常先、大鸿以治民。顺天地之纪，幽明之占，死生之说，存亡之难。时播百谷草木，淳化鸟兽虫蛾，旁罗日月星辰水波土石金玉，劳勤心力耳目，节用水火材物。有土德之瑞，故号黄帝。

黄帝二十五子，其得姓者十四人。

黄帝居轩辕之丘，而娶于西陵之女，是为嫘（léi）祖。嫘祖为黄帝正妃，生二子，其后皆有天下：其一曰玄嚣，是为青阳，青阳降居江水；其二曰昌意，降居若水。昌意娶蜀山氏女，曰昌仆，生高阳，高阳有圣德焉。黄帝崩，葬桥山。其孙、昌意之子高阳立，是为帝颛顼也。

帝颛顼高阳者，黄帝之孙而昌意之子也。静渊以有谋，疏通而知事；养材以任地，载时以象天，依鬼神以制义，治气以教化，絜诚以祭祀。北至于幽陵，南至于交趾，西至于流沙，东至于蟠木。动静之物，大小之神，日月所照，莫不砥属。

帝颛顼生子曰穷蝉。颛顼崩，而玄嚣之孙高辛立，是为帝喾。

帝喾高辛者，黄帝之曾孙也。高辛父曰蟜（jiǎo）极，蟜极父曰玄嚣，玄嚣父曰黄帝。自玄嚣与蟜极皆不得在位，至高辛即帝位。高辛于颛顼为族子。

高辛生而神灵，自言其名。普施利物，不于其身。聪以知远，明以察微。顺天之义，知民之急。仁而威，惠而信，修身而天下服。取地之财而节用之，抚教万民而利诲之，历日月而迎送之，明鬼神而敬事之。其色郁郁，其德嶷嶷（nì）。其动也时，其服也士。帝喾溉执中而遍天下，日月所照，风雨所至，莫不从服。

帝喾娶陈锋氏女，生放勋。娶娵訾（jū zī）氏女，生挚（zhì）。帝喾崩，而挚代立。帝挚立，不善，崩，而弟放勋立，是为帝尧。

黄帝，是少典部族的后裔，姓公孙，名轩辕。他刚刚生下来的时候就很有灵气，非常小的时候就会说话，幼年时聪明机敏，长大后敦厚勤奋，成年以后博闻多见。

轩辕黄帝生活的时代，神农氏的后代已经开始衰败了。诸侯们相互攻伐，百姓们深受其害，而神农氏却没有力量讨伐他们。于是轩辕黄帝就习兵练武，去征讨那些残暴无道、不来朝贡的诸侯，各诸侯这才都来归服。蚩尤在各诸侯中最为凶残，没有人能够征服他。神农氏炎帝也想进攻、欺压其他诸侯国，于是诸侯们都来投奔轩辕黄帝。轩辕黄帝修养美德，整顿军队，研究五行之气的变化，种植五谷，安抚民众，勘察四方地理，训练熊、罴、貔、貅、䝙、虎等猛兽（一说熊、罴、貔、貅、䝙、虎等为军队的名号），接着与炎帝在阪泉（在今山西运城南，一说在今河北涿鹿东南）的郊野交战。先后打了几仗，才最终击败炎帝。蚩尤也发动叛乱，不服从黄帝命令，于是黄帝就征调诸侯的军队，在涿鹿（在今河北涿鹿东南）的原野里与蚩尤作战，最终擒获并杀死了蚩尤。诸侯们都尊奉轩辕做了天子，取代了神农氏，这就是黄帝。天下有一些不愿归顺的部落，黄帝就去征讨他们，平定一个地方之后就撤离，他在四处征讨的路上劈山开道，从来没有在任何固定的地方安宁地居住过。

　　黄帝向东到了东海,登上了丸山(即今山东临朐东北的纪山)和泰山;向西到了空桐山(相传在今甘肃平凉西),登上了鸡头山(在今宁夏泾原北);向南到过长江,登上了熊山(一说是湖南华容桃花山,一说是湖南安化大熊山)、湘山(即今湖南岳阳的君山);向北驱逐了荤粥部族,到了釜山(在今河北怀来北),在那里与诸侯合验了符契,然后就在涿鹿山的山脚下建起了临时都邑。黄帝到处迁徙,没有固定的住处,走到哪里,就在哪里设置军营以自卫。黄帝时的官职都用“云”来命名,军队则号称“云师”。他任命了左右大监,让他们督察各诸侯国。当时的众多诸侯国都很安定,对鬼神、山川的祭祀要数黄帝时最多。黄帝获得了上天赐给的宝鼎,观测太阳的运行,以占卜用的蓍草去推算历法,以便预知节气、时辰。他举用风后、力牧、常先、大鸿等贤臣去治理百姓。黄帝顺应天地四时的运行规律,推测阴阳的变化,探究生死的道理与礼仪,论述存亡的原因。他按照季节播种百谷、草木,驯养鸟兽、蚕虫,测定日月星辰的运行以制定历法,探查河流、土石、金玉以供民众使用,他为此饱受辛劳,他有节制地使用水、火、木材及各种财物。他做天子有土这种属性的祥瑞征兆,因为土色黄,所以他号称“黄帝”。

　　黄帝有二十五个儿子,其中赐给姓氏的有十四人。

　　黄帝居住在轩辕山(据说在今河南新郑西北)的时候,娶西陵国(在今河南西平一带)的女儿为妻,她就是嫘祖。嫘祖是黄帝的正妃,生了两个儿子,这两个儿子的后代都占有过天下:一个儿子叫玄嚣,也就是青阳,青阳被封为诸侯,居住在江水(或指四川境内的岷江);另一个儿子叫昌意,也被封为诸侯,居住在若水(即四川西部的雅砻江)。昌意娶了蜀山氏的女儿,名叫昌仆,生了儿子高阳,高阳具备了圣人的美德。黄帝死后,埋葬在桥山(在今陕西黄陵北),他的孙子,也就是昌意的儿子高阳即帝位,这就是颛顼帝。

　　颛顼,号高阳氏,是黄帝的孙子、昌意的儿子。他沉静稳重而有机谋,思想通达而懂得事理;他种植各种庄稼,养殖各种牲畜,充分利用地力，他推算四季节令以顺应自然，听从鬼神意愿以制定礼仪，理顺四时五行之气以教化百姓，洁净身心以祭祀鬼神。他往北走到了幽陵（一说在今燕山地区，一说泛指北方极远地区），往南来到了交阯（先秦早期泛指长江以南地区，战国时始指岭南地区），往西到过流沙（泛指西北沙漠地区），往东到过蟠木（相传在今东海）。各种动物植物，大小神灵，凡是日月能够照临的地方，没有不归服于颛顼的。

颛顼的儿子叫穷蝉。颛顼死后，玄嚣的孙子高辛即位，他就是帝喾。

帝喾，号高辛氏，是黄帝的曾孙。高辛的父亲叫蟜极，蟜极的父亲叫玄嚣，玄嚣的父亲就是黄帝。玄嚣和蟜极都没有能够登上天子之位，到高辛时才当了天子。高辛是颛顼的侄子。

高辛刚生下来就很有灵气，一出生就能够叫出自己的名字。他普施恩泽于民众而从不考虑自身。他耳聪目明，能够知道远方的情况，可以洞察细微的事理。他顺应上天的意志，知道民众的急需。他仁爱而威严，柔和而守信，修养自身美德而天下民众归服。他收取土地上的物产，非常节俭地加以使用；他爱护、教化万民，把各种有益的技能教给他们；他推算日月的运行以制定岁时节气，恭敬地迎送日月的升起与落下；他明白鬼神的意旨，谨慎地事奉鬼神。他相貌堂堂，道德高尚。他的行为合乎时宜，服饰俭朴得如同一般士人。帝喾在治理民众的时候，就像雨水浇灌农田一样不偏不倚，遍及天下，凡是日月能够照耀的地方，风雨能够到达的地区，没有人不归服于帝喾的。

帝喾娶陈锋氏的女儿为妻，生儿子放勋。娶娵訾氏的女儿为妻，生儿子挚。帝喾去世之后，挚接替帝位。帝挚即位后，没有做出什么好的政绩，于是弟弟放勋即位，他就是帝尧。

以上即黄帝、颛顼、帝喾的大致生平事迹。至于这些生平事迹是否可信，连记载这些历史的司马迁本人也持怀疑态度，他说："学者多称五帝，尚矣。然《尚书》独载尧以来；而百家言黄帝，其文不雅驯，荐绅先生难言之。……余并论次，择其言尤雅者，故著为《本纪》书首。"（《史记·五帝本纪》）司马迁的意思是：很多学者都在谈论五帝，五帝的年代实在太久远了。《尚书》只记载了帝尧以后的历史；而各家在论述黄帝时，其文字内容粗疏而不雅正，士大夫们对五帝的事迹也很难说得清楚。……我就把这些史料加以编辑，选择其中最为雅正的文词，写成这篇《本纪》，作为《史记》全书的第一篇。

禹政第六

【题解】

　　禹政，大禹的政治。逢行珪注："伯禹，夏后氏。言禹功，锡玄圭，德谐元始，仁贤立政，以致太平，可为法则，故以名篇矣。"本篇主要讲大禹得到七位贤人，治理好了天下。

　　禹之治天下也①，得皋陶②，得杜子业③，得既子，得施子黯，得季子甯，得然子堪，得轻子玉。得七大夫，以佐其身，以治天下，而天下治④。

【注释】

①禹：又称"伯禹""大禹""帝禹""戎禹""神禹"。一说名文命。姒姓，鲧（gǔn）的儿子。相传禹治理洪水有功，在诸侯的拥戴下，接受帝舜禅让，正式即位，为夏朝的开国君主，建都阳城（今河南登封）。另外还有建都阳翟（今河南禹州）、平阳（在今山西临汾西南）之说。

②皋陶（gāo yáo）：又作"咎繇"。偃姓，一说为嬴姓，皋氏，曾于舜、禹在位时期任最高司法官员。

③杜子业：关于杜子业及下文提到的既子、施子黯、季子甯（níng）、
　然子堪、轻子玉的生平事迹，均不详。

④治：太平安定。

【译文】

　　大禹在治理天下的时候，得到了皋陶，得到了杜子业，得到了既子，
得到了施子黯，得到了季子甯，得到了然子堪，得到了轻子玉等贤臣。他
得到了七位贤良的大夫，就让他们辅佐自己，让他们治理天下，而天下也
就变得安定祥和了。

【解读】

　　本篇的重点是要说明，即使圣明的君主，也需要贤臣的辅佐，再次强
调礼贤下士的重要性。我们在前文已经介绍过一些知人的方法，这里再
把古代君主如何知人、如何用人等事宜，简单地梳理一下。知人用人，可
以说是君主治国的首要任务。《荀子·大略》说：

　　　　主道知人，臣道知事。故舜之治天下，不以事诏而万物成。农
　　精于田而不可以为田师，工贾亦然。

　　荀子认为，做君主的主要任务是知人用人，做大臣的主要任务是知
事做事，因此舜在治理天下的时候，不去具体指示臣下如何做事而事事
成功。善于种地的农夫并不适合去做农业官员，工匠与商人也是如此。

　　要想用人，必须先知人，而知人是一件非常困难的事情。正因为困
难，所以圣贤们就曾指导我们如何去知人。《论语·为政》说：

　　　　子曰："视其所以，观其所由，察其所安，人焉廋（sōu）哉？人焉
　　廋哉？"

　　这段话翻译出来就是："孔子说：'考察一个人的行为目的（动机），
观察他为达到这一目的所使用的方法，了解他办事的最后结果，那么这
个人又如何能够隐瞒自己的真实品德呢？这个人又如何能够隐瞒自己
的真实品德呢？'""视其所以，观其所由，察其所安"这几句话，包含考察
一个人做事的三个阶段：行为目的的确定，为实现目的所采取的方式，最

后所安于的状态（即办事结果）。孔子认为，通过这三个阶段的考察，一个人的好坏就能看清楚。

孟子继承了孔子的思想，也认为人心是可知的，不过他的方法不是通过观察一个人的言行，而是观察他的眸子。《孟子·离娄上》说：

> 存乎人者，莫良于眸子。眸子不能掩其恶。胸中正，则眸子瞭焉；胸中不正，则眸子眊（mào）焉。听其言也，观其眸子，人焉廋哉？

孟子认为，观察一个人，最好去观察他的眸子（瞳仁、眼睛）：品行端正，思想高尚，其眼睛是明亮的；反之，眼睛就是浑浊的。与人交往时，一边听他言谈，一边紧盯着他的眼睛，通过对方眸子的明亮与否，来判断这个人的品质是否高尚，用心是否端正。相由心生，孟子提供的知人方法虽然不易把握，但也有一定程度的可行性。

正由于知人用人特别重要，所以古人提供的知人方法极多，这里限于篇幅，不再一一介绍。总之，"劳于求贤，逸于任使"（《后汉书·王堂传》）几乎成为古代君臣讨论治国时的口头禅。君主只要能够把合适的人放在合适的位置上，自己就能够过上安逸舒适的轻松日子。

接着，我们谈谈如何用人。

第一，对人才不求全责备。孔子早就提醒，作为君主或者领导者不要总盯着属下的小错小过："古者冕而前旒，所以蔽明也；统纩塞耳，所以弇聪也。"（《大戴礼记·子张问入官》）关于这段话的含义，汉代东方朔的《答客难》解释得更为清楚：

> 故曰："水至清则无鱼，人至察则无徒。冕而前旒（liú），所以蔽明，黈纩（tǒu kuàng）充耳，所以塞聪。"明有所不见，聪有所不闻，举大德，赦小过，无求备于一人之义也。

旒，是指古代帝王冠冕上前后悬垂的玉串（后来也用宝珠）；黈纩，也即孔子说的"统纩"，是指垂挂在冠冕左右两侧用黄色丝绵做成的小绵丸，下与耳朵相齐。东方朔这段话的意思是："所以说：'水清澈到了极致就无法养鱼，人太苛责别人就没有朋友。冠冕前悬挂的旒，是用来遮挡视线的；冠冕两边悬挂在耳朵边的黄色绵丸，是用来遮蔽听觉的。'眼力虽然很好，该不看的就不要去看；听力虽然很好，该不听的就不要去听；只要大节可以，就要去任用他，对于一些小的错误，就不要再去责罚了；不要对一个人求全责备。"简言之，前旒蔽明、黈纩充耳的目的，就是提醒君主要有含垢藏疾的宽宏胸怀，不可斤斤计较于小事。

第二，做到用人不疑。长平（在今山西高平北）之战是战国时期的著名战役，它是赵国由盛而衰的转折点，而长平之战的失败，就是因为赵王任人而疑，临阵换将：

> 廉颇坚壁以待秦，秦数挑战，赵兵不出。赵王数以为让。而秦相应侯又使人行千金于赵为反间，曰："秦之所恶，独畏马服子赵括将耳。廉颇易与，且降矣。"赵王……闻秦反间之言，因使赵括代廉颇将以击秦。（《史记·白起列传》）

赵孝成王在位时，秦军和赵军在长平对峙，廉颇率领赵军坚守营垒不再出战，秦军屡次挑战，赵军皆置之不理。如此僵持下去，对于远途征战的秦军非常不利，于是秦国的相国应侯范雎就派间谍带着重金到赵国实施反间计，他们到处散布谣言："秦军最忌讳、最害怕的事情，就是让马服君赵奢的儿子赵括做赵军的主帅。廉颇很容易对付，而且廉颇马上就要投降了。"赵王竟然听信了这些反间谣言，就让只会纸上谈兵的赵括当将军，去替代廉颇。其结果我们都知道，赵括在长平大败，全军覆没，损失了四十余万军队。

"自毁长城"也是人们常用的一个词语，这一词语同样出自任人而疑的一个故事。《南史·檀道济列传》记载：

> 道济立功前朝，威名甚重，左右腹心并经百战，诸子又有才气，朝廷疑畏之。时人或目之曰："安知非司马仲达也。"……道济见收，愤怒气盛，目光如炬，俄尔间引饮一斛（hú）乃脱帻（zé）投地，曰："乃坏汝万里长城。"魏人闻之，皆曰："道济已死，吴子辈不足复惮。"自是频岁南伐，有饮马长江之志。……魏军至瓜步，文帝登石

头城望,甚有忧色,叹曰:"若道济在,岂至此!"

檀道济是南朝刘宋的大功臣,为抗拒北朝立下许多战功。然而功高震主,使他受到朝廷的猜忌,把他视为怀揣野心的司马懿,于是在没有任何罪证的情况下,朝廷杀害了檀道济。檀道济临死之前,愤怒地喊道:"你们毁掉了你们自己的万里长城啊!"檀道济被杀后,敌国北魏人弹冠相庆,决定入侵刘宋。当魏军进攻至瓜步(在今江苏六合东南,位于长江北岸)、逼近刘宋都城建康(今江苏南京)时,杀害檀道济的宋文帝站在石头城(在今南京西石头山)上远望,满面忧色地感叹说:"如果檀道济还活着,怎么会落到如此地步!"

第三,要因材施用。

准确地说,世界上并不存在绝对无用之人,只要善于使用,每个人都能够在社会上找到自己的位置。《文子·自然》说:

> 老子曰:"乘众人之智者,即无不任也;用众人之力者,即无不胜也。……故圣人举事,未尝不因其资而用之也。有一功者处一位,有一能者服一事。……圣人兼而用之,故人无弃人,物无弃材。"

圣人之所以善于使用众人的才能,是因为圣人不求备于一人,有什么样的才能,就给他安排什么样的职位。在圣人那里,因材而用,所以就没有被抛弃的人和物。

《国语·晋语四》记载了春秋五霸之一的晋文公与大臣胥臣的一段对话:晋文公在询问如何用人时,胥臣认为"蘧蒢(qú chú,不能弯腰的残疾人)不可使俯,戚施(驼背的人)不可使仰,僬侥(jiāo yáo,矮人)不可使举,侏儒(个子特别矮小的人)不可使援(抓举),矇瞍(méng sǒu,盲人)不可使视,嚚瘖(yín yīn,哑人)不可使言,聋聩(聋人)不可使听,童昏(糊涂人)不可使谋"。晋文公进一步求教如何安排这几种人时,胥臣回答说:"有关部门应该量才使用。弯不下腰的人,就把他们培养成头顶玉磬演奏的乐师;驼背的人,就把他们培养成敲钟的乐师;让身体特别矮小的人去学习爬木杆的杂技,让盲人学习音乐,让哑人负责掌管火。

对一些实在没有什么特长的人,可以让他们到边荒地区垦荒种地。"善于使用看似"无用"的人,让每一个人都能够在社会上找到自己的合适位置,使他们能够自食其力,这样于国于人都是有益的。

古人认为,善于用人的人,不仅能够使用别人的优点,甚至能够利用别人的缺点,《文子·自然》以用兵为例,讨论了如何使用别人的缺点:

> 故用兵者,或轻或重,或贪或廉,四者相反,不可一也。轻者欲发,重者欲止,贪者欲取,廉者不利非其有也。故勇者可令进斗,不可令持坚;重者可令固守,不可令凌敌;贪者可令攻取,不可令分财;廉者可令守分,不可令进取;信者可令持约,不可令应变。五者,圣人兼用而材使之。夫天地不怀一物,阴阳不产一类;故海不让水潦以成其大,山林不让枉桡(náo)以成其崇,圣人不辞其负薪之言以广其名。夫守一隅而遗万方,取一物而弃其余,则所得者寡而所治者浅矣。

这段话翻译出来就是:"善于用兵的人,其部下性格各异,有的轻率,有的持重,有的贪婪,有的廉洁,四种性格相反,无法统一。轻率的人总想出兵进攻,持重的人总想按兵不动,贪婪的人贪得无厌,廉洁的人不愿获取不属于自己的东西。因此要让轻率勇敢的人去冲锋陷阵,不可让他们去守城;让持重的人去守城,不可让他们去冲锋陷阵;让贪婪的人去攻城略地,不可让他们去分配财物;让廉洁的人去分配财物,不可让他们去攻城略地;让诚实的人去坚守盟约,不可让他们去应变。对于这几种人,圣人兼收并蓄,量才录用。阴阳创造万类,天地包容万物;因此大海不拒绝细小的流水而成就了自己辽阔,山林不拒绝枉屈之木而成就了自己的茂盛,圣人不拒绝卑贱者的忠告而成就了自己的英名。"轻率、贪婪,是人的性格缺陷,经常受到大家的批评,然而圣人却都能恰当地去使用他们,把他们的性格缺陷转化为有利于自己的优势。

孟尝君善于使用"鸡鸣狗盗"的故事,就曾传为美谈。《史记·孟尝君列传》记载:

齐湣王二十五年，复卒使孟尝君入秦，昭王即以孟尝君为秦相。人或说秦昭王曰："孟尝君贤，而又齐族也，今相秦，必先齐而后秦，秦其危矣。"于是秦昭王乃止。囚孟尝君，谋欲杀之。

孟尝君使人抵昭王幸姬求解。幸姬曰："妾愿得君狐白裘。"此时孟尝君有一狐白裘，直千金，天下无双，入秦献之昭王，更无他裘。孟尝君患之，遍问客，莫能对。最下坐有能为狗盗者，曰："臣能得狐白裘。"乃夜为狗，以入秦宫臧中，取所献狐白裘至，以献秦王幸姬。幸姬为言昭王，昭王释孟尝君。孟尝君得出，即驰去，更封传，变名姓以出关。夜半至函谷关。秦昭王后悔出孟尝君，求之已去，即使人驰传逐之。

孟尝君至关，关法鸡鸣而出客，孟尝君恐追至，客之居下坐者有能为鸡鸣，而鸡齐鸣，遂发传出。出如食顷，秦追果至关，已后孟尝君出，乃还。

始孟尝君列此二人于宾客，宾客尽羞之，及孟尝君有秦难，卒此二人拔之。自是之后，客皆服。

鸡鸣狗盗之人，在一般人看来，实在是没有太大作用，然而就是这些看似无用的人，却救了孟尝君一命。由此可见，只要使用恰当，就不存在无用之人。

在善于用人方面，唐太宗堪为表率，他说："明君无弃士。不以一恶忘其善，勿以小瑕掩其功。割政分机，尽其所有。"他还说：

智者取其智，愚者取其力，勇者取其威，怯者取其慎。无智（愚）勇怯，兼而用之。（《帝范·审官篇》）

唐太宗不仅善于使用智者、勇者，就连那些愚者、怯者，也都能够在他那里找到适合自己的位置。

第四，要与属下同甘共苦，肝胆相照。

作为一个国家或一个单位的领导人，一定要有与部下同甘共苦的精神，只有如此，才能感动部下，部下才能够与领导者同心同德。《黄石公三略》（一作《黄石公记》）记载了这样一件事情：

> 昔者良将之用兵也，人有馈箪醪（dān láo）者，使投诸河，与士卒逆流而饮之。夫一箪之醪，不能味一河之水，而三军之士思为致死者，以滋味之及己也。

古代有一位良将在率兵打仗时，行军到了黄河岸边。这时有人送给他一坛子美酒，这位良将就把这坛子美酒倒入黄河之中，与将士们一起饮用掺有美酒的黄河水。一坛子美酒不可能使黄河水都带有酒味，然而良将的这一仁爱行为却感动了全军将士，使全军将士能够与这位良将同心同德，患难与共，心甘情愿为他付出生命。先秦名将吴起也是用自己的恩德感动了全军将士。《史记·孙子吴起列传》记载：

> （吴）起之为将，与士卒最下者同衣食，卧不设席，行不骑乘，亲裹赢粮，与士卒分劳苦。卒有病疽（jū）者，起为吮之。卒母闻而哭之。人曰："子卒也，而将军自吮其疽，何哭为？"母曰："非然也。往年吴公吮其父，其父战不旋踵，遂死于敌。吴公今又吮其子，妾不知其死所矣。是以哭之。"

吴起作为主帅，每次出兵打仗时，他的生活待遇与最下等的士兵一样，睡觉不用垫席，行军不乘车马，亲自背负军粮，与士卒们同甘共苦。有一次，一位年轻士兵身上长了疮，吴起就亲自为这位士兵用口吸出疮里的脓血。士兵的母亲听到这事，伤心得哭了起来，别人不理解她哭泣的原因，母亲回答说："从前我的丈夫也在吴将军手下当过兵，吴将军也曾为他吸过疮，结果我的丈夫为了报答将军的恩德，打仗时宁死不退，最后战死战场。换句话说，我丈夫当年就是被吴将军用嘴巴给'吸死'的，现在他又来吸我儿子，我不知道儿子这次还能否活着回来。"吴起施恩德于普通士兵，感动得这位士兵心甘情愿地为他付出生命。我们应该知道，吴起的行为感动的不只是一位士兵，这件事情传开之后，感动的是整个军队。这样的军队，自然是无敌于天下。

如果主帅只顾自己，不施恩惠与将士，或者施恩惠时顾此失彼，那结

果又如何呢?《左传·宣公二年》记载:

> (宋国与郑国)将战,华元杀羊食士,其御羊斟不与。及战,曰:"畴昔之羊,子为政;今日之事,我为政。"与入郑师,故败。

鲁宣公二年(前607),郑国出兵攻打宋国。宋国任命华元为主帅,统率宋军前去迎战。交战前夕,华元杀羊犒劳将士,却忘了给他的驾车人羊斟分羊肉,羊斟便怀恨在心。交战时,羊斟对华元说:"分发羊肉的事,你说了算;今天驾驭战车的事,可就得由我说了算。"说完,他竟然驾着战车直接把自己的主帅华元送到了郑军的军队里,堂堂宋军主帅华元就因为一块羊肉,如此窝窝囊囊地成了郑军俘虏,宋军因此惨遭失败。羊斟的行为为人所不齿,所以人们评论说:"羊斟非人也,以其私憾,败国殄民,于是刑孰大焉?《诗》所谓'人之无良'者,其羊斟之谓乎,残民以逞。"(《左传·宣公二年》)羊斟为了个人的一点儿小小恩怨,竟然置国家与百姓于不顾,没有保住做人的底线;但华元作为主帅,施恩不周,也应对失败承担一定的责任。

第五,对属下要奖惩分明。

恩威两手,是自古至今的治国原则,当然也是用人法宝。君主如果只有慈母般的温柔,而无严父般的威厉,照样无法管理好国家,因为"严家无悍虏,而慈母有败子"(《韩非子·显学》)。有功则赏,容易做到;而有过则罚,往往使人犹豫。我们就举两例敢于惩罚的事例,一是司马穰苴杀贵人庄贾,二是孙武杀君主爱妾。

《史记·司马穰苴列传》记载,齐景公在位时,晋国军队入侵齐国,在晏婴地举荐下,地位卑微的司马穰苴被任命为主帅率兵抵抗。司马穰苴对齐景公说:"臣素卑贱,君擢之闾伍之中,加之大夫之上,士卒未附,百姓不信,人微权轻。愿得君之宠臣、国之所尊以监军,乃可。"于是齐景公就委派自己的宠臣、举国尊敬的大贵族庄贾去担任监军。《史记》接着记载:

> 穰苴既辞,与庄贾约曰:"旦日日中会于军门。"穰苴先驰至军,

立表下漏待贾。贾素骄贵,以为将己之军而己为监,不甚急。亲戚
左右送之,留饮。日中而贾不至。……夕时,庄贾乃至。穰苴曰:
"何后期为?"贾谢曰:"不佞大夫亲戚送之,故留。"穰苴曰:"将受
命之日则忘其家,临军约束则忘其亲,援枹鼓之急则忘其身。今敌
国深侵,邦内骚动,士卒暴露于境,君寝不安席,食不甘味,百姓之命
皆悬于君,何谓相送乎!"召军正问曰:"军法期而后至者云何?"对
曰:"当斩。"庄贾惧,使人驰报景公,请救。既往,未及反,于是遂斩
庄贾以徇三军。三军之士皆振栗。久之,景公遣使者持节赦贾,驰
入军中。穰苴曰:"将在军,君令有所不受。"问军正曰:"驰三军法
何?"正曰:"当斩。"使者大惧。穰苴曰:"君之使不可杀之。"乃斩
其仆,车之左驸,马之左骖,以徇三军。

作为监军的庄贾没有按照军令及时前来报到,为了严肃军纪,司马
穰苴不仅处死了地位尊贵的庄贾,而且还处死了君主派来的、因急于救
人而在军营里驾车奔驰的车夫及拉车的马匹,起到了"三军之士皆振
栗"的强烈威慑作用。

《孙子兵法》的作者孙武,在这一方面的要求也极为严厉。《史记·孙
子吴起列传》记载,孙武凭着自己的军事才能,前去晋见吴王阖(hé)庐
(又作"阖闾")。阖庐对孙武说:"您的十三篇兵法(《孙子兵法》共计十
三篇),我已经全部看完了。您是不是可以具体展示一下您是如何指挥
军队的?"孙武回答说:"当然可以。"阖庐又问:"是否可以用妇女进行演
练?"孙武说:"可以。"于是经过吴王阖庐的同意,从宫中选出一百八十
名美女,孙武把这些美女分为两队,任命阖庐的两位宠姬分别担任这两
队的队长,并让这些美女都手持着长戟站好。然后孙武命令她们说:"你
们知道你们的心脏部位、左右手和脊背吗?"美女们回答说:"知道。"孙
武说:"当我命令你们向前时,你们就要正视自己的心脏部位;当我命令
你们向左时,你们就要看着自己的左手;当我命令你们向右时,你们就
要看着自己的右手;当我命令你们向后时,你们就要回头看着自己的背

后。"美女们齐声回答："好的。"

布置完毕,孙武又安排了执行军法所用的铁(fǔ)钺(斩杀罪犯用的大斧),然后再次三令五申,说明各种注意事项。接着就敲起战鼓,命令大家向右,结果这些美女们听到命令后,个个笑成了一团。孙武说:"命令不够明确,解释不够清楚,这是我作为将帅的责任。"孙武便又一次对训练的要点讲述了一遍。接着又敲起战鼓,命令大家向左,美女们再一次地笑作了一团。《史记》接着记载:

> 孙子曰:"约束不明,申令不熟,将之罪也。既已明而不如法者,吏士之罪也。"乃欲斩左右队长。吴王从台上观,见且斩爱姬,大骇。趣使使下令曰:"寡人已知将军能用兵矣!寡人非此二姬,食不甘味,愿勿斩也。"孙子曰:"臣既已受命为将,将在军,君命有所不受。"遂斩队长二人以徇。用其次为队长,于是复鼓之。妇人左右前后跪起皆中规矩绳墨,无敢出声。于是孙子使使报王曰:"兵既整齐,王可试下观之,唯王所欲用之,虽赴水火犹可也。"吴王曰:"将军罢休就舍,寡人不愿下观。"

为了整顿军纪,孙武竟然当着吴王的面,杀了让吴王"非此二姬,食不甘味"的宠姬,搞得这位吴王满脸忧伤地说:"将军回去休息吧,寡人实在不想下去看演练了。"仅仅是在演练场上就能够如此严厉地执行军法,如果是在真实的战场上,孙武对军纪执行的严格程度就可想而知了。

要善于知人用人,说起来容易,做起来还是非常复杂而艰难的。但是作为一位君主,为了国家,也只能迎难而上,尽力把这方面的事情做得完善一些。

汤政天下至纣第七

【题解】

汤，商汤，商朝的开国贤君。纣，商纣，商朝的亡国暴君。题目的意思是："商汤治理天下，最后传到了商纣，第七。"逢行珪注："言成汤放无道之桀，以统万机，而理天下。得贤大夫赞佐而致太平，至纣昏惑以失国，故终始书之以名篇。"本篇主要讲商汤得到了贤臣辅佐，把天下治理得安定祥和，一直把天下传到了商纣。

汤之治天下也①，得庆辅、伊尹、湟里且、东门蝡、南门蜾、西门疵、北门侧②。得七大夫佐，以治天下，而天下治。二十七世，积岁五百七十六岁至纣③。

【注释】

①汤：又称"成汤""武汤""天乙"，甲骨文称"唐"。子姓，名履。商王朝的建立者。他宅心仁厚，重用贤臣伊尹，后灭掉夏朝，把夏朝暴君夏桀流放于南巢（在今安徽巢县西南），建立了商朝。

②伊尹：夏末商初人，名挚。商朝开国贤相，辅佐商汤，灭掉夏桀，建立商朝。庆辅、湟里且、东门蝡（rú，旧读ruǎn）、南门蜾（lì）、西门

疵（bì）、北门侧六人生平不详。其中庆辅、东门蜓、南门蜋，《百子全书》作"庆诮（bū）""东门虚""南门蜳"。

③积岁：经历的年数。岁，年。纣（zhòu）：又称"商纣""帝辛""受辛"等。商朝最后一个君主，是与夏桀齐名的暴君。他多次发动掠夺战争，残酷压迫百姓，为周武王所败，败后自焚而死。

【译文】

商汤治理天下的时候，得到了贤臣庆辅、伊尹、湟里且、东门蜓、南门蜋、西门疵、北门侧。商汤得到这七位贤良的大夫辅佐，然后就让他们治理天下，而天下治理得安定祥和。二十七世，总共经历了五百七十六年，传到了商纣。

【解读】

商汤是开国贤君，商纣是亡国暴君，一贤一暴，为国家带来了不同的命运。我们根据《史记·殷本纪》的记载，来对比一下他们的品行。我们先看商汤的品行：

> 伊尹处士，汤使人聘迎之，五反然后肯往从汤。言素王及九主之事，汤举任以国政。……汤出，见野张网四面，祝曰："自天下四方皆入吾网！"汤曰："嘻，尽之矣！"乃去其三面，祝曰："欲左，左；欲右，右；不用命，乃入吾网。"诸侯闻之，曰："汤德至矣，及禽兽。"

伊尹本是一位隐士，商汤派人去聘请他，先后去了五次使者，他才答应前来。伊尹向商汤介绍了生活质朴的远古帝王及后世九类君主的所作所为，于是商汤就举用了他，让他管理国政。……有一天商汤外出，看见有猎人在郊野里四面安排了罗网，这位猎人祈祷说："希望从天上飞来的，从地下钻出来的，从四面八方跑来的，全部进入我的罗网中！"商汤听到后，说："唉，这样就会把鸟兽全部打光了！"于是就把罗网撤去了三面，让猎人重新祈祷说："想往左边走的，就往左边走；想向右边逃的，就向右边逃；不听从命令的，就进入我的罗网吧。"诸侯们听到了这件事，都称赞说："商汤的仁德真是达到了极致啊，就连鸟兽都得到了他的恩惠。"

　　商汤不仅爱才，为了一位贤士，五次往返邀请，而且他还具备了仁爱的美德。而商纣的品行则刚好与此相反，《史记·殷本纪》记载：

　　（商纣）好酒淫乐，嬖于妇人。……厚赋税以实鹿台之钱，而盈钜桥之粟。益收狗马奇物，充仞宫室。益广沙丘苑台，多取野兽蜚鸟置其中。慢于鬼神。大聚乐戏于沙丘，以酒为池，悬肉为林，使男女倮相逐其间，为长夜之饮。

　　百姓怨望而诸侯有畔者，于是纣乃重刑辟，有炮格之法。以西伯昌、九侯、鄂侯为三公。九侯有好女，入之纣。九侯女不熹淫，纣怒，杀之，而醢（hǎi）九侯。鄂侯争之强，辨之疾，并脯鄂侯。西伯昌闻之，窃叹。崇侯虎知之，以告纣，纣囚西伯羑（yǒu）里。……微子数谏不听，乃与大师、少师谋，遂去。比干曰："为人臣者，不得不以死争。"乃强谏纣。纣怒曰："吾闻圣人心有七窍。"剖比干，观其心。箕子惧，乃详狂为奴，纣又囚之。

　　商纣酗酒放荡，宠溺女人。他加重赋税以充实鹿台（在今河南淇县）钱库的金钱，把钜桥（在今河北平乡东南）的粮仓装满粮食。他多方搜求而来的犬马和新奇玩物，充满了宫室。又扩建沙丘（在今河北广宗西北）的园林楼台，捕捉大量的飞禽走兽，放养在里面。他对鬼神傲慢不敬。他还安排大量的音乐戏耍聚集在沙丘，那里的美酒多得如池水，悬挂着的肉如树林，还让男女赤身裸体在其间追逐戏闹，饮酒作乐，通宵达旦。

　　商纣如此荒淫无度，百姓自然怨恨他，有的诸侯也背叛了他。于是他就加重刑罚，设置了叫作炮格的酷刑（在铜柱上涂满油，下面点燃炭火，让人在铜柱上爬行）。商纣任用西伯姬昌（即后来的周文王）、九侯、鄂侯为三公。九侯有个美丽的女儿，献给了商纣。九侯的女儿不喜淫荡，商纣非常恼怒，不仅杀了她，而且对九侯也施以醢刑（剁成肉酱）。鄂侯极力劝谏，争辩激烈，结果鄂侯也遭到脯刑（被制成肉干）。西伯姬昌听说此事，暗自叹息。崇侯虎知道后向商纣告发了他，商纣就把西伯姬昌囚禁在羑里（在今河南汤阴北）。……微子多次劝谏，商纣一概不听，微子就和太师、少师商量，然后逃离了商朝。比干说："做臣子的，不能不拚死争谏。"于是就极力劝谏。纣大怒，说："我听说圣人的心有七个孔窍。"于是就剖开比干的胸膛，挖出心来观察。箕子见此情形很恐惧，就假装疯癫当了奴隶，纣知道后又把箕子囚禁起来。

商纣不仅残暴无比，而且还要把姬昌、九侯、鄂侯、微子、比干、箕子几个贤臣全部清除掉。对比商汤与商纣的行为，我们就会对商朝的兴起与灭亡的原因，有了十分清晰的认识。

上禹政第六

【题解】

上禹政，最为美好的大禹政治。逄行珪注：“以五声听政，克勤于邦，可以为上也。”一说，上，是“承上”的意思，也即“承接上文”：“‘上’乃承上之义，‘第六’与前篇‘禹政第六’同，本为一篇，抄写者据残简析为二篇，今合为一篇，统名‘禹政’。”（《鹖子校理》）意思是说，本篇《上禹政第六》与前面的《禹政第六》篇本属同一篇，但《鹖子》的残卷分为两处，抄写发现后，就用“上”字标明本篇与《禹政第六》为同一篇。本篇主要介绍大禹是如何使用乐器的声音去广泛纳谏的。

禹之治天下也，以五声听①。门悬钟、鼓、铎、磬②，而置鞀③，以得四海之士④。为铭于簨簴⑤，曰：“教寡人以道者，击鼓⑥；教寡人以义者，击钟⑦；教寡人以事者，振铎⑧；语寡人以忧者，击磬⑩；教寡人以狱讼者，挥鞀⑪。”此之谓五声。是以禹尝据一馈而七十起⑫，日中而不暇饱食⑬。曰：“吾犹恐四海之士留于道路⑭。”是以四海之士皆至。是以禹当朝廷间也⑮，可以罗爵⑯。

【注释】

①以五声听：用五种乐器的声音来听取民众的意见。五声，宫、商、角、徵、羽五个基本音阶。这里泛指乐器的声音。

②铎（duó）：大铃。古代宣布政教法令时或有战事时使用。磬（qìng）：乐器名。用石、玉或金属做成，形状弯曲如矩尺。

③而置鞀（táo）：另外还放置了小鼓。鞀，同"鼗"，带柄的小鼓，类似于今天的拨浪鼓，但体型稍大。逄行珪认为本句是说把小鼓"置于地也"。

④四海：古人认为中国四周有大海包围，所以"四海"指整个天下。

⑤为铭于簨簴（sǔn jù）：在悬挂钟鼓的架子上雕刻有铭文。为，雕刻。铭，刻在器物上记述生平、功德或警戒自己的文字，一般多刻于金属器物或石碑上。簨簴，悬挂钟鼓的架子。

⑥击鼓：敲鼓。逄行珪注："鼓以动物，故动合于道也。"

⑦击钟：敲钟。逄行珪注："钟，金声也。以合于义，故教义者击钟也。"

⑧振铎：摇动大铃。逄行珪注："铎，金铃木舌也。所以事务有可行，为所欲言者，以振铎也。"

⑨语寡人以忧者：告诉我一些忧患之事的人。

⑩击磬：敲磬。逄行珪注："忧者，声悲。磬声消燥而近于悲，故忧而击磬也。"

⑪挥鞀：摇动小鼓。逄行珪注："讼狱之事，务于疾速，故挥鞀以陈之。"

⑫尝：通"常"，常常。据一馈（kuì）：吃一顿饭。据，处于……状态。这里具体指吃饭。馈，食物。七十起：起身七十次。表示忙于接待贤士而无暇吃饭。锺肇鹏《鹖子校理》认为："'十'字误衍。盖古本有作'七'，有作'十'者，校者注于旁，而后人抄书误为'七十'。《群书治要》三一、《艺文类聚》卷十一、《太平御览》八二引均无'十'字，可证古本作'七'，今据删。"

⑬日中而不暇饱食：从早晨到中午，也没有能够吃一顿饱饭。暇，闲暇。

⑭留于道路：滞留在道路上。指没有能够见到大禹。

⑮当朝廷间：在朝廷当政期间。

⑯可以罗爵（què）：朝堂清净无事，可以在那里张网捕鸟。关于朝堂"可以罗爵"，解释有二：一是认为由于大禹善于治国，朝堂清净无事，可以在那里张网捕鸟。逢行珪："不暇饱食，听政不疲，朝廷闲静，然后无事也。"二是认为大禹"为寻求天下贤士，常在外调查访问，恐有人才留于道路。禹勤劳天下，常不在朝廷，故朝廷间可以罗雀"（《鹖冠子校理》）。罗，罗网。用作动词，用网捕鸟。爵，通"雀"，鸟雀。

【译文】

大禹在治理天下的时候，用五种乐器的声音来听取民众的意见。他在宫门外悬挂着钟、鼓、大铃、磬，同时还放置了小鼓，用这五种乐器的声音等待着天下的贤士来提出建议。大禹还在悬挂钟、鼓的架子上雕刻铭文，铭文说："能够用大道来教诲我的人，可以敲鼓；能够用正义来教诲我的人，可以敲钟；能够用具体办事方法来教诲我的人，可以摇动大铃；能够告诉我一些忧患之事的人，可以敲磬；能够教诲我如何处理狱讼案件的人，可以挥动小鼓。"这就是大禹用来听取民众意见的五种乐器声音。为此大禹常常吃一顿饭，就要起身七十次去接待贤士，从早晨一直到中午都没有时间吃一顿饱饭。大禹说："如此我还担心天下的贤士滞留于道路而无法见到我。"所以天下的贤士都来觐见大禹。因此大禹在朝廷当政期间，朝堂上清净无事，可以设置罗网捕捉鸟雀。

【解读】

古代的贤君，不仅能够虚心听取民众意见，而且还制定有相对完善的纳谏制度。《淮南子·主术训》记载：

古者天子听朝，公卿正谏，博士诵诗，瞽（gǔ）箴师诵，庶人传语，史书其过，宰彻其膳。犹以为未足也，故尧置敢谏之鼓，舜立诽谤之木，汤有司直之人，武王立戒慎之鞀，过若豪厘，而既已备之也。

《淮南子》说："古代天子上朝听政，有公卿正面进谏，博士可以通过朗诵诗歌进谏，乐师也可以规劝告诫，百姓的意见也可以由有关官吏转告给君主，史官记载天子的过失，宰臣（掌管膳食的官员）可以减少天子膳食以示惩戒。尽管如此，天子对这些监督仍嫌不足，所以尧设置了供进谏者敲击的鼓，舜竖立了供人们书写批评意见的木柱，商汤设立了监察官员，周武王设置了提醒自己要谨慎小心的小鼓，哪怕一丝一毫的细微过失，他们都已做好了防备的措施。"

君主应该虚心听取上至大臣、下至百姓的意见，对此，在理论上没有人表示反对，问题在于有的做到了，而有的却做不到。我们各举一例。

圣贤之主，都善于纳谏，就连一些较为平庸的君主，只要愿意接受大臣与民众的意见，也能做出极好的政绩。《战国策·齐策一》记载：

邹忌修八尺有余，形貌昳（dié）丽。朝服衣冠，窥镜，谓其妻曰："我孰与城北徐公美？"其妻曰："君美甚，徐公何能及君也？"城北徐公，齐国之美丽者也。忌不自信，而复问其妾曰："吾孰与徐公美？"妾曰："徐公何能及君也？"旦日，客从外来，与坐谈，问之客曰："吾与徐公孰美？"客曰："徐公不若君之美也。"明日，徐公来，孰视之，自以为不如；窥镜而自视，又弗如远甚。暮寝而思之，曰："吾妻之美我者，私我也；妾之美我者，畏我也；客之美我者，欲有求于我也。"

于是入朝见威王，曰："臣诚知不如徐公美。臣之妻私臣，臣之妾畏臣，臣之客欲有求于臣，皆以美于徐公。今齐地方千里，百二十城，宫妇左右莫不私王，朝廷之臣莫不畏王，四境之内莫不有求于王。由此观之，王之蔽甚矣。"王曰："善。"乃下令："群臣、吏民能面刺寡人之过者，受上赏；上书谏寡人者，受中赏；能谤讥于市朝，闻寡人之耳者，受下赏。"

令初下，群臣进谏，门庭若市；数月之后，时时而间进；期年之

后，虽欲言，无可进者。燕、赵、韩、魏闻之，皆朝于齐。此所谓战胜
于朝廷。

齐国宰相邹忌身高八尺多，相貌英俊帅气。有一天早晨他穿戴好衣
帽，一边照着镜子，一边问妻子："我与城北的徐公相比，谁更好看呢？"
他的妻子说："您美极了，徐公怎么能比得上您呢？"城北的徐公，是齐国
著名的美男子。邹忌不相信自己比徐公长得美，于是又问他的小妾："我
和徐公相比，谁长得美？"小妾说："徐公怎么能比得上您呢？"第二天，有
客人从外地来拜访，邹忌和他一起坐着谈话，邹忌又问客人："我和徐公
相比，哪个更美？"客人说："徐公不如您长得美啊。"又过了一天，徐公前
来拜访，邹忌仔细端详徐公，觉得自己不如他美；再看看镜子里的自己，
更是觉得自己的相貌与徐公相差甚远。晚上他躺在床上思量此事，终于
想明白了："我的妻子认为我美，是因为偏爱我；我的小妾夸奖我美，是因
为惧怕我；客人夸奖我美，是因为有求于我。"

于是邹忌便上朝拜见齐威王，说："我确实知道自己不如徐公长得
美。我的妻子因为偏爱我，我的妾因为害怕我，我的客人因为有求于我，
所以他们都说我比徐公美。如今齐国有方圆千里的疆土，一百二十座城
池。宫中的姬妾与身边的近臣，没有一个不偏爱大王的；朝中的大臣，没
有一个不惧怕大王的；国内的民众，没有一个不有求于大王的。由此看
来，大王您会受到非常严重的蒙蔽啊！"齐威王说："您说得真好。"于是
下令："所有的大臣、官吏、百姓，能够当面批评我的过错，可以得到上等
奖赏；能够上书劝谏我的，可以得到中等奖赏；能够在众人集聚的公共场
所指责我的过失，并能传到我耳朵里的，可以得到下等奖赏。"

命令刚刚颁布的时候，大臣们都来进谏，门庭若市；几个月以后，还
时时有人前来进谏；一年以后，臣民即使想进谏，也没有什么可说的了。
燕国、赵国、韩国、魏国听说了这件事之后，都来齐国朝见齐威王。这就
是人们常说的在朝堂上谋划政事就可以战胜敌国。

在历史上，齐威王的贤良并不著名，然而由于他善于纳谏，勇于改

错，赢得了诸侯的尊敬，不用出兵打仗，就使各国臣服于自己。那么拒绝纳谏的君主，其结局又如何呢？《国语·周语上》记载了一个著名的历史事件，还为后人留下一个"道路以目"的成语：

> 厉王虐，国人谤王。召（shào）公告王曰："民不堪命矣！"王怒，得卫巫，使监谤者。以告，则杀之。国人莫敢言，道路以目。

> 王喜，告召公曰："吾能弭（mǐ）谤矣，乃不敢言！"召公曰："是障之也。防民之口，甚于防川；川壅而溃，伤人必多，民亦如之。是故为川者，决之使导；为民者，宣之使言。故天子听政，使公卿至于列士献诗，瞽献曲，史献书，师箴，瞍赋，蒙诵，百工谏，庶人传语，近臣尽规，亲戚补察，瞽、史教诲，耆（qí）、艾修之，而后王斟酌焉，是以事行而不悖。民之有口也，犹土之有山川也，财用于是乎出；犹其有原隰（xí）衍沃也，衣食于是乎生。口之宣言也，善败于是乎兴，行善而备败，其所以阜财用、衣食者也。夫民虑之于心，而宣之于口，成而行之，胡可壅也？若壅其口，其与能几何？"

> 王弗听，于是国人莫敢出言。三年，乃流王于彘（zhì）。

周厉王非常暴虐，民众纷纷批评他。召公对周厉王说："民众忍受不了您的政令了！"周厉王听了勃然大怒，于是就找来了卫国的巫师，让巫师去监视批评周厉王的人。巫师举报了那些批评周厉王的人，周厉王就把批评自己的人杀掉。于是民众不敢再随便说话了，路上熟人相见，只能以目示意而已。

周厉王为此很是得意，对召公说："我能消除批评我的言论了，他们再也不敢吭声了！"召公说："您的这种做法是强制堵塞民众的嘴巴。堵塞民众的嘴巴，其危害超过了堵塞河流；堵塞的河流一旦决堤，伤人一定很多，民众也是如此。因此那些善于治水的人，一定要疏通河道使它畅通；善于治理民众的人，一定要引导民众让他们畅所欲言。所以君主处理政事时，让三公九卿以至各级士人进献讽喻诗，乐师进献臣民写的乐曲，史官进献有借鉴意义的史籍，少师诵读箴言，盲人或吟咏诗篇，或诵读讽谏之言,各级官员、各种工匠纷纷进谏,平民则将自己的意见转达给天子,近侍之臣尽力规劝,君主的亲人纠正其过失,督察其错误,乐师和史官以歌曲、史籍加以谆谆教导,德高望重的元老们再进一步对这些批评意见进行综合、整理,然后由天子斟酌取舍,如此做的话,国家的政事就能顺利实行而不会违背常理。民众有嘴巴,就好像大地上有高山河流一样,物质财富全靠它产出;还好像有原野、湿地、平原、沃土一样,人们的衣食物品全靠它产生。民众用嘴巴发表议论,政策的好坏得失就能被揭示出来,民众认为好的就尽力实行,认为错误的就设法预防,这是增加衣食财富的途径啊。民众在心里反复思考,然后通过嘴巴表达出来,他们是在思考成熟后才把想法讲出来的,怎么可以去堵塞呢?如果硬是堵住民众的嘴巴,对您又有多少益处呢?”

周厉王没有接受召公的意见,于是民众再也没人敢批评周厉王了。三年之后,民众就把周厉王放逐到彘(今山西霍州)去了。

张良曾经劝告刘邦说:“忠言逆耳利于行,毒药(良药)苦口利于病。”(《史记·留侯世家》)这一被人们反复念诵了数千年的劝世良言,今天的人们未必就懂得;即使懂得,也未必就能做到。

道符五帝三王传政甲第五

【题解】

题目的意思是："治国措施符合大道，这是五帝三王可以传之后世的善政，甲编第五。"逢行珪注："夫君子将入其职，旭旭然如日初出，光昭昭然，人保其福。既去，暗暗然，人失其教。此得政典符合之谓也。"本篇的主要内容有二：一是反对贵族世袭制度，主张应由贤人治国。二是强调大道、和谐、诚信、仁爱，认为这是帝王治国的利器。

夫国者，卿相无世①，贤者有之；国无因治②，智者治之。智者，非一日之志③；治者，非一日之谋④。治志治谋⑤，在于帝王，然后民知所保⑥，而知所避⑦。发教施令为天下福者，谓之道；上下相亲，谓之和；民不求而得所欲，谓之信⑧；除去天下之害，谓之仁。仁与信，和与道，帝王之器⑨。凡万物皆有器，故欲有为，不行其器者⑩，虽欲有为，不成。诸侯之欲王者，亦然⑪，不用帝王之器者不成。

【注释】

①卿相无世：卿相的爵位不能世袭。本句《四库全书》作"卿相

世”，锺肇鹏《鹖冠子校理》：“‘卿相无世’，原脱‘无’字，义不可通。今据《群书治要》引，补‘无’字。”

②国无因治：国家不可因循一成不变的政策去治理。本句《四库全书》作“有国无国”，锺肇鹏《鹖冠子校理》：“‘国无因治’，此四字原误作‘有国无国’，义不可通。逄注亦只就‘有国’作释，对‘无国’亦不能解，不知此句文字讹误。今从《群书治要》引订正。”另外，锺肇鹏认为本句的意思与前文“卿相无世”相同：“‘国无因治’承上文‘卿相无世’而言，‘因’谓因袭，即世卿之治，世代相承，子孙沿袭，历久必衰腐，不能为治。”

③智者，非一日之志：睿智之人的聪明才智，并非因为一时的立志而获取的。意思是，睿智之人的才华是靠长期学习、不断积累而形成的。

④治者，非一日之谋：治理国家的谋略，也不是一天能够思考成熟的。

⑤治志治谋：治国的志向与治国的谋略。

⑥所保：所坚守的，所应遵循的。

⑦所避：所要避免的。

⑧民不求而得所欲，谓之信：民众不用请求就能够获得自己所需要的东西，这就叫作诚信。意思是，帝王一心为民，民众不用请求，该获得的就能获得，这是帝王的最大诚信。这就好像大自然的春夏秋冬，不用人们请求，该来的时候自然就来了。

⑨器：工具，器具。

⑩行：行使，使用。

⑪然：代词。这样。

【译文】

在任何一个国家里，卿相都不能世袭，只有那些贤良的人才能获取卿相的职位；国家也不能因袭一成不变的政策去治理，只有那些能够因时而变的睿智之人才有资格去治理国家。那些睿智之人的聪明才智，并非因为一时的立志而获取的；治理国家的谋略，也不是一天就能思考成熟的。治理国家的志向与治理国家的谋略，掌握在帝王手中，宣布出来之后民众就知道自己应该遵循什么原则，而且也知道自己应该避免什么样的错误。发布出来的教令能够为天下民众带来福佑，这样的教令就可以称之为"大道"；全国上下相亲相爱，这就可以称之为"和谐"；民众不用请求就能够获取自己所希望得到的东西，这就可以称之为"诚信"；清除危害天下民众的灾祸，这就可以称之为"仁爱"。仁爱与诚信，和谐与大道，这些就是帝王用来治理天下的工具。所有的万物都有各自的工具，因此要想有所作为，而不去使用自己的工具，虽然想有所作为，也无法成功。那些想称王于天下的诸侯，也是如此，如果他们不去使用帝王治理天下的这些工具，根本就无法成功。

【解读】

本段提到了"治志治谋"，主要是就治国而言。我们这里就其一般意义来谈谈"志"与"谋"的问题。

包括治国在内，我们无论做任何事情，要想成功，首先就是立志的问题。王阳明在《教条示龙场诸生》中特别强调立志的重要性：

> 志不立，天下无可成之事。虽百工技艺，未有不本于志者。今学者旷废隳（huī）惰，玩岁愒（kài）时，而百无所成，皆由于志之未立耳。故立志而圣，则圣矣；立志而贤，则贤矣。志不立，如无舵之舟，无衔之马，漂荡奔逸，终亦何所底乎？

王阳明三十七岁时，因得罪宦官刘瑾，廷杖几死，贬为贵州龙场驿丞。时龙场尤为穷荒偏僻之地，而王阳明每天与诸生讲学不辍，书此教条以为训示。教条，类似于今天说的"校训"。而校训的第一条就是"立志"："志向不能确立，天下便没有能够做成功的事情。即便是各种工匠、有技能才艺的人，没有不以立志为根本的。现在的读书人，浪费时间，懈怠懒散，贪玩而荒费时日，因此百事无成，这都是由于志向未能确立而已。所以立志做圣人，就可以成为圣人了；立志做贤人，就可以成为贤人了。志向没有确立，就好像没有舵的船，没有缰绳的马，随水漂流，任意奔逃，最终又能到达什么地方呢？"一个人要想成功，不仅要立志，而且还要志向远大。为什么？古人有答案：

　　图王不成，其敝足以安。（《史记·平津侯主父列传》）
　　图王不成，其弊犹足以霸。（《后汉书·隗嚣传》）

我们的目标是攀上顶峰，即使达不到原定目标，至少我们可以到达山腰。

人们不仅要立志，而且方向要正确，方向正确，慢一点儿也不要紧，如果方向错了，越努力，就与设想的目的越远。我们看"南辕北辙"的故事：

　　魏王欲攻邯郸，季梁闻之，中道而反，衣焦不申，头尘不浴，往见王曰："今者臣来，见人于大行，方北面而持其驾，告臣曰：'我欲之楚。'臣曰：'君之楚，将奚为北面？'曰：'吾马良。'臣曰：'马虽良，此非楚之路也。'曰：'吾用多。'臣曰：'用虽多，此非楚之路也。'曰：'吾御者善。''此数者愈善，而离楚愈远耳。'今王动欲成霸王，举欲信于天下。恃王国之大，兵之精锐，而欲攻邯郸，以广地尊名，王之动愈数，而离王愈远耳，犹至楚而北行也。"（《战国策·魏策四》）

魏惠王计划进攻赵国都城邯郸（今属河北），出使走到半道的魏国大夫季梁听到这个消息之后，马上返回魏国，皱皱巴巴的衣服也没有来得及整理，头上的灰尘也没有来得及洗掉，就赶忙去见魏惠王，说："今天我回来时，看见大路上有个人，正要驾着马车往北边走，他告诉我说：'我计划去楚国。'我问他：'楚国在南方，你怎么朝北边走呢？'那人回答说：'没关系，我的马跑得快。'我提醒他：'马虽然跑得快，可这条路不是去楚国的路啊。'那人又说：'我带的盘缠路费很多。'我再次提醒他：'你的盘缠路费多，可这不是去楚国的路啊。'那人说：'我的车夫驾车技术非常好。'我说：'马跑得越快，盘缠越多，驾车技术越好，你离开楚国就会越远。'大王您有所行动，目的是为了成就霸业，取信于天下，您倚仗广大的国土，精锐的军队，而去进攻邯郸，想以此开疆拓土，赢得尊名，大王您这样的事情做得越多,距离王业就会越远,这就好像要去楚国而朝着北边行走一样啊。"

方向不能错,方向错了,一切努力不仅是白费,甚至还会为自己带来难以预料的灾难。除了方向要正确之外,还要使用恰当的谋略,就像本段讲的那样,要有恰当的"器"。《庄子·天运》讲得极好:

> 夫水行莫如用舟,而陆行莫如用车。以舟之可行于水也而求推之于陆,则没世不行寻常。

《庄子》说:"在水面上行走最好用船,在陆地上行走最好用车。如果因为船可以在水上行走,于是就把船推到陆地上行走,那么一辈子也走不了多远。"我们不仅要立志,要有正确的方向,以及恰当的工具,而且还要保证这些工具的精良。孔子说:

> 工欲善其事,必先利其器。(《论语·卫灵公》)

孔子说:"工匠们要想做好自己的事情,一定要先把自己使用的工具做精良。"由此可见,一个人要想做事成功,涉及方方面面的工作,无论哪一方面,都不可掉以轻心。

汤政汤治天下理第七

【题解】

汤政汤治,商汤王的政治治理。天下理,天下安定祥和。理,有条理,安定。题目的意思是:"商汤王把天下治理得安定祥和,第七。"逄行珪注:"天地设而万物生,阴阳化而四时定。分则统理,为政之方;极于始终,可成法则也。"本篇认为,天地万物形成之后,人类有责任按照义、道、理、数,对万物进行恰当的管理,以维护万物生存的正常秩序。

天地辟而万物生^①,万物生而人为政焉^②。物不能生而无杀也^③。唯天地之所以杀^④,人不能生^⑤。人化而为善,兽化而为恶;人而不善者^⑥,谓之兽。有天然后有地,有地然后有别^⑦,有别然后有义,有义然后有教,有教然后有道^⑧,有道然后有理^⑨,有理然后有数^⑩。日有冥、有旦、有昼、有夜^⑪,然后以为数。月一盈一亏^⑫,月合月离^⑬,以数纪^⑭;四者皆陈^⑮,以为数治^⑯。政者,卫也^⑰,始终之谓卫^⑱。

【注释】

①天地辟:天地分开。也即天地形成。为什么说"天地辟"是指天

地形成？详见"解读"。

②为政焉：对它们进行管理。政，用作动词，管理。焉，代指万物。

③物不能生而无杀也：万物不能只产生而不死亡。万物有生必有死，有盛必有衰。

④唯天地之所以杀：天地所要杀死的事物。

⑤人不能生：人无法使这些被杀的事物继续生存。

⑥而：如果。

⑦别：指万物之间的差别、不同。

⑧道：这里指总体原则。

⑨理：指较为具体的事理。

⑩数：指具体的政治、历法等各方面的规定、制度。

⑪冥：黑暗。旦：光明。

⑫盈：盈满。指月圆。

⑬月合月离：月亮有时出现，有时离开。合，聚合。与"离"相对。这里引申为出现在人们的视线里。离，离开，看不见。阴历月末，人们看不到月亮。

⑭以数纪：可以通过具体方法进行计算。纪，岁、月、日、星辰、历法，都可以称为"纪"。这里用作动词，对岁、月、日等进行计算与管理。

⑮四者皆陈：春、夏、秋、冬四季都能依次出现。逢行珪注："春夏秋冬，各统于一岁之日月也。"四者，指四季。陈，陈列，运行。

⑯以为数治：可以通过具体方法、依照四季运行进行对万物的管理。

⑰卫：卫护，保护。指维护万物的正常秩序。

⑱始终之谓卫：自始至终地卫护万物的正常秩序叫作"卫护"。

【译文】

天地形成之后，万物开始出现；万物出现之后，人们对它们进行管理。万物不能只有出生而没有死亡。天地所要杀死的万物，人无法使他们继续生存。人越变化就会越善良，而禽兽越变化就会越凶恶；所以对于那些不善良的人,就可以称之为"禽兽"。有了上天,然后就有了大地;有了大地,然后就有了不同的万物;有了不同的万物,然后就有了各种道义;有了各种的道义,然后就有了教化;有了教化,然后有了总体的原则;有了总体原则,然后就有了具体的事理;有了具体的事理,然后就有了具体的措施。每天都有黑暗、有光明、有白天、有夜晚,然后以此为依据制定具体行为措施。月亮有盈满,有亏损,有时出现,有时隐没,这些可以通过具体方法进行计算,春、夏、秋、冬四季依次出现,人们可以通过具体方法、依照四季运行对万物进行管理。所谓的"政",就是卫护万物的正常秩序,自始至终地卫护万物的正常秩序就叫作"卫护"。

【解读】

为什么说"天地辟"是指天地形成?古人认为,在宇宙的最初阶段,天地万物并不存在,宇宙间是一片混混沌沌、迷迷蒙蒙的气,这种"气",古人称之为"元气"。这种"元气",《庄子·大宗师》又把它叫作"气母",《经典释文》注释说:"气母,元气之母也。"在这种情况下,天地不分,浑然一体。随着时间推移,元气中又轻又清的那部分气不断向上飘升,最终形成了天;元气中又重又浊的那部分气不断向下沉降,最终形成了地,这就是《列子·天瑞》中说的"清轻者上为天,浊重者下为地"。《文子·九守》也有一个简要的总结:"天地未形,窈窈冥冥,浑而为一,寂然清澄。重浊为地,精微为天,离而为四时,分而为阴阳,精气为人,粗气为虫,刚柔相成,万物乃生。"对于这一万物生成的过程,东汉王充在《论衡·谈天》中说:

> 说《易》者曰:"元气未分,浑沌为一。"……及其分离,清者为天,浊者为地。

简言之,就是说在天地形成之前,宇宙间一片混沌之气,这种混沌之气叫作"元气"。随着时间推移,"元气"中又清又轻的气逐渐上升,慢慢形成了天;而元气中又浊又重的气逐渐下降,慢慢形成了地。而天与地的中间就形成了一片巨大的空间。所以说,只有有了这片空间,把天与地分开，才算是天地的形成。这就是本段说的"天地辟"。天地形成之后，天气（又称"阳气"）下降，地气（又称"阴气"）上升，天、地二气（也即阴、阳二气）相互交融，于是就产生了万物。按照《文子》的说法，元气又分离为四季，元气中的精华之气演变为人，而粗糙的气则演变为禽兽、虫类等等。古人的这种万物形成理论虽然未必符合事实，但与天帝造万物的说法相比，无疑是一个进步。

慎诛鲁周公第六

【题解】

　　慎诛，对诛杀之事要谨慎。鲁周公，鲁国的开国君主周公。题目的意思是："鲁国的开国君主周公主张对刑杀之事要谨慎，第六。"逢行珪注："刑法有伦，宜于时政；好生之德，理适典章。故明圣之资，辅成周室，诚劝之道，可得称言。国之大经，在于赏罚，二者或替，将何训焉？可为政先，故纪之为篇目矣。"本篇主要提醒君主对于赏罚问题一定要慎之又慎，其中提出的"与杀不辜，宁失有罪"的"慎诛"理念，在古代影响极大。

　　昔者，鲁周公使康叔往守于殷①，戒之曰："与杀不辜，宁失有罪②。无有无罪而见诛③，无有有功而不赏。戒之！封④！诛赏之慎焉。"

【注释】

①鲁周公：关于鲁国的开国君主周公的生平事迹，可参阅《曲阜鲁
　　周公政甲第十四》的"解读"。康叔：又称"康叔封""卫康叔封"
　　"卫叔""卫侯"。周文王姬昌之子，周武王姬发、周公姬旦之弟。
　　往守于殷：去监察商朝的遗民。殷，即商朝。商朝后来迁都于殷

（在今河南安阳西北），故商又称为"殷"。关于康叔的生平事迹
及监察商朝遗民的情况，见"解读一"。

②与杀不辜，宁失有罪：与其错杀了无罪的人，宁可放过有罪的人。
实际也即疑罪从无的原则。辜，罪。见"解读二"。

③见诛：被杀。见，被。

④封：指康叔。康叔名封。

【译文】

从前，鲁国开国君主周公姬旦派弟弟康叔去监视、管理商朝的遗民，
周公告诫他说："与其错杀了无罪之人，宁可放过有罪之人。不要发生无
罪之人被错杀的事情，也不要发生有功之人而得不到奖赏的情况。一定
要小心谨慎啊！康叔封！对于诛杀与赏赐的事情要慎之又慎啊。"

【解读】

一

康叔是卫国的始封君，关于他的生平事迹，《史记·卫康叔世家》记
载如下：

卫康叔名封，周武王同母少弟也。其次尚有冉季，冉季最少。

武王已克殷纣，复以殷余民封纣子武庚禄父，比诸侯，以奉其先
祀勿绝。为武庚未集，恐其有贼心，武王乃令其弟管叔、蔡叔傅相武
庚禄父，以和其民。武王既崩，成王少。周公旦代成王治，当国。管
叔、蔡叔疑周公，乃与武庚禄父作乱，欲攻成周。周公旦以成王命兴
师伐殷，杀武庚禄父、管叔，放蔡叔，以武庚殷余民封康叔为卫君，居
河、淇间故商墟。

周公旦惧康叔齿少，乃申告康叔曰："必求殷之贤人、君子、长
者，问其先殷所以兴，所以亡，而务爱民。"告以纣所以亡者以淫于
酒，酒之失，妇人是用，故纣之乱自此始。为《梓材》，示君子可法
则。故谓之《康诰》《酒诰》《梓材》以命之。康叔之国，既以此命，
能和集其民，民大说。

　　成王长，用事，举康叔为周司寇，赐卫宝祭器，以章有德。

　　卫国的始封君康叔名叫封，是周武王的同母弟弟。他们还有一个名叫冉季的弟弟，冉季的年龄最小。

　　周武王打败商纣王之后，又把商朝的遗民封给纣王的儿子武庚禄父，让他的地位与其他诸侯国一样，以奉祀其先祖，以免断了对先祖的祭祀。因为武庚禄父还未完全归顺，周武王担心武庚禄父有叛逆之心，便委派自己的弟弟管叔、蔡叔监视并辅佐武庚禄父，同时也安抚那里的百姓。周武王逝世之后，周成王年幼。周公姬旦便代替成王治理天下，主掌国政。管叔、蔡叔怀疑周公有篡位之心，便与武庚禄父发动叛乱，准备攻打成周（在今河南洛阳，当时为周朝的东都）。周公以成王的命令，发动军队讨伐商国，杀死武庚禄父和管叔，放逐了蔡叔，并把武庚禄父的商朝遗民封给了康叔，立他为卫国君主，居住在黄河、淇水（在今河南北部）之间，这里也是商朝的旧都所在地。

　　周公担心康叔还太年轻，于是反复告诫康叔：“你一定要找到商朝那些有才德、有威望、有经验的人，向他们了解商朝以前为什么会兴起，后来为什么又灭亡了，并务必关心爱护那里的百姓。”周公还告诉康叔，商纣王灭亡的原因就在于他饮酒无度，酒后失德，而且还沉溺于女色之中，所以纣王时的混乱就是这些原因造成的。周公还写作了《梓材》，说明君主可以像匠人制作木器那样去治理国家。还写作了《康诰》《酒诰》《梓材》，以告诫康叔。康叔到了封地之后，就依据这些告诫治理自己的封国，使那里的百姓能够归附、安定，百姓们也非常高兴。

　　周成王长大后，亲自掌管政权，任命康叔为周朝的司寇，把许多宝器、祭器赏赐给他，用来表彰康叔的美德。

二

　　本段提出的“与杀不辜，宁失有罪”，是一个非常古老的执法理念，《尚书·大禹谟》记载：

　　　　皋陶曰：“与其杀不辜，宁失不经。”

大禹时的最高司法官皋陶就提出了这一执法理念。《左传·襄公二十六年》也有这一记载："故《夏书》曰：'与其杀不辜，宁失不经。'"这就是说，从大禹时起，人们就认同这一观念。但在现实处理案件时，往往会出现错杀的情况，我们举两例，看古人对错杀案件的处理。《旧唐书·张蕴古列传》记载：

> 河内人李好德，素有风疾，而语涉妄妖。（张）蕴古究其狱，称好德癫病有征，法不当坐。治书侍御史权万纪劾蕴古家住相州，好德之兄厚德为其刺史，情在阿纵，奏事不实。太宗大怒，曰："小子乃敢乱吾法耶！"令斩于东市。太宗寻悔，因发制，凡决死者，命所司五覆奏，自蕴古始也。

河内（今河南沁阳）有一个名叫李好德的人，素有疯癫之病，讲了一些涉及皇上、朝廷的妖言。作为法官的张蕴古在审理这一案件的时候，认为李好德的确患有疯癫之病，按照刑律不该治罪。时任治书侍御史（负责监察的官员）的权万纪就弹劾张蕴古，说张蕴古家在相州（今河南安阳），而李好德的兄长李厚德在相州当刺史，所以张蕴古有意偏袒李好德，欺骗皇上。唐太宗听后极为生气，说："这小子竟敢搞乱我的国法！"于是就命令杀了张蕴古。后来发现的确错杀了张蕴古，唐太宗非常后悔，专门为此颁布法令，以后处决犯人，有关部门一定要进行五次申奏，五次申奏这一制度就是从张蕴古案开始的。

唐太宗错杀了人，深表后悔，并为此修改了刑罚制度。还有一些法官，在错杀人之后，坚持为死者抵命。《史记·循吏列传》记载：

> 李离者，晋文公之理也。过听杀人，自拘当死。文公曰："官有贵贱，罚有轻重。下吏有过，非子之罪也。"李离曰："臣居官为长，不与吏让位；受禄为多，不与下分利。今过听杀人，傅其罪下吏，非所闻也。"辞不受令。文公曰："子则自以为有罪，寡人亦有罪邪？"李离曰："理有法，失刑则刑，失死则死。公以臣能听微决疑，故使为理。今过听杀人，罪当死。"遂不受令，伏剑而死。

　　李离,是春秋时期晋文公的法官。他在审查案件时,相信了属下的错误汇报,因而杀错了人。于是李离就把自己囚禁起来,判以死罪。晋文公说:"官职贵贱不一,刑罚也轻重有别。这是你属下的过失,不是你的责任。"李离说:"我当的是司法长官,从不曾把这一高位让给自己的属下;我领取的俸禄很多,也不曾把这些俸禄分给自己的属下。如今我相信了错误的案情汇报而杀错了人,却要把罪责推诿给自己的属下,我没听说过这样的做法。"他拒绝接受晋文公的赦免命令。晋文公说:"你认定自己有罪,那么我作为你的上司,也有罪吗?"李离说:"法官断案有规定,错判了什么样的刑罚,自己就要亲自接受这样的刑罚;错杀了人,自己就要以死偿命。您认为我能够明察细微的隐情,决断疑难的案件,所以让我做了法官。现在我误判案件杀错了人,就应该判处死罪。"于是李离没有接受晋文公的赦令,用剑自刎而死。

　　在中国历史上,像这样知错必改的圣明君主与如此勇于担当责任的法官,可以说是寥若晨星。在现实的残酷政治斗争与财富争夺中,滥杀无辜的事件,史书中屡见不鲜。

附录

《鹖子》佚文

【题解】

《鹖子》佚文,我们采用的是锺肇鹏先生的《鹖子校理》的辑本,原因是:《四库全书·鹖子》后附录明代杨之森"补《鹖子》七则",锺肇鹏先生不仅在此基础上增加了六例(实为七例)佚文,对佚文有所订正,而且一一标明了出处,与《四库全书》所集佚文相比,更为丰富、明确。

一

粥熊曰①:"运转亡已②,天地密移③,畴觉之哉④?故物损于彼者盈于此,成于此者亏于彼。损盈成亏,随世随死⑤。往来相接,间不可省⑥,畴觉之哉?凡一气不顿进⑦,一形不顿亏⑧;亦不觉其成,亦不觉其亏。亦如人自世至老,貌色智态,亡日不异⑨;皮肤爪发,随世随落,非婴孩时有停而不易也⑩。间不可觉,俟至后知⑪。"(《列子·天瑞》)

【注释】

①粥(yù)熊:即鹖熊。粥,同"鹖"。鹖子名熊。《鹖子校理》直接

写作"鬻熊"。

②运转亡（wú）已：万物运动变化从未停止。亡，无，没有。已，停止。

③天地密移：天地也在悄悄地移动着。密，悄悄地，不知不觉地。

④畴（chóu）：谁。

⑤世：出生，产生。

⑥间不可省（xǐng）：在万物慢慢变化期间，人们无法觉察。省，觉察。

⑦凡一气不顿进：任何一种气都不可能突然之间就演化成为某种具体的事物。古人认为，在大道的支配下，由阴、阳二气逐渐演化为万物，气聚则为物，物散则为气。顿，突然之间。进，进化。这里指演化为物体。

⑧亏：亏损。这里引申为消亡。

⑨亡（wú）日不异：没有哪一天不在变化。

⑩易：改变。

⑪俟（sì）至后知：一直等到发生了巨大变化，然后人们才知道。俟，等到。至，极。这里指极大的变化。

【译文】

鬻熊说："万事万物运动变化永不停止，就连天地也在悄悄地移动，谁能感觉得到呢？所以事物在那里减少了，而在这里就增多了；在这里成就了，而在那里就亏损了。减少、增多、成就、亏损，这些现象随时都在发生，随时也都在消亡。这些现象生生灭灭，相互转化衔接，在事物慢慢变化期间，人们无法察觉，谁能够感觉到了呢？任何一种气都不可能突然之间演化为某种具体物体，任何一种具体物体也不可能突然之间就完全消失，所以人们也就感觉不到阴、阳二气正在慢慢地演化为某种物体，同样也感觉不到某种物体正在慢慢地消失。这种情况就像人们从出生到衰老一样，他们的容貌、肤色、智慧、体态，没有一天不发生变化；皮肤、指甲、毛发，随时都在生长，随时也都在脱落，并不是在婴儿时就停止了变化。事物在微小的变化期间无法觉察，等到发生了巨大变化的时候，

人们才能知道。"(《列子·天瑞》)

二

粥子曰:"欲刚,必以柔守之;欲强,必以弱保之。积于柔必刚,积于弱必强。观其所积,以知祸福之乡①。强胜不若己,至于若己者刚②;柔胜出于己者③,其力不可量。"(《列子·黄帝》)

【注释】

①乡:通"向",方向,趋势。

②刚:当作"戕",残害。杨伯峻《列子集释》:"[注]必有折也。吴闿生曰:'刚'当作'戕',故《注》云'必有折也'。"

③出于己者:力量超过自己的人。

【译文】

鬻子说:"要想刚健,必须用柔和来维护它;要想强大,必须用柔弱来保护它。柔和积蓄起来必定会形成刚健,柔弱积蓄起来必定会形成强大。观察人们积蓄的内容,就可以知道祸福的趋向了。使用刚强的手段,可以战胜力量不如自己的人,一旦遇到力量与自己相当的人就会遭殃;使用柔弱的手段可以战胜力量超过自己的人,柔弱的力量不可估量。"(《列子·黄帝》)

三

鬻熊语文王曰①:"自长非所增②,自短非所损,算之所亡若何③。"(《列子·力命》)

【注释】

①文王:周文王。据说鹖熊是周文王的老师。

②自长非所增:长寿是自然而然的,不是人力所能增加的。意思是
　说,人的长寿是自然形成的,不是人力可以控制的。

③算:算计,谋划。亡(wú)若何:无可奈何。若何,奈何。

【译文】

　　鹖熊对周文王说:"长寿是自然而然的事情,不是人力所能增加的;
短命也是自然而然的事情,不是人力所能减损的,任何算计谋划对于生
命的长短都是无可奈何的。"(《列子·力命》)

四

　　鹖子曰:"去名者无忧①。"(《列子·杨朱》)

【注释】

①去:去除,不要。

【译文】

　　鹖子说:"不要名声的人,就不会发生让自己忧愁的事情。"(《列子·杨
朱》)

五

　　周文王问于鹖子曰:"敢问君子将入其职,则于其民也
何如?"鹖子对曰:"唯①。疑请以上世之政②,诏于君王③。
政曰④:君子将入其职,则于其民也,旭旭然⑤,如日之始出
也。"周文王曰:"受命矣⑥。"曰:"君子既入其职⑦,则于其

民也何若?"对曰:"君子既入其职,则于其民也,暵暵然^⑧,如日之正中也。"周文王曰:"受命矣。"曰:"君子既去其职,则于其民也何若?"对曰:"君子既去其职,则于其民也,暗暗然^⑨,如日之已入也。故君子将入而旭旭者,义先闻也;既入而暵暵者,民保其福也^⑩;既去而暗暗者,民失其教也。"周文王曰:"受命矣。"(贾谊《新书·修政语下》《太平御览》卷三)

【注释】

①唯:应答之词。

②疑(nǐ):通"拟",准备,打算。上世之政:古代的政治典籍或政治情况。

③诏:告诉。

④政:古代的政治典籍。

⑤旭旭然:光明灿烂的样子。

⑥受命矣:领教了,明白了。

⑦既入其职:履行职务之后。既,已经,在……之后。

⑧暵暵(hàn)然:阳光普照的样子。

⑨暗暗然:一片黑暗的样子。

⑩保其福也:享受着君子给予的幸福。保,保有,享有。

【译文】

周文王问鹖子说:"我想向您请教,如果一位君子准备入职的时候,他应该如何对待他的民众呢?"鹖子回答说:"好的。我就给您讲一讲古代的政治情况,告诉您古人是怎么做的。古代的政治典籍上说:君子准备入职的时候,他对待自己的民众、就好像太阳刚刚升起时那样光明灿烂。"周文王听后说:"我明白了。"周文王接着问:"那么君子入职之后,他对待自己的民众，应该是什么样的呢？"鬻子回答说："君子入职之后，他对待自己的民众，就好像太阳升到正中时那样和煦温暖。"周文王听后说："我明白了。"周文王再问："那么君子离开职位之后，他对待自己的民众，又是如何呢？"鬻子回答说："君子离开职位之后，他给自己的民众带来的感受，就是一片黑暗，就像太阳已经落下了那样。所以君子将要入职的时候，就像太阳刚刚升起时一样光明，是说他要先向民众讲清楚自己的政治原则与道义；君子入职之后，就像太阳升到正中时那样温暖，是说他使民众都能够获得幸福；君子离职之后就像太阳已经落下时那样一片黑暗，是说他离开后，使民众失去了应有的教诲。"周文王听后说："我明白了。"（贾谊《新书·修政语下》《太平御览》卷三）

六

　　周武王问于鬻子曰①："寡人愿守而必存，攻而必得，战而必胜，则吾为此奈何②？"鬻子对曰："唯。攻、守、战胜同道③，而和与严其备也④。故曰：和可以守，而严可以守，而严不若和之固也；和可以攻，而严可以攻，而严不若和之得也；和可以战，而严可以战，而严不若和之胜也：则唯由和而可也⑤。故诸侯发政施令，政平于人者⑥，谓之文政矣⑦。诸侯接士而使吏，礼恭于人者，谓之文礼矣。诸侯听狱断刑，治仁于人者⑧，谓之文诛矣。故三文立于政⑨，行于礼，陈于刑⑩，由此守而不存，攻而不得，战而不胜者，自古而至于今，自天地之辟也⑪，未之尝闻也⑫。今也君王欲守而必存，攻而必得，战而必胜，则唯由此也而可也。"周武王曰："受命矣。"（贾谊《新书·修政语下》《长短经·政体》）

【注释】

①周武王：姓姬，名发。周文王之子，西周王朝的开国君主。周文王去世后，姬发继位，重用太公望、周公旦、召公奭等人治理国家，周国日益强盛，后灭掉残暴的商纣王，建立周朝。

②为此奈何：如何做到这些。为，做到。此，代指前文说的"守而必存，攻而必得，战而必胜"。奈何，如何。

③攻、守、战胜同道：本句《四库全书》作"攻守而战乎同器"。《鹖子校理》："'攻守战胜同道'，旧本均误作'攻守而胜乎同器'。俞樾校为'攻守而战乎同器'。……旧本讹误不可道。……唯《群书治要》卷四十引《贾子》作'攻守战胜同道'，《治要》据唐以前古本不误不衍，文从字顺，今据正。"

④而和与严其备也：而柔和与刚强都是必备的手段。和，柔和，柔弱。一说指和谐。严，激烈，刚强。《鹖子校理》："和与严，犹刚与柔。"

⑤由和：使用柔和的方法。由，使用。

⑥政平于人者：用于治理民众的政策公平合理。

⑦文政：美好的政治。文，华美，美好。

⑧治仁于人者：用仁义之心去处置犯人。治，治理，处理。人，根据上下文，这里专指犯人。

⑨三文：指上文说的"文政""文礼""文诛"。

⑩陈于刑：使用于刑罚。陈，陈设，使用。

⑪天地之辟：天地分开。也即天地形成。为什么说"天地分开"就是"天地形成"，可详见《汤政汤治天下理第七》的"解读"。辟，分开。

⑫未之尝闻也：即"未尝闻之也"，从来也不曾听说过这样的事情。

【译文】

周武王问鹖子说："我希望坚守的时候一定能够守得住，进攻的时候一定能够攻占敌方的城池，作战的时候一定能够胜利，那么我如何才能够做到这些呢?"鶡子回答说:"好的。进攻、坚守、战胜,使用的是同一个原则,柔弱与刚强这两种手段都是必须具备的。所以说:用柔弱的手段可以守住,用刚强的手段也可以守住,然而用刚强的手段不如用柔弱的手段守得牢固;用柔弱的手段可以进攻,用刚强的手段也可以进攻,然而用刚强的手段不如用柔弱的手段攻占得多;用柔弱的手段可以作战,用刚强的手段也可以作战,然而用刚强的手段不如用柔弱的手段更容易取得胜利:这就说明只有用柔弱的手段最为恰当。因此诸侯在颁布政令的时候,这些政令对于民众来说公平合理,这样的政令就可以称之为美好的政令。诸侯在接待士人、任用官吏的时候,对待他们恭敬而有礼貌,这样的礼貌可以称之为美好的礼貌。诸侯在审理判案的时候,能够带着一颗仁爱之心去对待犯人,这样的案件处理原则可以称之为美好的惩罚。所以'美好的政令''美好的礼貌''美好的惩罚'这三种美好的措施如果能够体现在政令上,施行于礼仪中,表现在刑罚里,做到了这些,还会出现坚守而无法守住,进攻而无法占领,作战而无法胜利,自古至今,从天地形成以来,从未听说过这样的事情。如今君主您想坚守一定能够守住,进攻一定能够占领,作战一定能够胜利,那就只有使用'美好的政令''美好的礼貌''美好的惩罚'这三种美好的措施才可以做到。"周武王说:"我明白了。"(贾谊《新书·修政语下》《长短经·政体》)

七

周成王年六岁即位享国①,亲以其身见于鶡子之家而问焉②。曰:"昔者先王与子修道而道修③,寡人之望也,亦愿以教。敢问兴国之道奈何?"鶡子对曰:"唯。疑请以上世之政④,诏于君王。政曰:兴国之道,君思善则行之,君闻善则行之,君知善则行之。位敬而常之⑤,行信而长之⑥,则兴

国之道也。"周成王曰:"受命矣。"（贾谊《新书·修政语下》）

【注释】

①周成王:姓姬,名诵,周武王之子。周朝的第二位君主。姬诵即位初期,因年纪尚幼,由叔父周公姬旦摄政,后来周公还政于成王。六岁:《鹖子校理》:"'六岁',卢本作'二十岁'。卢文弨校云:'郑注《金縢》武王崩时成王年十岁;服丧三年毕,成王十二即位。及周公归政,成王年二十二岁。此处建本作"二十岁",或略举归政之年,或是"十二"之误。'卢说是,'六'字当系传抄之误。'六岁'幼童问道,于情理不合,与史实亦不合。"

②见(xiàn)于鹖子之家:来到鹖子的家里。见,同"现",出现于,来到了。

③先王:指已经去世的周文王、周武王。与子修道:与您一起用大道修养自身。《四库全书》作"与帝修道"。《鹖子校理》:"'子',原本作'帝',误。王耕心本作'子',今从之。"

④疑(nǐ):通"拟",准备,打算。

⑤位敬:处于认真治理国家的状态。也即认真谨慎地治理国家。位,位于,处于。敬,认真,谨慎。常之:长期保持这种状态。

⑥长之:长期坚持诚信。

【译文】

周成王六岁的时候,开始即位执掌国政,他亲自来到鹖子的家里去向鹖子请教。周成王问:"从前先王与您一起用大道修养自身,你们的品德修养得是那样美好,这也是我的愿望啊,我也希望您能够教诲我。请问用什么样的方法才能够使国家兴盛起来呢?"鹖子回答说:"好的。我想把古代治理国家的情况,告诉给您。古代的政治典籍上说:使国家兴盛的方法,就是君主一旦想到良善之事,就去实行它;君主一旦听到良善之事,就去实行它;君主一旦知道良善之事,就去实行它。对待治国之事，要认真谨慎而且还要持之以恒；言行诚信，而且还要永远保持下去，这就是能够使国家兴盛的方法啊。"周成王听后说："我明白了。"（贾谊《新书·修政语下》）

八

周成王曰："敢问于道之要奈何①？"粥子对曰："唯。疑请以上世之政，诏于君王。政曰：为人下者敬而肃②，为人上者恭而仁③，为人君者敬士爱民，以终其身，此道之要也。"周成王曰："受命矣。"（贾谊《新书·修政语下》）

【注释】

①道之要：治国原则的主要内容。道，根据下文，这里主要指治国原则。《鹖子校理》把本段文字与上一段文字合为一章，我们根据文意，分为两章。

②为人下者：泛指做下级的人。敬：认真。指工作认真负责。

③为人上者：泛指做上级的人。因为下文有专门对君主的要求。

【译文】

周成王问："请问治国原则的主要内容是什么？"鹖子回答说："好的。我想把古代治理国家的情况，告诉给您。古代的政治典籍上说：作为下级，对待自己的职责要认真而严肃；作为上级，待人接物要恭敬有礼而且要有爱心；作为君主，要礼贤下士、爱护民众，并且要坚持终身，这就是治国原则的主要内容啊。"周成王听后说："我明白了。"（贾谊《新书·修政语下》）

九

周成王曰："敢问治国之道若何？"鬻子对曰："唯。疑请以上世之政，诏于君王。政曰：治国之道，上忠于主①，而中敬其士，而下爱其民。故上忠其主者，非以道义，则无以入忠也②；而中敬其士，不以礼节，则无以谕敬也③；而下爱其民，非以忠信，则无以谕爱也。故忠信行于民，而礼节谕于士，道义入于上，则治国之道也。虽治天下者，由此而已。"周成王曰："受命矣。"（贾谊《新书·修政语下》）

【注释】

①上忠于主：对上要忠于君主。本句的主语是大臣、官员。

②无以入忠：没有办法献上自己的忠心。无以，没有办法，没有其他东西。

③谕敬：表明自己的敬意。谕，说明，让人知道。

【译文】

周成王问："请问治国的原则是什么呢？"鬻子回答说："好的。我想把古代治理国家的情况，告诉给您。古代的政治典籍上说：治国的原则，就是对上要忠于君主，中间要尊敬士人，对下要爱护百姓。所以说对上要忠于君主，除了去做符合道义的事情，就没有其他什么办法可以献上自己的忠心；中间要尊敬士人，如果不使用恰当的礼节，就没有办法表明自己的尊敬；对下要爱护自己的百姓，除了以忠信相待，就无法表达自己的一片爱心。所以说要以忠信对待百姓，要以恰当的礼节对待士人，要以符合道义的原则对待君主，这就是治国的原则啊。即便是治理整个天下的人，使用的也都是这些原则而已。"周成王听后说："我明白了。"（贾谊《新书·修政语下》）

十

周成王曰:"寡人闻之,有上人者①,有下人者,有贤人者,有不肖人者,有智人者,有愚人者。敢问上下之人,何以为异?"鹖子对曰:"唯。疑请以上世之政,诏于君王。政曰:凡人者,若贵若贱②,若幼若老,闻道志而藏之③,知道善而行之,上人矣;闻道而弗取藏也④,知道而弗取行也,则谓之下人也。故夫行者善,则谓之贤人矣;行者恶,则谓之不肖矣。故夫言者善,则谓之智矣;言者不善,则谓之愚矣。故智愚之人,有其辞矣⑤;贤不肖之人,别其行矣⑥;上下之人,等其志矣⑦。"周成王曰:"受命矣。"(贾谊《新书·修政语下》)

【注释】

①上人:素质最高的人。

②若贵若贱:无论是地位高贵之人,还是地位低贱之人。

③志而藏之:记住大道并把它放在心里。志,记住。

④弗取藏:不把它拿来放在心里。

⑤有其辞:有他们的言论作为判断标准。

⑥别其行:根据他们的行为作为区别标准。

⑦等其志:等级的区分是依据他们不同的思想品质。

【译文】

周成王问:"我听说,有素质极高的人,有素质极低的人,有贤良的人,有不贤良的人,有睿智的人,有愚昧的人。请问素质高的人与素质低的人,区分他们的标准是什么?"鹖子回答说:"好的。我想把古代治理国家的情况,告诉给您。古代的政治典籍上说:所有的人,无论是地位高贵的人，还是地位低贱的人，无论是年幼的人，还是年老的人，只要他们听到大道之后就能够记住并放在心里，懂得大道之后就知道它的益处并按照大道行事，这就是素质极高的人；听到大道之后而不把它放在心里，知道大道之后也不去按照大道行事，这样的人就可以称之为素质极低的人。所以那些行为善良的人，可以称之为贤良之人；行为凶恶的人，就可以称之为不贤良的人。所以那些言论善良的人，就可以称之为睿智的人；言论不善的人，就可以称之为愚昧的人。因此睿智与愚昧，可以通过他们的言论加以区分；贤良与不贤良的人，可以通过他们的行为加以辨别；素质极高的人与素质极低的人，都是依据他们的思想品行划分等级的。"周成王听后说："我明白了。"（贾谊《新书·修政语下》）

十一

周成王问于鹖子曰："寡人闻之，圣王在上位，使民富且寿云①。若夫富，则可为也；若夫寿，则不在天乎②？"鹖子对曰："唯。疑请以上世之政，诏于君王。政曰：圣王在上位，则天下不死军兵之事。故诸侯不私相攻，而民不私相斗阋③，不私相杀也④。故圣王在上位，则民免于一死⑤，而得一生矣。圣王在上，则君积于道⑥，而吏积于德，而民积于用力。故妇人为其所衣⑦，丈夫为其所食⑧，则民无冻馁矣⑨，故圣王在上，则民免于二死，而得二生矣。圣王在上，则君积于仁，而吏积于爱，而民积于顺，则刑罚废矣，而民无大过之诛⑩，故圣王在上，则民免于三死，而得三生矣。圣王在上，则使民有时⑪，而用之有节，则民无疠疾矣⑫，故圣王在上，则民免于四死，而得四生矣。故圣王在上，则使盈境内兴贤良，以禁邪恶。故贤人必用，而不肖人不作^⑬，则民得其命矣^⑭。故夫富且寿者，圣王之功也。"周成王曰："受命矣。"（贾谊《新书·修政语下》《太平御览》卷八十四）

【注释】

①云：句尾语助词。

②天：天命，命运。

③阋（xì）：争斗。

④相杀：相互杀害。杀，《四库全书》作"煞"，消灭，杀害。

⑤免于一死：指避免了一种死亡原因。

⑥积于道：一直按照大道行事。积，不断地，一直。

⑦妇人：《四库全书》作"妇"。为其所衣：制作人们所穿的衣服。为，制作。

⑧丈夫：男子。

⑨冻馁（něi）：受冻挨饿。馁，饥饿。

⑩大过之诛：因为犯了大的罪行而被诛杀。《四库全书》作"夭遏之诛"。夭遏，夭折。

⑪使民有时：在恰当的时候使用民力，即不夺农时，不在农忙季节征发百姓去作战或服役。

⑫疠（lì）疾：瘟疫。这里泛指疾病。

⑬不作：不会出现。这里指不贤良的人无法得势。作，出现，兴起。

⑭则民得其命矣：那么百姓就可以保住自己的生命了。本句《四库全书》作"则已得其命矣"。《鹖子校理》："'民'，旧本误作'己'，二字形近而误。《群书治要》卷四十引作'民'，不误，今据正。"得，得到，保住。

【译文】

周成王问鹖子："我听说，圣王在位的时候，不仅能够使百姓生活富裕，而且还能够使百姓长寿。至于说富裕，人力可以做得到；至于说长寿，这岂不是要取决于天命吗？"鹖子回答说："好的。我想把古代治理国家的情况，告诉给您。古代的政治典籍上说：圣王在位的时候，天下百姓不会因为打仗的事情而死亡。此时诸侯们不会私自相互进攻，而百姓也不会私自相互争斗，不会私自相互杀害。所以说圣王在位的时候，百姓就可以避免一种死亡原因，而获得了一条生路啊。圣王在位的时候，君主一直按照大道行事，官吏一直保有自己的美德，百姓也在不停地努力耕织。因此妇女制作了人们所要穿的衣服，男子种植了人们所要食用的粮食，那么百姓就不会受冻挨饿了，因此圣王在位的时候，百姓可以避免第二种死亡原因，而获得了第二条生路。圣王在位的时候，君主不停地去推行仁政，官吏也一直在爱护百姓，而百姓也一直服从政令与法律，那么就可以不再使用刑罚了，而百姓也就不会因为犯了大罪而被诛杀，因此圣王在位的时候，百姓就可以避免第三种死亡原因，而获得了第三条生路。圣王在位的时候，在恰当的时候使用民力，而使用民力时也非常有节制，那么百姓就不会患上各种疾病了；因此圣王在位的时候，百姓就可以避免第四种死亡原因，而获得了第四条生路。圣王在位的时候，使整个国内到处都有贤良之人，而禁止邪恶之徒。因此贤人肯定能够得到任用，而不贤良的人根本无法得势，那么百姓就可以保护好自己的生命了。所以说百姓不仅能够生活富裕，而且还能够长寿，这些都是圣王的功劳啊。"周成王听后说："我明白了。"（贾谊《新书·修政语下》《太平御览》卷八十四）

十二

昔文王见鹖子年九十，文王曰："嘻①，老矣！"鹖子曰："若使臣捕虎逐麋②，则臣已老矣。使臣坐策国事③，则臣年尚少。"因立为师。（《意林》卷一、《太平御览》卷三百八十三）

【注释】

①嘻：感叹词。

②麋（mí）：麋鹿。又称"驼鹿"。奔跑速度较快。

③策：策划，谋划。

【译文】

从前，周文王见到已经九十岁的鬻子，周文王感叹说："唉，您已经老了！"鬻子说："如果派我去捕捉老虎、追赶麋鹿，那么我真是老了。如果让我坐在那里谋划国家政事，那么我还很年轻啊。"于是周文王就拜鬻子为老师。（《意林》卷一、《太平御览》卷三百八十三）

十三

鬻子曰①："武王率兵车以伐纣，纣虎旅百万②，阵于商郊③，起自黄鸟④，至于赤斧⑤。走如疾风⑥，声如振霆⑦。三军之士⑧，靡不失色⑨。武王乃命太公把白旄以麾之⑩，纣军反走⑪。"（《文选》任彦昇《宣德皇后令》注、史孝山《出师颂》注、范蔚宗《光武纪赞》注、《太平御览》卷三百一）

【注释】

①鬻子曰：《鬻子校理》原无此三字，据任彦昇《宣德皇后令》注补。

②纣（zhòu）：应为衍字。关于本句的"纣"字，《鬻子校理》："《太平御览》卷三〇一引无'纣'字。《文选》注三次引均有'纣'字，是。"没有"纣"字，似乎更符合上下文义。虎旅：勇武的将士。

③阵于商郊：在商朝都城的郊外摆开军阵。按《鬻子校理》的理解，本句的主语应是武王的军队，但按照《尉缭子》的记载，本句主语应是商朝军队。《太平御览》三百五："《尉缭子》曰：武王之伐纣

也,河水逆流,左骖霆死,地方百里,战卒三万。纣之阵,起自黄鸟,至于赤斧,其间百里。"《尉缭子》记载可供参考。

④起自黄鸟:前面竖着黄鸟军旗。《鹖子校理》:"'黄鸟',旗名。武王伐纣,《墨子·非攻下》说:'天赐武王黄鸟之旗。'大旗在前,故曰'起自黄鸟'。"

⑤赤斧:巴蜀人。《鹖子校理》:"'赤斧',巴人也。武王伐纣有庸、蜀、羌等民族参加,'赤斧'即巴蜀人。"

⑥走如疾风:将士们奔跑起来如同速度很快的狂风。走,奔跑。疾,快速。

⑦声如振霆(tíng):将士们的喊杀声就像突起的雷霆。振,奋起,突起。霆,暴雷。

⑧三军:全军。先秦的大国一般有上、中、下三军,故常用"三军"代指全军。

⑨靡不失色:无不大惊失色。靡,无,没有。

⑩太公:即姜太公。又称"太公望""师尚父""吕望""吕尚"。姜姓,吕氏,名尚,字子牙。商末周初的军事家与政治家,西周的开国元勋,辅佐周武王灭商后,被封于营丘(后称"临淄",在今山东淄博临淄区东北),为齐国开国君主。把:手握。白旄(máo):古代竿头上装饰有白色牦牛尾的旗帜。另外,用牦牛尾系在竿头上用以指挥的器物,也叫作"旄"。麾(huī)之:挥向对方。麾,同"挥"。

⑪反走:反身而逃。走,逃跑。

【译文】

鹖子说:"周武王率领兵车以讨伐商纣王,勇猛如虎的军队有上百万,列阵于商朝都城的郊外,前面竖着黄鸟军旗,后面一直延绵到了巴蜀人所组成的军队。将士们奔跑起来如同速度很快的狂风,喊杀声就像突起的暴雷。商纣王的军队看到这种情况,无不大惊失色。周武王就命令姜太公手握装饰有白色牦牛尾的军旗向敌方挥去,于是商纣王的军队就反身逃跑了。"(《文选》任彦昇《宣德皇后令》注、史孝山《出师颂》注、范蔚宗《光武纪赞》注、《太平御览》卷三百一)

十四

鬻子曰①:"十万为亿②。"(《史记·司马相如》索隐引)

【注释】

①鬻子曰:《鬻子校理》原无此三字,据《史记·司马相如列传》的"索隐"补。

②亿:古代十万叫"亿",万万也叫"亿"。

【译文】

鬻子说:"十万叫作'亿'。"(《史记·司马相如列传》索隐引)

计倪子

前言

在先秦诸子中,《计倪子》不仅是一本独具特色、以阐述如何为国理财的子书,而且其作者计倪(或者说是后人记载了计倪的言论)也是一位充满悬念的人物。一说计倪即老子的弟子文子,是著名政治家、思想家、商人范蠡的老师。这一身份,无疑为计倪平添了许多神秘色彩。

一 关于作者

《计倪子》这一书名,仍然是来自作者的名字"计倪子"。计倪子,《史记·货殖列传》作"计然",《汉书·古今人表》作"计研",《太平御览》卷七四引《鲁连子》作"计兒",《越绝书》作"计倪"。因为《计倪子》节选于《越绝书》,所以就以"计倪子"为作者名及书名了。

关于计倪及其生平,我们看到的有四种说法:

第一种说法,认为"计然"是一本书名。颜师古《汉书·货殖传》注引:"蔡谟曰:'《计然》者,范蠡所著书篇名耳,非人也。谓之计然者,所计而然也。群书所称句践之贤佐,种、蠡为首,岂闻复有姓计名然者乎?若有此人,越但用半策便以至霸,是功重于范蠡,蠡之师也,焉有如此而越国不记其事,书籍不见其名,史迁不述其传乎?'"蔡谟是东晋重臣,又十分博学,曾为《汉书》作集解。但他的这个看法显然不符合包括《史记》在内的历史记载。所以颜师古反驳说:"蔡说谬矣。据《古今人表》,

计然列在第四等,岂是范蠡书篇乎?计然一号'计研',故《宾戏》曰:'研、桑心计于无垠。'即谓此耳。计然者,濮上人也,博学无所不通,尤善计算,尝南游越,范蠡卑身事之。其书则有《万物录》,著五方所出,皆直述之。事见《皇览》及《晋中经簿》。又《吴越春秋》及《越绝书》并作'计倪',此则'倪''研'及'然'声皆相近,实一人耳。何云书籍不见哉?"可见以"计然"为书名的说法是难以成立的。

第二种说法,计倪是句践的大臣,是范蠡的老师,与范蠡、文种一起辅佐句践,灭掉了吴国。关于这一历史事实,除了本书的记载之外,《史记·货殖列传》也有明确记载:"昔越王句践困于会稽之上,乃用范蠡、计然。计然曰:'知斗则修备,时用则知物,二者形则万货之情可见矣。故岁在金,穰;水,毁;木,饥;火,旱。旱则资舟,水则资车,物之理也。'……修之十年,国富,厚赂战士,士赴矢石,如渴得饮,遂报强吴,观兵中国,称号'五霸'。"按照颜师古的说法,计然是濮上人,濮上是个地域名,相当于今天河南濮阳南部一带,春秋时属卫国。说他写了《万物录》,书中主要介绍各地的出产物,既有博物志的性质,又可以作为经商的参考书。但没有记载他撰著《文子》一书。这就是说,没有把他与文子视为同一个人。

第三种说法,计倪即文种。计倪在越国的争霸战争中的作用是如此重要:"计然之策七,越用其五而得意"(《史记·货殖列传》),而为越王句践灭吴立下显赫功绩的莫过于文种、范蠡二人,因此有人认为这里的计倪就是文种。清人江瑔在《读子卮言》中说:"惟吾乡徐信符先生(名绍棨,番禺人),凤致力于百氏之学而能窥其奥,亦曾疑文子即文种,与余之旧说同。……欲合文种、计然为一人。"(《读子卮言》卷二)计然与文种的思想、言行的确有许多相通之处,但不能因为思想相通,就认为是一人。总之,这一看法臆猜的成分大于实证,只可备一家之说。

第四种说法,计倪就是文子。关于文子,《汉书·艺文志》说:"《文子》九篇。老子弟子,与孔子并时,而称周平王问,似依托者也。"《隋

书·经籍志三》说:"《文子》十二卷,文子,老子弟子。"关于老子与文子的师生关系,《文子·道德》也有明确记载:

> 文子问道,老子曰:"学问不精,听道不深,凡听者,将以达智也,将以成行也,将以致功名也。……"

> 平王问文子曰:"吾闻子得道于老聃,今贤人虽有道,而遭淫乱之世,以一人之权,而欲化久乱之民,其庸能乎?"

《文子》一书还记载了大量的老子与文子问答的内容。这些记载说明,文子是老子的弟子这一事实似毋庸置疑。第二条引文还告诉我们,文子是与"平王"问答,而不是与"周平王"问答,这个"平王",有学者认为是楚平王,而不是《汉书》中说的周平王,所以也就不存在什么"似依托"的问题。老子与文子的师徒关系在王充的《论衡·自然》篇中也有记载:

> 贤之纯者,黄、老是也。黄者,黄帝也;老者,老子也。……老子、文子似天地者也。

把黄帝、老子、文子这些道家人物看得如同天地,可以说是至高的评价了。特别是王充不像后世文人那样"黄老""老庄"并称,而是把老子与文子相提并论,这说明在汉代人眼中,老子与文子的关系更为密切。

文子姓辛名妍,一作"钘",字文子,一说字文,号计然。关于文子的出身,《史记·货殖列传》的《集解》(包括《索隐》)引《范子》的话说:

> 《范子》曰:计然者,葵丘濮上人。姓辛氏,字文子,其先晋国亡公子也。尝南游于越,范蠡师事之。

值得特别注意的是,《史记·货殖列传》的《集解》和《索隐》对文子的生平介绍是出自《范子》。《范子》为范蠡所著,或为其后人追记。《汉书·艺文志》在"兵权谋十三家"中记载有"《范蠡》二篇"。《范子》可能就是《范蠡》。《齐民要术·杂说》也引用过《范子》这本书。范蠡的书在汉代至南北朝时期流传很广,如《世说新语·任诞》注引《襄阳记》:"汉侍中习郁,于岘山南,依范蠡养鱼法作鱼池。池边有高堤,种竹及长楸，芙蓉、菱芡覆水，是游燕名处也。"范蠡的养鱼法尚能在汉代流传，更何况其代表作《范子》呢！作集解的裴骃是南朝宋人，他完全有机会看到《范子》这本书。如果没有充分证据否定《范子》这本书的话，我们就不能轻易地否定上述有关文子生平的记载。关于文子的生平，《意林》卷一《范子》记载：

> 计然者，葵丘濮上人，姓辛，名文子，其先晋国公子也。为人有内无外，形状似不及人，少而明，学阴阳，见微而知著，其行浩浩，其志泛泛，不肯自显诸侯，阴所利者七国。天下莫知，故称曰"计然"。时遨游海泽，号曰"渔父"。范蠡请见越王，计然曰："越王为人鸟啄，不可同利也。"

《历代真仙体道通鉴》卷四总括前人的诸多记载，做了一个更为详细的梳理："文子姓辛名钘，一名计然，葵丘濮上人。其先晋公子也，学道于老君。周（一作"楚"）平王问于文子曰：'闻子得道于老聃，今贤人虽有道，而遭淫乱之世，以一人之权而欲化久乱之民，其庸能乎？'文子对曰：'道德匡邪以为正，振乱以为治，化淫败以为朴淳，使德复生，天下安宁，要在一人。故积德成王，积怨成亡。尧、舜以是昌，桀、纣以是亡。'平王用其言而天下治。后南游吴、越，范蠡师之。越欲伐吴，范蠡谏曰：'臣闻之师曰：兵，凶器；战，逆德；争者，事之末也。阴谋逆德，好用凶器，试身以所末，不可。'勾践不听，败于夫椒。后位以上大夫，弗就，隐吴兴余英禹山，相传以为登云而升。按《寰宇记》《吴兴志》俱载：余英东南三十里有计筹山，越大夫计然尝登此山筹度地形，因名焉。今山阳白石顶通玄观，乃故隐处也。"《历代真仙体道通鉴》的记载实际上是综合了《史记索隐》和徐灵府《通玄真经序》的内容，并非凭空捏造。这段记载非常平实，没有什么神奇的描写，特别是范蠡转述文子的一段话，与老子的思想非常契合，这就进一步证明了文子与老子的师承关系。

由于文子在道家学派中占有极高的地位，唐天宝元年，唐玄宗封文子为通玄真人，尊《文子》为《通玄真经》。

也有人否定文子即计然的说法。孙以楷先生在《道家文化寻根》中说："有人认为文子是春秋时范蠡之师计然，其实大谬。据《史记·货殖列传集释》云：'计然姓辛，字文子。'这种认为计然即道家文子的说法，恐怕就是根据计然字文子而下的结论。对这种结论，且不论与古代称'子'习惯符合与否，我们单从古籍中就可找到否证。《汉书·古今人表》中有计然，颜师古作注时援引孟康的说法：'文子，姓计名然，越臣也。'可是，在《唐志》中，道家有文子，农家又有计然，而在《史记》中，计然被列入《货殖列传》，根本与道家毫无联系，可见文子绝不是计然。"孙先生提出怀疑可以，但因为有一些怀疑，就断定文子是计然的说法"大谬"，则缺乏有力的证据。第一，孙先生说的《唐志》是指《新唐书·艺文志》，为什么相信《唐书》，而不相信比《唐书》更早的《范子》及其他有关记载呢？第二，《新唐书·艺文志》农家类所列的第一本书就是《范子计然》，我们估计就是前面提到的《范子》，作者在书名下注释说："范蠡问，计然答。"作者把范蠡的书也列入了农家，难道范蠡也不属于道家吗？第三，孙先生认为《史记》把计然列入《货殖列传》，于是就断言计然"根本与道家毫无联系，可见文子绝不是计然"。实际上，《史记·货殖列传》的原话是："昔者越王句践困于会稽之上，乃用范蠡、计然。"把范蠡、计然相提并论，而且在介绍完计然的事迹后，紧接着就介绍范蠡经商的情况。我们也能因此就把范蠡排斥在道家的行列之外吗？孙先生运用这一记载作证据，把计然放在道家之外，却又在同一书中，专门为范蠡安排了一章，把他当作重要的道家人物予以讨论。孙先生何厚此薄彼？我们认为，在没有确凿的证据之前，不能轻易地否定计然即文子这一传统说法。

总之，关于计倪的身份、生平，还有许多令人困惑的地方，可以说是迷雾重重，有待学界进一步探讨。

二　《计倪子》的思想

与其他诸子著作相比，《计倪子》的最大特点，就是其主要以经济为阐述重点,强调财富生产、货物流通对于国家的重要性,并提出了一些具体理财措施。这在先秦思想家里面是非常罕见的,可以说是在诸子中独树一帜。

计倪也有自己的哲学思想与治国原则,这些哲学思想与治国原则基本上都是围绕着为国理财展开的,因此,我们就把计倪的哲学、政治、经济、处世等方面的主张融合在一起,做一简单介绍。

第一,反复强调理财为立国之本。

计倪认为财富是立国之本:"故古之治邦者,本诸货物。"古代那些治理国家的君主,都把理财视为治理好国家的前提,没有财富,一切皆无从谈起。对于作战,更是如此:"兴师者必先蓄积食、钱、布帛,不先蓄积,士卒数饥,饥则易伤,重迟不可战,战则耳目不聪明。耳不能听,视不能见,什部之不能使;退之不能解,进之不能行。"打仗,打的就是钱粮,计倪对越王句践反复强调这一点。《计倪子》的记载也证实了钱粮对战争的重要性:"乃著其治法,牧江南,七年而禽吴也。"句践就是按照计倪的理财方法去治理越国,七年之后,富强的越国终于灭掉了吴国。

第二,特别重视遵循天道以安排农事与经商。

所谓的"天道",就是自然规律。以老子为代表的道家特别强调效法自然,遵循规律。作为老子弟子的计倪,把这一哲学原则运用到了他的经济活动之中:

> 计倪对曰:"太阴,三岁处金则穰,三岁处水则毁,三岁处木则康,三岁处火则旱。故散有时积,敛有时领。则决万物不过三岁而发矣。以智论之,以决断之,以道佐之。断长续短,一岁再倍,其次一倍,其次而反。……天下六岁一穰,六岁一康,凡十二岁一饥,是以民相离也。故圣人早知天地之反,为之预防。"

计倪还说:"阴阳万物,各有纪纲。日月、星辰、刑德变为吉凶,金木水火土更胜,月朔更建,莫主其常,顺之有德,逆之有殃。"从细节上看,计倪所总结的经验未必完全正确,但他要求理财要遵循自然规律的大原则十分正确。特别是在科技不发达的古代，观察自然、尊重自然、顺应自然，对于农业生产来说，尤其重要。

第三，把君无为而臣有为的治国原则运用到理财领域。

君无为而臣有为，是古代包括儒家、道家、法家在内的不少思想家所赞成的一种领导艺术。其含义是：君主要做到清净无为，不要处处插手具体治国事务，而做大臣的则要忙忙碌碌地为国奔波，只有如此，君主才能够在悠闲之中把握全局。计倪对这一原则也很欣赏，他曾委婉地当面批评越王：

> 臣闻君自耕，夫人自织，此竭于庸力，而不断时与智也。时断则循，智断则备，知此二者，形于体万物之情，短长逆顺，可观而已。……黄帝于是上事天，下治地；故少昊治西方，蚩尤佐之，使主金；玄冥治北方，白辩佐之，使主水；太皞治东方，袁何佐之，使主木；祝融治南方，仆程佐之，使主火；后土治中央，后稷佐之，使主土。

计倪劝告越王："我听说大王您亲自下田耕作，大王夫人亲自纺织布匹，这样做只是用尽了个人力量，而没有能够做到判断时令、运用智慧去增加财富。时令判断好了，就能够遵循时令去耕织；在智慧策略方面决断好了，就能够预防各种灾害；懂得了这两条原则，就可以依据万物的形体来体察它们的性情，无论事物是长是短，是逆是顺，您都可以观察得清清楚楚。"计倪在委婉批评越王不可只去用尽个人力量之后，又介绍了黄帝是如何善于使用人才为自己治国理政的情况。这实际就是劝告越王应该效法黄帝，做到君无为而臣有为。计倪的这一建议无疑非常正确。

第四，君主要善于纳谏。

计倪对越王说："（君主）不习源流，又不任贤使能，谏者则诛，则邦贫兵弱刑繁，则群臣多空恭之礼、淫洗之行矣。夫谀者反有德，忠者反有刑，去刑就德，人之情也。邦贫兵弱致乱，虽有圣臣，亦不谏也，务在谀主而已矣。"如果君主不通晓财富的产生与流通，又不能任用贤能之人，一听到大臣进谏就予以惩罚与杀戮，那么就会导致国家贫困、军力衰弱、刑罚繁苛，如此一来，群臣大多都会去行一些虚情假意的恭敬礼节，做一些淫荡放纵的事情。那些善于阿谀奉承的大臣反而被认为具备了美德，而忠于君主的大臣反而受到了惩罚，避开惩罚，获取道德美名，这是人之常情啊。接着，计倪又以父子为例：虽然父子有骨肉之亲，但如果贤明的儿子一开口劝谏，就遭到父亲的憎恨，时间久了，做儿子的就不敢再去劝谏父母，这样就会导致家庭贫困、失和，即使大家都想发家致富，结果一定是日益贫困与衰败。计倪劝君主善于纳谏，主要还是从理财角度而言，但不可否认，这一建议具有普遍指导意义。

第五，强调不违农时。

不违农时是中国古代治国的一个重要原则，强调在春夏农忙季节不可发动战争，不可大兴土木，以免耽误农时。这一原则反映了古人对自然规律和农耕时机的深刻理解，旨在减少饥荒对民众生活的影响。《礼记·月令》记载："是月也，不可以称兵，称兵必天殃。兵戎不起，不可从我始。毋变天之道，毋绝地之理，毋乱人之纪。"古人规定，春天不可兴兵。如果春天挑起战争，不仅有悖阴阳运行规律（古人认为，春为阳，兵为阴，春季作战，即以阴乱阳），而且也会错过农时。鲁庄公就因为"三时（春、夏、秋三季）兴筑作之役"（《新语·至德》）而受到人们的讥讽。计倪对此也特别重视："省赋敛，劝农桑，……师出无时，未知所当，应变而动，随物常羊。"计倪在阐述重农桑思想的同时，也特别强调国家不可在不恰当的时节兴兵打仗。这一思想对后人也具有极大影响，孟子就在此基础上提出："不违农时，谷不可胜食也；数罟不入洿池，鱼鳖不可胜食也；斧斤以时入山林，材木不可胜用也。"（《孟子·梁惠王上》）直到今天，不违农时，依然是农业生产的不变规则。

第六，重视权变原则，主张在为国聚财的同时，也强调散财济民。

权变，古人称为"权"。"权"的思想可说是源远流长。所谓"权"，就是在不违背基本原则的前提下所进行的灵活变通。中国古代有四位影响最为深远的思想家，他们是孔子、孟子、老子、庄子，而这四位思想家，都很重视"权"。孔子甚至认为懂得权变是学习的最高境界。《论语·子罕》记载：

> 子曰："可与共学，未可与适道；可与适道，未可与立；可与立，未可与权。"

孔子把学习、修养分为四个阶段——学习真理，掌握真理，按照真理做事，懂得灵活变通。由此可见，孔子把"权"视为做人的最高段位。

计倪把这一原则植入财富管理之中："必先省赋敛，劝农桑，饥馑在问。或水或塘，因熟积以备四方。"国家要减轻百姓的赋税，鼓励农耕与蚕织，发生饥荒时也一定要慰问、救济灾民。无论是为了疏通水道，还是为了修筑堤坝，都应该趁着丰收年积蓄财富，以防备各地可能发生的灾害。计倪主要是为国聚财，但同时强调该散财的时候，一定还要散财："天有时而散，是故圣人反其刑，顺其衡，收聚而不散。"意思是，在一些特殊的时间，比如灾荒年，君主就不要唯利是图了，要注意救济民众，赦免犯人，这样做，看似不合理，但能够收揽民心，从长期看，有了民众的拥戴，才能够保证国家财税收入。

计倪认为，国家对待财富，该聚则聚，该散则散，并把这一灵活原则扩展到刑罚领域，对于罪人，该罚则罚，但在特殊的情况下，该罚时也可赦免。这种灵活做事的权变原则，对于治国无疑是大有裨益的。

第七，重视理财人才的培养与使用。

治国需要人才，为国理财同样需要人才，所以计倪反复强调这一点："汤之时，比七年旱而民不饥；禹之时，比九年水而民不流。其主能通习源流，以任贤使能。"计倪认为大禹、商汤在位时，连年水涝旱灾，而百姓能够安居无恙的原因，就在于他们任用了善于理财的贤臣。计倪还说："来诸侯，守法度，任贤使能，偿其成事，传其验而已。"他主张要号召其他诸侯国的商人来越国做生意，告诫这些商人要遵守法度，还要任用贤人去进行管理，对于那些成功的商人给予奖励，而且要宣传他们经商经验与成果。"传其验"实际上就类似今天的经验交流，这就涉及经商人才培养的问题。计倪还讲了一段带有普遍意义的用人原则："先生者未必能知,后生者未必不能明。是故,贤主置臣,不以少长;有道者进,无道者退;愚者日以退,圣者日以长。人主无私,赏者有功。"君主用人不能按资排辈,要以能力为用人准绳,而且有功必赏。

第八,注重农业与工商业二者的利润平衡。

中国古代的历代政府一直以农为本,以工商为末,但对于民众生活来说,工商业又不可或缺,那么协调二者之间的关系就成为国家考虑的重要问题之一。计倪对此也十分重视,他说:"籴石二十则伤农,九十则病末;农伤则草木不辟,末病则货不出。故籴高不过八十,下不过三十,农末俱利矣。"计倪认为,每石粮食的收购价如果只有二十钱的话,就会损害农民的利益;如果每石粮食的收购价达到九十钱的话,就会损害工商业人员的利益;农民的利益受到损害,开荒种地的积极性就没有了;工商业人员的利益受到损害,那么各种货物就无法生产与流通。所以说收购粮食的最高价每石不得超过八十钱,最低不得低于三十钱,这样一来,农民与工商人员都有利润可赚。通过粮价的调整,保持农业与工商业二者之间的利益均衡,就成为历代政府所特别关注的一个大问题。

第九,特别强调经商的时机,强调贱买贵卖。

计倪特别强调要把握好买卖时机,甚至对何时买卖粮食、六畜等,都做出了大致的时间安排。其中"水则资车,旱则资舟"更是体现了计倪在把握经商时机时的长远眼光。把握经商时机,目的就是要做到贱买贵卖,这可以说是自古至今商人赚取利润的重要手段之一,计倪对此也非常重视:"论其有余不足,则知贵贱。贵上极则反贱,贱下极则反贵。贵出如粪土,贱取如珠玉。财币欲其行如流水。"计倪认为,调查商品过剩或短缺的情况,就能把握物价的涨跌。物价贵到极点,就会返归于贱;物价贱到极点,就要返归于贵。当某种货物贵到极点时,就要像抛弃粪土那样及时卖出;当某种货物贱到极点时,就要像喜爱珠宝一样及时购进。要让货物、钱币如同流水那样流通周转。这种贱买贵卖的经商方式,只要把握好适当的"度",不仅可以从中赚取利润,客观上也能够平抑物价。

第十,注意理财信息的收集。

在人类生活的各个领域,信息都具有很高的价值,对事业的成功起着关键作用。理财经商更是如此。计倪曾经对楚王说:"尝言息货,王不听,臣故退而不言,处于吴、楚、越之间,以渔三邦之利,乃知天下之易反也。"意思是:"我曾经向大王建议,要通过贸易为国增加财富,大王您没有采纳我的建议,于是我就离开了,没有再与您讨论这一话题,而我辗转于吴、楚、越三国之间,通过做生意以获取三国的财利,所以我知道在天下从事贸易、获取财富是件很容易的事情。"由此可见,计倪是一位行商。作为行商,就必须掌握各地的商品质量与价格等信息,取长补短,以赚取差价。计倪不仅关注这些信息,而且还把这些信息做了详细记载:

《范子计然》曰:螺蛸出三辅,上价三百。(《太平御览》卷九四六)

《范子计然》曰:松脂出陇西,如胶者善。(《太平御览》卷九五三)

《范子计然》曰:桑叶出三辅。(《太平御览》卷九五五)

《范子计然》又称《范蠡计然》。此书在汉代已经广为流传,《论衡·明雩》篇曾有引用。这里引出的记载只是《范子计然》中很少的一部分。这本书记载的商品,除了军用物资,几乎包括了方方面面。《计倪子》也说:"计倪乃传其教而图之,曰:'审金木水火,别阴阳之明,用此不患无功。'越王曰:'善。从今以来,传之后世,以为教。'乃著其治法,牧江南,七年而禽吴也。"计倪不仅把自己的理财经验与计划记录了下来,并且列有图表,更重要的是,计倪的这些文字记录受到越王的重视,越王以国家的力量,把这些文字颁布全国,以此来治理越国,七年之后就灭掉了吴国。

以上内容,我们主要是就《计倪子》而言。从总体来看,计倪的思想比以上所述要丰富得多,影响也大得多,我们试举一例。范蠡之所以在历史上如此闻名,如此被后人视作典范,与其功成身退的行为具有极大关系。范蠡功成身退,除了是对老子"功遂身退,天之道"(《道德经》第九章)这一哲学思想的践行之外,还有着非常现实的具体考量:"范蠡遂去,自齐遗大夫种书曰:'蜚鸟尽,良弓藏;狡兔死,走狗烹。越王为人长颈鸟喙,可与共患难,不可与共乐。子何不去?'"(《史记·越王句践世家》)《尸子》佚文记载:"禹长颈鸟喙,面貌亦恶矣,天下从而贤之者,好学也。"(《初学记》卷九)作为大禹后裔的句践,形貌出现返祖现象,不幸也是"长颈鸟喙"。据马国翰所辑《范子计然》(卷中)记载,当范蠡请计然一起去见越王时,计然就告诫范蠡:"越王为人鸟喙,不可与同利也。"《史记·货殖列传》还记载:"范蠡既雪会稽之耻,乃喟然而叹曰:'计然之策七,越用其五而得意。既已施于国,吾欲用之家。'乃乘扁舟浮于江湖,变名易姓,适齐为鸱夷子皮,之陶为朱公。"由此可见,计倪对句践为人的预判,对范蠡决心隐居起到了重大的促使作用;计倪的理财方法,为范蠡隐退解除了经济方面的后顾之忧。换句话说,是计倪促成了范蠡的隐居行为。

　　生活于两千多年前的计倪不仅提出了较为系统的经商理财思想,而且还旁涉许多带有普遍意义的治国、处世原则,特别是其中的许多经济管理经验,即使放在今天,仍具有重要的借鉴意义。

三　《计倪子》的成书、版本及注释

　　《计倪子》是从《越绝书》中节录而来,也即《越绝书》中的《越绝计倪内经》。

　　《越绝书》中以"计倪"命名的,共两个篇章:一是《越绝计倪内经》,二是《越绝外传计倪》。"内经"是相对于"外传"而言。在古代,有许多古籍被分为"内""外"两个部分,如《庄子》分为"内篇""外篇""杂篇",《抱朴子》也分为"内篇""外篇",一般认为,"内"重于"外","内"体现了作者最重要的思想。《越绝计倪内经》不仅最能突出计倪的思想特色及贡献，而且通篇主要为计倪的言论，虽然这篇文章也许不是计倪亲撰，但主要反映的是计倪思想。而《越绝外传计倪》则羼入了很多不属于计倪言行的内容。所以说，《百子全书》选入《越绝计倪内经》是颇具眼光的。

既然《计倪子》出自《越绝书》，我们就有必要对该书有所了解。《越绝书》是记载先秦时期吴、越两国历史的主要典籍，它上面追溯到了夏禹，下面还介绍了两汉的一些历史，对这一历史时期吴、越地区的政治、经济、军事等情况均有记载。关于本书的成书年代、作者、书名、篇名等等，存在不同的说法。我们仅举其要。

关于书名"越绝"的含义，首篇《越绝外传本事》说："越者，国之氏也。""绝者，绝也，谓句践时也。"越，指越国；绝，奇绝。书名的意思是，句践能够转败为胜，实为奇绝之事。除此，其他解释还很多。

关于《越绝书》的成书年代与作者，实际上也即《计倪子》的成书年代与作者，可以说是众说纷纭。李步嘉《越绝书校释》（中华书局2013年版）对此有一个较为全面的介绍："出于种种原因，在《越绝书》的成书年代、作者、卷数、书名、篇名等问题上，至今仍存在着许多不同的看法。如关于成书年代，有春秋说、战国说、战国—西汉—东汉说、战国—东汉说、东汉初年说、东汉末年说、东汉初年—东汉末年说、西晋说；关于作者，有子贡撰说，子胥撰说，袁康撰说，袁康、吴平合撰说，袁康撰吴平修订说，袁康、吴平辑录说。……关于《越绝书》的一些重要问题，意见尚未统一，疑点犹待探讨。"简言之，《越绝书》的作者与成书年代皆无法确定。关于该书的作者，《越绝书·越绝外传本事第一》有一个较为接近事实的记载：

问曰："何谓《越绝》？""越者，国之氏也。""何以言之？""按《春秋》序齐鲁，皆以国为氏姓，是以明之。绝者，绝也。谓句践时也。当是之时，齐将伐鲁，孔子耻之，故子贡说齐以安鲁。子贡一出，乱齐，破吴，兴晋，疆越。其后贤者辩士，见夫子作《春秋》而略吴越,又见子贡与圣人相去不远,唇之与齿,表之与里,盖要其意,览史记而述其事也。"

本段认为,《越绝书》的作者既不是《隋书·经籍志》《旧唐书·经籍志》说的孔子弟子子贡,也不是《四库全书总目提要》说的汉代袁康撰、吴平所定,而是子贡之后的"贤者辩士"依据有关史书编撰的。由于《越绝书》的内容一直延续到了两汉,所以这些"贤者辩士"自然也应包括汉代的人士。

以上是就《越绝书》整书的作者而言,而《计倪子》仅仅是《越绝书》中的一篇,那么《计倪子》的作者又是谁呢?浙大周生春教授认为该书有多位作者,他在确定伍子胥、子贡为原始作者之后,接着说:

> 此外,计倪和大夫种亦应是《越绝书》的原始作者。按前所述,计倪是《计倪内经》和《外传计倪》诸篇的原始作者。(《〈越绝书〉成书年代及作者新探》)

周生春教授说的《计倪内经》就是本书《计倪子》。如果周说正确,那么《计倪子》的作者与成书年代就很容易确定了。然而这一说法还只能视为一种推测,很难当作确论,因为《计倪子》是用第三人称记载了计倪与越王的谈话,再从书中"乃著其治法,牧江南,七年而禽吴也"几句看,《计倪子》的成书至少在这次谈话的七年之后。

一千多年来,学界对《越绝书》的作者、成书年代问题一直争论不休,至今也无定论。研究并拿出确切的结论,既非我们的能力所及,也非本书篇幅所能容纳。我们赞同学界的普遍观点:《越绝书》非一时一人所作,有一个持续撰写的过程。至于《计倪子》,我们则认为可能是计倪之后、秦统一前的作品。当然,这也只是我们的推测,

扫叶山房是一家有着三四百年悠久历史的老牌书店,最初创建于明朝万历年间,我们采用的就是明清时期扫叶山房编辑的《百子全书》本(浙江人民出版社1984年影印本)。因为《计倪子》选自《越绝书》,所以我们还参考了文渊阁《四库全书》本《越绝书》。近年来关于《越绝

书》的校释与译注也取得了一些新的进展,如李步嘉先生的《越绝书校释》(中华书局2013年版)、张仲清先生译注的三全本《越绝书》(中华书局2020年版)等等,都是我们的重要参考书籍。

　　《中华经典名著全本全注全译丛书·计倪子》大概是首次以单行本译注面世,虽然我们参考、吸取了诸多前人的研究成果,但由于我们的学识有限,难免会出现各种错误,期盼专家、读者批评指正。

张景　张松辉

2024年1月

内经

【题解】

　　《计倪子》也即《越绝书》中的《越绝计倪内经》。关于计倪的思想，我们在前言中已做了介绍，此不再赘述。

　　昔者，越王句践既得反国①，欲阴图吴②，乃召计倪而问焉，曰："吾欲伐吴，恐弗能取。山林幽冥③，不知利害所在④。西则迫江⑤，东则薄海⑥，水属苍天⑦，下不知所止⑧。交错相过⑨，波涛浚流⑩，沉而复起⑪，因复相还⑫。浩浩之水⑬，朝夕既有时⑭，动作若惊骇⑮，声音若雷霆。波涛援而起⑯，船失不可救，未知命之所维⑰。念楼船之苦⑱，涕泣不可止。非不欲为也，时返不知所在⑲，谋不成而息⑳，恐为天下咎㉑。以敌攻敌㉒，未知谁负！大邦既已备㉓，小邑既已保，五谷既已收㉔。野无积庚㉕，廪粮则不属㉖，无所安取㉗？恐津梁之不通㉘，劳军纡吾粮道㉙！吾闻先生明于时交㉚，察于道理，恐动而无功，故问其道。"

【注释】

①越:周代诸侯国。在今浙江一带。句(gōu)践既得反国:句践返回越国之后。句践,也写作"勾践"。夏禹后裔,越王允常之子,春秋末年越国国君,前496年—前465年在位。反,同"返"。关于本段故事的发生背景,可见"解读"。

②欲阴图吴:计划暗中进攻吴国以报仇雪恨。阴,暗中,悄悄地。吴,周代诸侯国。在今长江下游一带。

③山林幽冥(míng):指吴国处于幽深昏暗的山林之中。本句是说自己对吴国的地形不熟悉,故而向计倪子请教。一说本句是描写越国的困境。冥,昏暗。

④不知利害所在:不知道如何做才能避害取利。

⑤西则迫江:吴国的西边靠近大江。迫,靠近。江,先秦古籍中的"江"大多指长江。

⑥东则薄海:东边面临大海。薄,迫近,面临。

⑦水属(zhǔ)苍天:大水上面与苍天相连。

⑧下不知所止:下面不知道大水流向何处。

⑨交错相过:河流相互交错、汇集。过,拜访。这里指河流相互汇集在一起。

⑩浚流:深深的流水。浚,深。

⑪沉而复上:暗流涌起。沉,指底层的水,暗流。

⑫因复相还:如此循环往复。描写水流回旋的样子。

⑬浩浩:浩瀚无垠的样子。

⑭朝夕既有时:一早一晚潮水涨落的时候。

⑮动作若惊骇:其模样就像受惊的万马在奔腾。惊骇,本指马受到惊吓,这里形容潮水像受惊的万马在奔腾。

⑯援而起:汹涌而起。援,拔起,起。

⑰维:维护,保护。

⑱楼船：带有楼阁的高大战船。

⑲时返不知所在：时运往返，不知道好的时机究竟在哪里。

⑳息：停止，半途而废。

㉑恐为天下咎：我担心会受到天下人的谴责。为，被，受到。咎，批评，谴责。

㉒以敌攻敌：凭借相同的力量去进攻敌人。本句说明句践知道自己的力量并未超过吴国，故对胜负问题疑虑重重。第一个"敌"是对等、相同的意思。

㉓大邦既已备：吴国已经有所防备。大邦，大国。这里具体指吴国。

㉔五谷既已收：粮食也已经收割完毕。这里指吴国的粮食已经入仓，越国如果进攻吴国，就无法掠取对方粮食，也即无法以战养战。谷，《百子全书》原作"国"，据《越绝书·越绝计倪内经》改。

㉕野无积庾（yǔ）：如果战场上没有积存的粮食。野，原野。这里指战场。庾，露天的粮仓。

㉖廪（lǐn）粮则不属（zhǔ）：国家的粮食又无法及时供应到位。属，连接，跟随。这里指及时运到。

㉗无所安取：从哪里去取得军粮呢？无所，没有地方。安，如何，怎能。

㉘津梁：桥梁。津，渡口。

㉙劳军纡（yū）吾粮道：因道路迂回曲折而使运粮的士兵疲惫不堪。劳，劳苦，疲惫。纡，迂回，曲折。

㉚时交：时运交替的规律。

【译文】

从前，越王句践从吴国做奴仆返回越国之后，计划暗中图谋吴国以报仇雪恨，于是就把计倪子招来，向他询问计谋，说："我想讨伐吴国，但又担心不能取胜。吴国处于昏暗的高山密林之中，不知道该如何进军才能避害取利。吴国西面紧靠大江，东边面临大海，一望无际的大水上面

与苍天相连,下面也不知道流向何处。那里的河流相互交错汇集,波涛
奔涌,暗流涌动,回水循环。在浩瀚无垠的水面上,每当一早一晚潮涨潮
落的时候,其潮水形状就好像受惊的万马在奔腾,其声音犹如突起的雷
霆在咆哮。汹涌的波涛翻滚而起,海上船只失踪而无法救援,也不知道
船上人员的生命如何才能得到保护。一想到高大战船攻战的辛苦和惨
烈,我就会止不住地流下眼泪。因此我并不是不想讨伐吴国,而是不知
道难以捉摸的好时机究竟在哪里,万一自己的谋划失败、半途而废,我担
心会受到天下人的谴责。以旗鼓相当的力量去进攻敌人,就很难预料最
终谁胜谁负!何况如今吴国已经有所防备,就连他们的小城镇也已经加
强了防守,他们的粮食也已经收割完毕。如果我们在战场上没有积蓄充
足的粮食,国内的粮食又不能及时运到,将士们将从哪里获取粮食呢?
我还担心桥梁不通,道路曲折迂回而使运粮的士兵们疲惫不堪!我听说
先生精通时运交替的规律,明白天道与事理,因为我担心自己兴师动众
却劳而无功,所以想向先生求教克敌制胜的方法。"

【解读】

关于句践与计倪谈话的历史背景,《史记·越王句践世家》有较为
完整的记载。了解这一背景,不仅使我们对吴、越两国历史恩怨的来龙
去脉有一个整体认识,同时对全书中句践所表现出的焦虑与谦卑的原因
也会有更深的理解:

> 越王句践,其先禹之苗裔,而夏后帝少康之庶子也。封于会稽,
> 以奉守禹之祀。文身断发,披草莱而邑焉。后二十余世,至于允常。
> 允常之时,与吴王阖庐战而相怨伐。允常卒,子句践立,是为越王。

> 元年,吴王阖庐闻允常死,乃兴师伐越。越王句践使死士挑战,
> 三行,至吴陈,呼而自刭。吴师观之,越因袭击吴师,吴师败于槜李,
> 射伤吴王阖庐。阖庐且死,告其子夫差曰:"必毋忘越!"

> 三年,句践闻吴王夫差日夜勒兵,且以报越,越欲先吴未发往伐
> 之。范蠡谏曰:"不可。臣闻兵者凶器也,战者逆德也,争者事之末

也。阴谋逆德，好用凶器，试身于所末，上帝禁之，行者不利。"越王曰："吾已决之矣。"遂兴师。吴王闻之，悉发精兵击越，败之夫椒。越王乃以余兵五千人保栖于会稽。吴王追而围之。

越王谓范蠡曰："以不听子故至于此，为之奈何？"蠡对曰："持满者与天，定倾者与人，节事者以地。卑辞厚礼以遗之，不许，而身与之市。"句践曰："诺。"乃令大夫种行成于吴，膝行顿首曰："君王亡臣句践使陪臣种敢告下执事：句践请为臣，妻为妾。"吴王将许之。子胥言于吴王曰："天以越赐吴，勿许也。"种还，以报句践。句践欲杀妻子，燔宝器，触战以死。种止句践曰："夫吴太宰嚭贪，可诱以利，请间行言之。"于是句践乃以美女、宝器令种间献吴太宰嚭。嚭受，乃见大夫种于吴王。种顿首言曰："愿大王赦句践之罪，尽入其宝器。不幸不赦，句践将尽杀其妻子，燔其宝器，悉五千人触战，必有当也。"嚭因说吴王曰："越以服为臣，若将赦之，此国之利也。"吴王将许之。子胥进谏曰："今不灭越，后必悔之。句践贤君，种、蠡良臣，若反国，将为乱。"吴王弗听，卒赦越，罢兵而归。

句践之困会稽也，喟然叹曰："吾终于此乎？"种曰："汤系夏台，文王囚羑里，晋重耳奔翟，齐小白奔莒，其卒王霸。由是观之，何遽不为福乎？"

吴既赦越，越王句践反国，乃苦身焦思，置胆于坐，坐卧即仰胆，饮食亦尝胆也。曰："女忘会稽之耻邪？"身自耕作，夫人自织，食不加肉，衣不重采，折节下贤人，厚遇宾客，振贫吊死，与百姓同其劳。

越王句践的祖先是大禹的后裔，是夏朝少康帝的庶出之子，被封在会稽（在今浙江绍兴一带，注意：会稽是城邑名，会稽山为山名），以供奉大禹的祭祀。越国人身上刺有花纹，剪短头发，他们清除这里的野草，修筑了城邑。二十多代人之后，传到了允常。允常在位的时候，与吴王阖庐产生怨恨，互相攻伐。允常逝世后，儿子句践即位，他就成为越王。

越王句践即位元年（前496），吴王阖庐听说允常去世，便率兵趁机讨伐越国。越王句践派遣敢死的勇士向吴军挑战,勇士们排成三行,冲到吴军阵前,然后大声呼喊着自刎身亡。吴军对这一惊人场面看得目瞪口呆,越军趁机突袭了吴军,在檇李(在今浙江嘉兴西)大败吴军,吴王阖庐也被射伤。阖庐临死之前,告诫儿子夫差说:"千万不能忘记越国的仇恨。"

　　句践即位的第三年(前493),听说吴王夫差日夜操练军队,将要向越国报仇,便打算先发制人,在吴国还未发兵前就去攻打吴国。范蠡劝谏说:"不行。我听说,兵器,是一种凶器;攻战,不符合美德;争夺,是一种最下等的行为。现在暗中去计划做不符合美德的事情,喜欢使用凶器,亲自去做下等事情,这些都是天帝所反对的,这样做对我们肯定不利。"句践说:"我已经做出了决定。"于是率兵进攻吴国。吴王听到消息后,发动全国精锐部队迎击越军,在夫椒(山名。一说在今江苏苏州境内,一说在今江苏无锡境内)大败越军。越王只得带着五千名残兵败将退守于会稽山(在今浙江绍兴东南)。吴王乘胜追击,包围了会稽山。

　　越王对范蠡说:"因为没有听从您的劝告才落到如此地步,现在该怎么办呢?"范蠡回答说:"要想保持鼎盛的局面,一定要效法天道的盈而不溢原则;要想挽救危险的局面,一定要懂得崇尚谦卑的为人原则;要想做好各种事情,一定要懂得地理而因地制宜。现在您对吴王要谦恭有礼,还要派人给吴王送去优厚的礼物,如果他还不同意讲和,您就亲自前去事奉他。"句践说:"好吧!"于是就派大夫文种去向吴国求和,文种跪在地上,边向前行边叩头说:"您的亡国之臣句践,让我这个陪臣大着胆子告诉您的手下人员:句践请您允许他做您的奴仆,允许他的妻子做您的侍妾。"吴王将要答应文种的请求。伍子胥对吴王说:"天帝现在要把越国赏赐给吴国,不要答应他的求和。"文种回到越国后,将情况汇报给句践。句践想杀死自己的妻子儿女,焚烧宝器,然后亲赴战场决一死战。文种劝阻句践说:"吴国的太宰嚭十分贪婪,我们可以用金钱诱惑他,请您允许我暗中去吴国与他联系。"于是句践便让文种给太宰嚭献上美女、宝器。太宰嚭欣然接受，于是就把大夫文种引见给吴王。文种叩头说："希望大王能够赦免句践的罪过，越国把自己的宝器全部送给您。万一不幸没有得到您的赦免，句践将杀死自己的妻子儿女，烧毁宝器，然后率领他的五千名士兵与您决一死战，您也将付出相当的代价。"太宰嚭趁机也劝说吴王："越国已经心悦诚服地甘为臣仆，如果赦免了他们，对我国有利。"吴王又要答应文种，伍子胥再次进谏说："今天不灭掉越国，将来必定会后悔莫及。句践是个贤明的君主，文种、范蠡都是贤能的大臣，如果句践能够返回越国，必将反叛。"吴王没有接受伍子胥的谏言，最终还是赦免了越王句践，撤军回国。

句践被围困在会稽山上时，曾经叹息说："我将在这座山上了结一生吗？"文种说："商汤王曾经被囚禁在夏台（在今河南禹州南），周文王曾经被关押在羑里（在今河南汤阴北），晋国重耳曾经逃到翟（在今中国北部一带），齐国小白也曾逃到莒（今属山东），但他们最终都称王称霸于天下。由此来看，我们今日的艰难处境，何尝不可能转化为一种福分呢？"

吴王赦免越王之后，句践回到越国，他苦心经营，反复思考复仇之事，还把苦胆挂在座位上，或坐或卧都要抬头尝尝苦胆，饮食时也尝尝苦胆。他经常提醒自己："你忘记会稽山上的耻辱了吗？"他亲自耕作，夫人亲自织布，吃饭没有荤菜，从不穿有两层的华丽衣服，礼贤下士，厚待宾客，救济穷人，慰问死者，与百姓共同劳作。

知道了这个历史背景，我们在阅读全书时，就明白句践为什么会如此苦心焦虑，礼贤下士。一个人在不得志时，往往能够曲节下人，句践如此，傲视一世的秦始皇也如此："秦王……见尉缭亢礼，衣服食饮与缭同。缭曰：'秦王为人，蜂准，长目，挚鸟膺，豺声，少恩而虎狼心，居约易出人下，得志亦轻食人。我布衣，然见我常身自下我。诚使秦王得志于天下，天下皆为虏矣。不可与久游。'乃亡去。秦王觉，固止，以为秦国尉。"（《史记·秦始皇本纪》）得志之后，句践逼文种自杀，秦始皇焚书坑儒，杀伐无度。尉缭说的"居约易出人下，得志亦轻食人"，是对这类人的准确概括。

　　计倪对曰：“是固不可①。兴师者必须先蓄积食、钱、布帛②，不先蓄积，士卒数饥③，饥则易伤，重迟不可战④，战则耳目不聪明⑤。耳不能听，视不能见，什部之不能使⑥；退之不能解⑦，进之不能行。饥馑不可以动⑧，神气去而万里⑨。伏弩而乳⑩，郅头而皇皇⑪，强弩不毂⑫，发不能当⑬。旁军见弱⑭，走之如犬逐羊⑮。靡从部分⑯，伏地而死，前顿后僵⑰。与人同时而战，独受天之殃⑱。未必天之罪也，亦在其将。王兴师以年数⑲，恐一旦而亡，失邦无明⑳，筋骨为野㉑。”

【注释】

①是：代指以上所说的缺乏军粮的情况。固：确实。

②布帛：布匹丝绸。帛，丝织品的总称。

③数（shuò）：多次，经常。

④重迟：迟钝，不敏捷。指因饥饿而变得行动迟缓。

⑤聪明：听力好叫"聪"，视力好叫"明"。

⑥什部之不能使：军队无法指挥调动。什部，军队的编制单位。什，十人为一什。部，十人也称"部"。《墨子·号令》："皆为舍道，内各当其隔部。"孙诒让《墨子间诂》注："《太白阴经》：司马穰苴云，五人为伍，二伍为部。部，队也。"这里的"什部"泛指军队。使，指使，指挥。

⑦退之不能解：指挥军队撤退的时候，无法摆脱敌人的追击。解，解脱，摆脱。

⑧饥馑（jǐn）不可以动：饥饿的军队是无法作战的。饥馑，《尔雅·释天》："谷不熟为'饥'，蔬不熟为'馑'。"这里泛指饥饿。动，运动。

这里指作战。

⑨神气去而万里：勇敢作战的精神已经远远地离开了他们。去，离开。万里，形容距离遥远。

⑩伏弩（nǔ）而乳：饥饿的将士们趴在弓弩上软弱无力。弩，一种利用机械力量射箭的弓。乳，柔弱。《广韵·虞韵》："乳，柔也。"一说，乳，指吃奶的幼儿。形容饥饿的将士就像幼儿一样软弱无力。

⑪郅（zhì）头而皇皇：即使抬起头来心里也是惶惶不安。郅，登，升。这里引申为抬起。皇皇，通"惶惶"，不安的样子。

⑫强弩不彀（gòu）：拉不开强有力的弓弩。彀，拉满弓。

⑬发不能当：发射出的箭也无法射中目标。当，射中。

⑭旁军见弱：旁边的敌军看到饥饿的军队如此衰弱。

⑮走之如犬逐羊：击溃这样的军队，就好像猛犬追击羊群一样。走之，使他们逃跑，也即击败他们。走，逃跑。这里是使动用法。

⑯靡从部分：没有力气跟着逃跑的那部分士兵。靡，没有。从，跟随。

⑰前顿后僵：前前后后的将士倒卧满地。顿，倒下。僵，向后倒下。这里泛指倒在地上。

⑱独受天之殃：唯独自己遭受到了上天降下的灾祸。

⑲王兴师以年数：大王您为了出兵讨伐吴国已经准备了好多年。年数，数年。

⑳失邦无明：丧失国家，失去生命。明，生于人世为"明"。

㉑筋骨为野：身体化为野土。

【译文】

计倪子回答说："缺乏粮草肯定是不能作战的。出师远征必须先积蓄粮食、钱财、布匹，如果不先积蓄这些军用物资，战场上的将士就会经常处于饥饿状态；处于饥饿状态的将士就容易受伤，饥饿将使他们动作迟缓而无法作战，作战时就会眼花耳聋。耳朵听不清，眼睛看不明，军队也无法指挥调动；指挥军队撤退时无法摆脱敌人的追击，指挥军队进攻时也不能冲锋陷阵。饥饿的军队是无法作战的,因为勇于作战的精神已经远远地离开了他们。他们趴在弓弩上有气无力,即使抬起头来心里也是惶惶不安,他们拉不满弓弩,即使射出了箭也无法命中目标。不远的敌军看到他们如此衰弱,就会像猛犬追击羊群那样轻而易举地击溃他们。那些没有力气跟着逃跑的将士只能倒在地上被杀死,前前后后的将士们倒卧满地。我军与敌军同时出兵交战,只有自己独自遭遇到了上天降下的灾难。其实未必是上天要责罚他们,主要还是将帅的过错。大王您为讨伐吴国已经准备了好多年,让人担心的是一旦亡国,就会失去自己的国家与生命,身体就会化为野土。”

【解读】

俗语说:“兵马未动,粮草先行。”古代打仗,因为粮草缺乏而导致惨局的例子举不胜举。我们仅举春秋时一例,因为这个例子不仅是我们看到的因缺粮而导致人吃人的首例,而且还留下两个词语:易子而食,尔虞我诈。

《左传》记载,鲁宣公十四年(前595),楚庄王派使者出使齐国,而到齐国去必须通过宋国。按照当时惯例,楚国应该向宋国借道。而楚庄王为了羞辱宋国,竟然故意不去借道。宋国为了维护自己的国家尊严,便杀了从宋国路过的楚国使者。楚庄王为此率兵包围了宋国都城。从这一年的九月,一直围困到第二年五月,整整围困了九个月。《左传·宣公十五年》接着记载:

> 宋人惧,使华元夜入楚师,登子反之床,起之,曰:“寡君使元以病告,曰:‘敝邑易子而食,析骸以爨(cuàn)。虽然,城下之盟,有以国毙,不能从也。去我三十里,唯命是听。’”子反惧,与之盟,而告王。退三十里,宋及楚平,华元为质。盟曰:“我无尔诈,尔无我虞。”

长期被围困的宋国感到恐惧,于是就派大夫华元趁着夜色偷偷潜入楚军,跑到楚军主帅子反的军帐里,把子反叫醒,对子反说:“我们君主派我来,是想告诉您我们现在的困难处境:‘我们城内现在已经是在交换着孩子杀了吃,把骨头劈开当柴烧。虽然我们极为困难,但兵临城下而被迫结盟,就等于亡国,我们绝不会同意。如果你们能够后撤三十里,我们就愿意听从你们的一切安排。'"子反听后也感到恐惧,于是就与华元私下签订盟约,然后汇报给楚庄王。楚庄王便命令军队后撤三十里,宋国及楚国最终讲和结盟,华元入楚做了人质。盟约说:"我们不再欺骗你们,你们也不能欺骗我们。"

    宋国之所以如此急于求和,并派大臣去做人质,就是因为缺粮。而楚国之所以答应退兵,同样也是因为缺粮。《史记·宋微子世家》记载:"楚以围宋五月不解,宋城中急,无食,华元乃夜私见楚将子反。子反告庄王。王问:'城中何如?'曰:'析骨而炊,易子而食。'庄王曰:'诚哉言!我军亦有二日粮。'以信故,遂罢兵去。"《史记》与《左传》的记载在细节上有所差异,但都承认,这场持续数月的残酷战役,最后是因为双方都缺粮而稀里糊涂、不明不白地结束了。

    越王曰:"善!请问其方①。吾闻先生明于治岁②,万物尽长。欲问其治术③,可以为教常④。子明以告我,寡人弗敢忘。"

【注释】

①方:方法,办法。

②治岁:能够把握一年之中四季变化、阴阳消长的规律。

③问:通"闻"。

④可以为教常:可以作为教育民众的常规。

【译文】

    越王句践说:"你说得太好了!我想请教具体的治国方法。我听说先生通晓一年之中四季变化、阴阳消长的规律,能够使万物顺利生长。我想听听具体的治理办法,可以把这些办法作为教育民众的常规。你要把这些办法明确告诉我,我将牢记在心而不敢忘记。"

　　计倪对曰:"人之生无几[1],必先忧积蓄,以备妖祥[2]。凡人生或老、或弱、或强、或怯[3],不早备生[4],不能相葬,王其审之[5]。必先省赋敛[6],劝农桑[7],饥馑在问[8]。或水或塘[9],因熟积以备四方[10]。师出无时[11],未知所当,应变而动,随物常羊[12],卒然有师[13],彼日以弱[14],我日以强。得世之和[15],擅世之阳[16]。王无忽忘,慎无如会稽之饥[17],不可再更[18],王其审之。尝言息货[19],王不听,臣故退而不言,处于吴、楚、越之间[20],以渔三邦之利[21],乃知天下之易反也[22]。

【注释】

[1]无几:没有多少。这里指没有多长的寿命。

[2]妖祥:灾害与葬礼。妖,妖孽,灾害。祥,古代丧祭名。有小祥、大祥之分。父母死后十三个月祭祀为小祥,二十五个月祭祀为大祥。这与下文"不早备生,不能相葬"相对应。

[3]弱:年少。

[4]备生:预备生活资料。

[5]王其审之:大王您一定要明白这一点。其,表示期望的句中语气词。审,审查,明白。

[6]省赋敛:减轻赋税。省,节俭,减少。敛,征收。

[7]劝农桑:鼓励种地养蚕。劝,鼓励。

[8]饥馑在问:发生饥荒,要对百姓进行慰问、救济。在,慰问。《左传·宣公二十六年》:"寡人淹恤在外,二三子皆使寡人,朝夕闻卫国之言,吾子独不在寡人。"杜预注:"在,存问之。"问,慰问。

[9]塘:堤岸,堤防。这里用如动词,指修筑堤防。

⑩因熟积以备四方：趁着丰收年积累财物以防备各地出现的灾害。因，趁着。熟，本指庄稼成熟，引申为粮食丰收。四方，指全国各地。

⑪师出无时：不按照恰当的时机出兵作战。

⑫随物常羊：顺应着客观环境而行动。随，顺应。物，外物。这里指客观环境。常羊，同"徜徉"，徘徊，行动。

⑬卒（cù）然有师：突然之间发生战争。卒然，突然。卒，同"猝"，突然。

⑭彼日以弱：敌人一天天地衰败下去。彼，指敌国。

⑮得世之和：能够使社会一片祥和。

⑯擅世之阳：能够使社会充满生机。擅，拥有，获取。阳，生机。古人认为，阳主生，阴主杀。

⑰慎无如会稽之饥：千万不要像在会稽山上那样陷入饥荒。慎，千万，切切。多与"勿""毋""无"等否定词连用。会稽之饥，指公元前494年春，句践与吴王夫差作战失败后，困守于会稽山之事。会稽，山名。在今浙江绍兴东南。

⑱不可再更：不可再次发生。

⑲尝言息货：我曾经建议您通过贸易增加财富。尝，曾经。息，产生，增加。

⑳楚：周代诸侯国。在今河南南部、湖北、湖南一带，后扩展到安徽、江苏、浙江等地。春秋时，楚国与吴国接壤。

㉑以渔三邦之利：以获取三个国家的财利。渔，获取。

㉒易反：容易做生意。反，通"贩"，贩卖，做生意。

【译文】

计倪回答说："人生在世的时日不多，一定要事先就考虑积累财富，以防备各种灾害的发生以及安葬亲人的事宜。大凡人生在世，无论是年老的、年少的，还是强壮的、怯弱的，如果不及早准备生活物资，亲人死后就无法安葬，大王您一定要明白这个道理。国家要减轻百姓的赋税，鼓励农耕与蚕织,发生饥荒时也一定要慰问、救济灾民。无论是为了疏通水道,还是为了修筑堤坝,都应该趁着丰收年积蓄财富以防备各地发生的灾害。不要在不适当的时候出兵作战,我真不知道在不适当的时候发动军队这一行为的正确之处。按照事情的变化而做事,顺应着客观环境而行动,一旦突然发生战事,敌人也只能是一天天地衰败下去,而我们则一天天地强盛起来。我们就能够使社会变得一片祥和,使国家充满了生机。大王您不要忽略、遗忘了过去,千万不能再像当年在会稽山上那样挨饿受困,这样的事情不可以再次发生,大王您一定要明白这一点。我曾经向大王建议,要通过贸易为国增加财富,大王您没有采纳我的建议,于是我就离开了,没有再与您讨论这一话题,而我辗转于吴、楚、越三国之间,通过做生意以获取三国的财利,所以我知道在天下从事贸易、获取财富是件很容易的事情。

【解读】

《史记·货殖列传》中的"货殖"一词,最早出自孔子之口:"子曰:'回也其庶乎,屡空。赐不受命,而货殖焉,亿则屡中。'"孔子说:"颜回的道德学问是差不多了,可经常贫穷。子贡不接受命运的安排,而在经商赚钱方面,却屡屡能够猜中行情。"(《论语·先进》)"货殖"的意思是聚集财货,以此生利,也即经商。《货殖列传》专门记载历史上从事经商活动的杰出人物,司马迁把计倪(《史记》作"计然")、范蠡列为首位,可见计倪在中国商业史中的崇高地位:

　　昔者越王句践困于会稽之上,乃用范蠡、计然。计然曰:"知斗则修备,时用则知物,二者形则万货之情可得而观已。故岁在金,穰;水,毁;木,饥;火,旱。旱则资舟,水则资车,物之理也。六岁穰,六岁旱,十二岁一大饥。夫粜(tiào),二十病农,九十病末。末病则财不出,农病则草不辟矣。上不过八十,下不减三十,则农末俱利,平粜齐物,关市不乏,治国之道也。积著之理,务完物,无息币。以物相贸,易腐败而食之货勿留,无敢居贵。论其有余不足,则知贵贱。贵上极则反贱，贱下极则反贵。贵出如粪土，贱取如珠玉。财币欲其行如流水。"修之十年，国富，厚赂战士，士赴矢石，如渴得饮。遂报强吴，观兵中国，称号"五霸"。

范蠡既雪会稽之耻，乃喟（kuì）然而叹曰："计然之策七，越用其五而得意。既已施于国，吾欲用之家。"乃乘扁舟浮于江湖，变名易姓，适齐为鸱（chī）夷子皮，之陶为朱公。朱公以为陶天下之中，诸侯四通，货物所交易也。乃治产积居，与时逐而不责于人。故善治生者，能择人而任时。十九年之中三致千金，再分散与贫交疏昆弟。此所谓富好行其德者也。后年衰老而听子孙，子孙修业而息之，遂至巨万。故言富者皆称陶朱公。

从前，越王句践被围困在会稽山上时，于是就重用范蠡、计然。计然对句践说："知道要打仗，就要做好物资准备；了解人们什么时候需要什么样的商品，才能懂得商品的价值；懂得买卖时机与商品价值，那么对于各种商品的供需行情就能看得十分明白。所以说，当太岁星运行到西方时，就会丰收；太岁星运行到北方时，就会歉收；太岁星运行到东方时，就会发生饥荒；太岁星运行到南方时，就会干旱。天旱时，就要购买船只以预备水灾；水灾时，就要购买车辆以预备天旱，这就是做事的正确道理。一般说来，六年一丰收，六年一干旱，十二年有一次大的饥荒。出售粮食，每石价格二十钱，农民的利益会受到损害；每石价格九十钱，商人的利益就会受到损害。商人的利益受到损害，货物就无法得到很好的流通；农民的利益受到损害，人们就不愿意垦荒种地。粮食每石价格最高不超过八十钱，最低不少于三十钱，那么农民和商人都有利润可赚，粮食平价出售，并平抑其他物价，那么关卡税收和市场供应都不会缺乏，这是治理国家的原则。积贮货物的原则，应当务求货物的完好，不要让货币停止流通。买卖货物时，凡属容易腐烂和腐蚀的物品不要久藏，切忌冒险囤居这些货品以求高价。调查商品过剩或短缺的情况，就能把握物价的涨跌。物价贵到极点，就会返归于贱；物价贱到极点，就要返归于贵。

当某种货物贵到极点时，就要像抛弃粪土那样及时卖出；当某种货物贱
到极点时，就要像喜爱珠宝一样及时购进。要让货物、钱币如同流水那
样流通周转。"句践按照计然的策略，治国十年，越国变得非常富有，能
够用重金去奖赏将士，使将士们愿意冒着飞箭、滚石去冲锋陷阵，就像口
渴时想饮水那样迫不及待。句践终于报仇雪耻，灭掉了吴国，继而在中
原各国那里显示出自己的强大军力，号称"五霸"之一。

　　范蠡辅佐越王句践洗雪了会稽被困的耻辱之后，叹息道："计然的策
略有七条，越国只用了其中五条，就实现了复仇的愿望。计然的策略已
经施用于国家，我还想把它施用于我自己的家庭。"于是他便乘坐小船
隐居于江湖，改名换姓，到齐国后改名为"鸱夷子皮"，到了定陶（今属山
东），又改名为"朱公"。朱公认为定陶居于天下中心，与各诸侯国的交
通十分方便，是货物交流的好地方。于是就定居下来治理产业，囤积居
奇，把握时机以赚取利润，但从不苛求他人。所以那些善于经商致富的
人，都能够选用贤人并把握时机。十九年之间，朱公三次赚得千金之财，
两次把自己的财富分散给贫穷的朋友和远房的兄弟。这就是人们所称
赞的君子富有了便喜好去做仁德之事。范蠡后来年老力衰，就听由子孙
们去理家经商，子孙们继承了他的事业并有所发展，最终积累了巨万家
财。所以后世谈论富翁时，都称颂陶朱公。

　　关于《史记》的这段记载，有两点值得注意：一是计倪的经济思想，
关于这一点，全书都有论及，我们在"前言"中也有总结，这里就不再赘
述。二是范蠡与计然的关系。范蠡是历史上著名的政治家、军事家与思
想家，后来又成为彪炳千古的商人表率，而《史记》明确记载，范蠡的成
功，在一定程度上得益于计然的指教。水涨船高，范蠡的历史地位，也间
接地抬高了计倪的历史地位。

　　"臣闻君自耕，夫人自织①，此竭于庸力②，而不断时与
智也③。时断则循④，智断则备⑤，知此二者⑥，形于体万物之

情⑦,短长逆顺,可观而已。臣闻炎帝有天下⑧,以传黄帝⑨。黄帝于是上事天,下治地;故少昊治西方⑩,蚩尤佐之⑪,使主金⑫;玄冥治北方⑬,白辩佐之⑭,使主水;太皞治东方⑮,袁何佐之⑯,使主木;祝融治南方⑰,仆程佐之⑱,使主火;后土治中央⑲,后稷佐之⑳,使主土。并有五方,以为纲纪㉑。是以易地而辅㉒,万物之常。王审用臣之议㉓,大则可以王㉔,小则可以霸㉕,于何有哉㉖!"

【注释】

①君自耕,夫人自织:大王您亲自种地,大王夫人亲自纺织布匹。《史记·越王句践世家》:"吴既赦越,越王句践反国,乃苦身焦思,置胆于坐,坐卧即仰胆,饮食亦尝胆也。曰:'女忘会稽之耻邪?'身自耕作,夫人自织,食不加肉,衣不重采。"

②此竭于庸力:这只是竭尽了您一个人的力量。本句意思是提醒句践不仅要用力,更要用智。庸,用,任用。

③而不断时与智也:而没有能够做到判断时令、运用智慧去增加财富。断,判断,决定。

④时断则循:时令判断好了,就能够遵循时令去耕织。循,遵循,顺应。

⑤智断则备:在智慧策略方面决断好了,就能够预防各种灾害。

⑥二者:指对时令、智慧两方面的决断。《百子全书》作"三者",依据《越绝书·越绝计倪内经》改。

⑦形于体万物之情:就可以依据万物的形体来体察它们的性情。体,体察。

⑧炎帝:即神农氏。传说中的部落首领。

⑨以传黄帝:后来把帝位传给了黄帝。根据史书记载,炎帝不是自愿传位于黄帝,而是被黄帝击败。《史记·五帝本纪》:"轩辕乃修

德振兵,治五气,蓺五种,抚万民,度四方,教熊罴貔貅貙虎,以与炎帝战于阪泉之野。三战,然后得其志。"这里说的炎帝,是指炎帝部落首领,而非第一代炎帝。

⑩少昊(hào):又作"少暤",名挚,黄帝之子,生于穷桑(在今山东曲阜北),后建都于曲阜(在今山东曲阜东北)。

⑪蚩(chī)尤佐之:蚩尤辅佐他。蚩尤,传说中制造兵器的人,原为黄帝部下,后反叛,与黄帝战于涿鹿(在今河北涿鹿东南),失败后被杀。

⑫使主金:让他主管有关金属的事宜。

⑬玄冥:传说中的人物。一说为水神的名字。

⑭白辩:传说中的人物。辩,《越绝书·越绝计倪内经》作"辨"。

⑮太暤(hào):传说中的人物。一说即传说中的圣君伏羲氏。

⑯袁何:传说中的人物。

⑰祝融:相传为楚国的先祖,帝喾时为掌管火的官员,后被尊为火神。

⑱仆程:传说中的人物。

⑲后土:相传为共工氏之子句龙,为黄帝之臣,死后被尊为社神。

⑳后稷(jì):周民族的先祖。姬姓,名弃,善于农耕,后被尊为稷神,也即五谷之神。

㉑纲纪:大法,法则。

㉒是以易地而辅:因此这些大臣在各地治理以辅佐黄帝。易,治理。

㉓审用:确实能够使用。审,确实。

㉔王:指统一天下。如周武王。

㉕霸:一方霸主。如春秋五霸。

㉖于何有哉:又有什么困难呢!《论语·雍也》:"季康子问:'仲由可使从政也与?'子曰:'由也果,于从政乎何有?'曰:'赐也,可使从政也与?'曰:'赐也达,于从政乎何有?'曰:'求也,可使从政也与?'曰:'求也艺,于从政乎何有?'"这是孔子向鲁国贵族季康

子推荐自己的三位弟子子路、子贡、冉有,表示他们从政不会有任
何困难。

【译文】

"我听说大王您亲自下田耕作,大王夫人亲自纺织布匹,这样做只是
用尽了个人力量,而没有能够做到判断时令、运用智慧去增加财富。时
令判断好了,就能够遵循时令去耕织;在智慧策略方面决断好了,就能够
预防各种灾害;懂得了这两条原则,就可以依据万物的形体来体察它们
的性情,无论事物是长是短,是逆是顺,您都可以观察得清清楚楚。我听
说,从前炎帝曾经拥有天下,后来又把天下传给了黄帝。于是黄帝就虔
诚地侍奉上天,认真地治理大地,因此他派少昊治理西方,让蚩尤辅助
他,负责管理有关金属的事宜;派玄冥治理北方,让白辩辅助他,负责管
理有关水利方面的事情;派太皞治理东方,让袁何辅助他,负责管理有关
林木的问题;派祝融治理南方,让仆程辅助他,负责管理有关火的事情;
派后土治理中央,让后稷辅助他,负责管理有关土地的事宜。而黄帝兼
有五方的管理权力,为他们制定了总体治理方略。于是他们在各地负责
治理以辅佐黄帝,遵循着万物生息的常规。大王您如果真的能够采纳我
的意见,可以获取伟大的成功以称王于天下,即使取得一些小的成就也
可以称霸于一方,想取得这样的成功又有什么困难呢!"

【解读】

古人把五行与五方、五色及五音相配:

1. 木:五色对应青,五方对应东,五音对应角。

2. 火:五色对应赤,五方对应南,五音对应徵。

3. 土:五色对应黄,五方对应中,五音对应宫。

4. 金:五色对应白,五方对应西,五音对应商。

5. 水:五色对应黑,五方对应北,五音对应羽。

明白了这种对应关系,我们对"少昊治西方,蚩尤佐之,使主金……"
这段话就比较容易理解了。

越王曰："请问其要！"计倪对曰："太阴[①]，三岁处金则穰[②]，三岁处水则毁[③]，三岁处木则康[④]，三岁处火则旱[⑤]。故散有时积[⑥]，籴有时领[⑦]。则决万物不过三岁而发矣[⑧]。以智论之，以决断之[⑨]，以道佐之。断长续短，一岁再倍[⑩]，其次一倍[⑪]，其次而反[⑫]。水则资车[⑬]，旱则资舟[⑭]，物之理也。天下六岁一穰，六岁一康，凡十二岁一饥，是以民相离也[⑮]。故圣人早知天地之反[⑯]，为之预防。昔汤之时，比七年旱而民不饥[⑰]；禹之时，比九年水而民不流[⑱]。其主能通习源流[⑲]，以任贤任能。能习，则于千里外货可来也[⑳]；不习，则百里之内不可致也。人主所求，其价十倍[㉑]；其所择者[㉒]，则无价矣。夫人主利源流[㉓]，非必身为之也。视民所不足，及其有余，为之命以利之[㉔]。而来诸侯[㉕]，守法度，任贤使能，偿其成事[㉖]，传其验而已[㉗]。如此，则邦富兵强，而不衰矣。

【注释】

①太阴：即太岁。古代天文学中假设的一个星名，与岁星（木星）相应。古人根据太岁所在位置以纪年，并据此以判断行事的吉凶。另外古人把月亮也称为"太阴"，与太阳相对应。

②三岁处金则穰（ráng）：如果太岁处于西方三年，粮食就会大丰收。金，古代把五行与五方相配，金与西方相配。穰，庄稼丰收。《史记·货殖列传》："计然曰：'……故岁在金，穰；水，毁；木，饥；火，旱。"

③三岁处水则毁：如果太岁处于北方三年，庄稼就无收成。水与北方相配。毁，没有收成。

④三岁处木则康：如果太岁处于东方三年，就会发生饥荒。木与

东方相配。康,根据《史记》"木,饥"的记载,这里的"康"应通
"糠"。《逸周书·谥法》:"凶年无谷曰糠。"

⑤三岁处火则旱:如果太岁处于南方三年,就会干旱。火与南方相配。

⑥故散有时积:所以在散发财物给百姓的时候,就要考虑到有时应
该聚积财物。

⑦籴(dí)有时颁:在聚积财物的时候,就要考虑到有时应该及时散
发给百姓。籴,买进粮食。这里泛指收集财物。颁,疑为"颁"之
误。李步嘉《越绝书校释》:"'籴有时颁'句下张宗祥曰:'"颁"
疑当作"颁",言聚散均有时也。'"

⑧则决万物不过三岁而发矣:那么对于万物吉凶的判断,不过三年
就可以决定下来。发,发布,决定。

⑨以决断之:用自己的判断来决定事情。

⑩断长续短,一岁再倍:把某处多余的货物贩卖到短缺这种货物的
地方,一年下来,财富可以翻上两倍。再,二,两。

⑪其次一倍:其次也能翻上一倍。

⑫反:返本,保本。

⑬水则资车:遇到水灾时,就要考虑购买车辆以备天旱。本句及下
一句,《百子全书》作"水则资舟,旱则资车",不合上下文意,似
误。《国语·越语上》《越绝书·越绝计倪内经》《史记·货殖列
传》等均作"旱则资舟,水则资车",据改。

⑭旱则资舟:遇到天旱时,就要考虑购买船只以备水灾。关于"水
则资车,旱则资舟"两句,见"解读"。

⑮离:流离失所。

⑯反:反反复复,循环往复。

⑰比:连续。

⑱流:流离失所。

⑲其主:那些君主。能通习源流:能够通晓财富的产生与流通。源,

指财富产生的根源。

⑳则于千里外货可来也：那么即使千里之外的货物也可以把它们运输过来。

㉑人主所求，其价十倍：君主所需求的货物，其价格就会上涨十倍。意思是说，商人会趁着君主之需，抬高物价。人主，君主。

㉒其所择者：君主所特别需要的货物。其，代指君主。择，选择，特别看重。

㉓夫人主利源流：君主想要从财富的产生与流通方面获取利益。利，取利。

㉔为之命以利之：为他们制定适当的交易政策并让他们也能从中获取利润。命，命令，政策。利之，使他们获利。

㉕而来诸侯：而且还要号召其他诸侯国的商人来越国做生意。

㉖偿其成事：对于那些成功的商人予以奖励。偿，回报，奖励。

㉗传其验：宣传他们的经商经验与成果。验，效验，成果。

【译文】

越王句践说："请问理财的要点是什么？"计倪回答说："太阴这颗星宿，如果处于西方三年，粮食就能够大丰收；如果处于北方三年，就会没有什么收成；如果处于东方三年，粮食就会歉收；如果处于南方三年，就会发生旱灾。因此当我们分发财物给百姓的时候，就应该考虑到有时应该聚积财物；当我们聚积财物的时候，就应该考虑到有时应该及时分发财物给百姓。那么对于万物吉凶的判断，不过三年就可以决定下来。用自己的智慧去谋划，以自己的判断去决定，遵循大道来帮助自己。把某处多余的货物贩卖到短缺这种货物的地方，一年就可以获取两倍的利润，其次也能获取一倍的利润，最差也能够保本。遇到水涝的时候，就要考虑购买车辆以备天旱；遇到天旱的时候，就要考虑购买船只以备水涝，这就是我们做事的基本道理。天下每隔六年就有一次大丰收，每隔六年就有一次歉收，大致上每隔十二年就会有一个饥荒年，因此百姓就会流离失所。所以圣人能够提前知道这一循环往复的自然规律，为自然灾害提前做好准备。过去商汤王在位的时候，连续七年干旱而百姓没有挨饿；大禹在位的时候，连续九年水涝而百姓没有流离失所。那些君主能够通晓财富的产生与流通，他们还能任用贤能之人去理财。如果能够通晓财富的产生与流通的道理，那么即使千里之外的货物也能够运送过来；如果不能通晓财富的产生与流通的道理，那么即使百里之内的货物也无法得到。君主所需求的货物，其价格就会上涨十倍；君主所特别需要的货物，那就不知道要贵到什么程度了。君主从财富的产生与流通中获取利润，并非是要求君主亲自去做生意。君主只需观察百姓缺乏什么，以及他们剩余了什么，为他们制定恰当的交易政策，并让他们也能在交易中获取一定的利润即可。而且还要号召其他诸侯国的商人也来越国做生意，告诫他们要遵守法律，还要任用贤人去进行管理，对于那些成功的商人给予奖励，宣传他们经商的经验与成果就可以了。如果能够做到这些，那么就会国富兵强，国家也就不会衰落了。

【解读】

"水则资车，旱则资舟"不仅仅是一种经商策略，而且还带有普遍的指导意义，对于政治、处世都具有启发作用。其实，文种也讲过类似的话，而且就是针对政治讲的。《国语·越语上》记载：

> 越王句践栖于会稽之上，乃号令于三军曰："凡我父兄、昆弟、及国子姓，有能助寡人谋而退吴者，吾与之共知越国之政。"大夫种进，对曰："臣闻之贾人，夏则资皮，冬则资绨（chī），旱则资舟，水则资车，以待乏也。夫虽无四方之忧，然谋臣与爪牙之士，不可不养而择也。譬如蓑笠，时雨既至必求之。今君王既栖于会稽之上，然后乃求谋臣，无乃后乎？"句践曰："苟得闻子大夫之言，何后之有？"执其手而与之谋。

越王句践退守到会稽山上时，向全军颁布命令说："凡是我的父辈、兄弟和同姓人员，只要有能够帮助我出谋划策打败吴国的，我将与他共同管理越国的政事。"大夫文种进见,对句践说:"我听到那些商人说,夏天的时候就要购入皮货,冬天的时候就要购入细葛布,天旱的时候就要购入船只,水涝的时候就要购入车辆,目的就是打算在缺少这些东西的时候派上用场。一个国家即使在没有被四邻侵扰的时候,对于那些谋臣与武士,也不可不选拔出来供养着他们。这就好像蓑衣、斗笠一样,雨已经落下来了,肯定要到处寻找、使用。如今君王您已经被围困在会稽山上了,然后才去寻求出谋划策的大臣,不是太晚了一些吗?"句践说:"如果能够让我听到您的高见,又怎么太晚了呢?"于是就拉着文种的手,与他一起商量对策。

文种说:"臣闻之贾人,夏则资皮,冬则资绨,旱则资舟,水则资车,以待乏也。"文种说的这位贾人(商人),也许就是计倪。而文种就把商人的经商经验运用到了治国方面,提醒句践要趁早储备人才。经商如此,治国如此,我们在处理家庭、个人事务时,也无不如此。

"群臣无空恭之礼、淫泆之行①,务有于道术②。不习源流,又不任贤使能,谏者则诛③,则邦贫兵弱刑繁,则群臣多空恭之礼、淫泆之行矣。夫谀者反有德④,忠者反有刑,去刑就德⑤,人之情也。邦贫兵弱致乱,虽有圣臣,亦不谏也,务在谀主而已矣。今夫万民有明父母,亦如邦有明主;父母利源流,明其法术,以任贤子,徼成其事而已⑥,则家富而不衰矣。不能利源流,又不任贤子,贤子有谏者,憎之,如此者,不习于道术也。愈信其意而行其言⑦,后虽有败,不自过也⑧。夫父子之为亲也,非得不谏⑨,谏而不听,家贫致乱,虽有圣子,亦不治也,务在于谀之而已。父子不和,兄弟不调,虽欲富也,必贫而日衰。"

【注释】

①空恭之礼：虚情假意、没有实际意义的恭敬之礼。淫泆：淫荡放纵。

②务有于道术：努力获取治国的原则与方法。务，努力，致力于。道，指大的治国原则。术，指具体的治国方法。

③诛：惩罚，诛杀。

④夫谀（yú）者反有德：那些善于阿谀奉承君主的人反而被认为具有美德。

⑤去刑就德：避开刑罚，追求道德美名。去，避开。就，接近，追求。

⑥徼（yāo）成其事而已：要求把事情办成功而已。徼，通"邀"，要求。

⑦其：本句的两个"其"都代指不明道术的父母。

⑧不自过也：不承认是自己的过错。

⑨非得不谏：不得不劝告。非得，不得，不能。

【译文】

"群臣对君主不应该只有虚情假意、没有实际意义的恭敬礼节，也不应该有淫荡放纵的行为，应该努力学习治国的原则与方法。如果一位君主不通晓财富的产生与流通，又不能任用贤能之人，一听到大臣进谏就予以惩罚与杀戮，那么就会导致国家贫困、军力衰弱、刑罚繁苛，如此一来，群臣大多都会去行一些虚情假意的恭敬礼节，做一些淫荡放纵的事情。那些善于阿谀奉承的大臣反而被认为具备了美德，而忠于君主的大臣反而受到了惩罚，避开惩罚，获取道德美名，这是人之常情啊。国家贫困，军力衰弱，就会导致动乱，即使有圣明的大臣，也不敢再去进谏君主了，而是想尽办法去讨好君主罢了。如今民众有贤明的父母，也就好像国家有了贤明的君主一样；父母要从财富的产生与流通方面获取利益，就要懂得获利的方法，并把这一任务交给贤明的儿子，要求他们把这些事情办成功而已，那么家庭就会日益富裕而不会衰败了。做父母的不能从财富的产生与流通方面获取利益，又不能任用贤明的儿子，一旦贤明的儿子进行劝谏，就憎恨儿子，这样做的父母，就是不懂得获利方法的人。如果非常相信这种父母的想法,而且还按照父母的指示去做事,后来即使失败了,做父母的也不会承认自己的过错。父子的关系是最为亲近的关系,做儿子的不能不劝谏父母,劝谏而不被接受,就会导致家庭贫困、失和,此时即使有贤明的儿子,也不会再去管理家事,一心想着如何讨好父母罢了。父子关系不和睦,兄弟关系不协调,即使大家都想发家致富,结果一定是日益贫困与衰败。"

【解读】

　　本段讲的"夫谏者反有德,忠者反有刑,……虽有圣臣,亦不谏也,务在谀主而已矣"这段话,揭示了一个非常普遍的社会现象:"为人君者,犹盂也;民,犹水也。盂方水方,盂圜水圜。"(《韩非子·外储说左上》)《韩非子》引用的是孔子的话:"做君主的人,就好像是盛水的盘盂;臣民,就好像是装在盘盂里的水。盘盂是方形的,而水也是方形的;盘盂是圆形的,而水也是圆形的。"有什么样的君主,就会有什么样的大臣。

　　裴矩是隋唐时期的著名大臣,他对唐太宗直言敢谏,被称为忠臣;而在隋炀帝时,他却唯唯诺诺,被称为佞臣。同样一个人,为什么会出现两种截然不同的行为呢?《资治通鉴》卷一百九十二有一个非常到位的评论:

　　　　臣光曰:古人有言:"君明臣直。"裴矩佞(nìng)于隋而忠于唐,非其性之有变也。君恶闻其过,则忠化为佞;君乐闻直言,则佞化为忠。是知君者表也,臣者景也,表动则景随矣。

　　司马光评论说:古人曾经说过:"君主圣明,大臣才敢于直谏。"裴矩在隋炀帝那里是个佞臣,而到了唐太宗这里却成了敢于进谏的忠臣,这不是因为裴矩的性格有什么变化。如果君主讨厌听到自己的过错,那么忠臣就会变为佞臣;如果君主乐于听到直言,那么佞臣就会变为忠臣。因此我们就明白了,君主就好像是测量日影的标杆,大臣就好像标杆的影子,标杆怎么移动,影子也就跟着怎么移动。

　　越王曰:"善。子何年少,于物之长也①?"计倪对曰:

"人固不同,惠种生圣^②,痴种生狂^③。桂实生桂^④,桐实生桐。先生者未必能知^⑤,后生者未必不能明。是故,贤主置臣,不以少长^⑥;有道者进^⑦,无道者退;愚者日以退,圣者日以长^⑧。人主无私,赏者有功。"

【注释】

①于物之长也:怎么对事务治理具有如此优秀的才华呢? 长,长处, 才华。

②惠种生圣:聪慧的父母能够生出圣明的儿子。

③狂:疯狂,癫狂。这里指愚笨的儿子。

④桂实:桂树的种子。实,果实,种子。

⑤先生者:先出生的人,年龄大的人。

⑥不以少长:不要依据年龄的大小。以,依据。

⑦进:提拔,重用。

⑧长:增多,增加。

【译文】

越王句践问道:"你说得真好。你为什么这么年轻,而对事务的治理却具有如此优秀的才华呢?"计倪回答说:"人与人本来就不一样,聪慧的父母自然能够生出圣明的儿子,痴呆的父母就只能生出愚笨的孩子。桂树的种子能够生出桂树,桐树的种子自然会生出桐树。年龄大的人未必就能够懂得世事,年轻人未必就不能明白事理。因此,贤明的君主在任用大臣的时候,不能依据年龄的大小;掌握大道的人就要重用,无德无能的人就要黜退;这样一来愚昧的大臣就会日益减少,而圣明的大臣就会日益增多。君主不能有任何私心,他所奖赏的人一定是有功之臣。"

【解读】

通过本段,我们知道计倪当时还很年轻,年轻的计倪竟然有如此成熟的经济思想与经商实践经验,的确令人佩服。在中国古代,年轻有为者不少,我们仅举一例,因为这一例不仅涉及项橐七岁为孔子师的典故,而且还介绍了少年才俊甘罗的真实故事。《史记·樗(chū)里子甘茂列传》记载:

　　甘罗者,甘茂孙也。茂既死后,甘罗年十二,事秦相文信侯吕不韦。秦始皇帝使刚成君蔡泽于燕,三年而燕王喜使太子丹入质于秦。秦使张唐往相燕,欲与燕共伐赵以广河间之地。张唐谓文信侯曰:"臣尝为秦昭王伐赵,赵怨臣,曰:'得唐者与百里之地。'今之燕必经赵,臣不可以行。"文信侯不快,未有以强也。甘罗曰:"君侯何不快之甚也?"文信侯曰:"吾令刚成君蔡泽事燕三年,燕太子丹已入质矣,吾自请张卿相燕而不肯行。"甘罗曰:"臣请行之。"文信侯叱曰:"去!我身自请之而不肯,女焉能行之?"甘罗曰:"大项橐生七岁为孔子师。今臣生十二岁于兹矣,君其试臣,何遽(jù)叱乎?"于是甘罗见张卿曰:"卿之功孰与武安君?"卿曰:"武安君南挫强楚,北威燕、赵,战胜攻取,破城堕(huī)邑,不知其数,臣之功不如也。"甘罗曰:"应侯之用于秦也,孰与文信侯专?"张卿曰:"应侯不如文信侯专。"甘罗曰:"卿明知其不如文信侯专与?"曰:"知之。"甘罗曰:"应侯欲攻赵,武安君难之,去咸阳七里而立死于杜邮。今文信侯自请卿相燕而不肯行,臣不知卿所死处矣。"张唐曰:"请因孺子行。"令装治行。

　　行有日,甘罗谓文信侯曰:"借臣车五乘,请为张唐先报赵。"文信侯乃入言之于始皇曰:"昔甘茂之孙甘罗,年少耳,然名家之子孙,诸侯皆闻之。今者张唐欲称疾不肯行,甘罗说而行之。今愿先报赵,请许遣之。"始皇召见,使甘罗于赵。赵襄王郊迎甘罗。甘罗说赵王曰:"王闻燕太子丹入质秦欤?"曰:"闻之。"曰:"闻张唐相燕欤?"曰:"闻之。""燕太子丹入秦者,燕不欺秦也。张唐相燕者,秦不欺燕也。燕、秦不相欺者,伐赵,危矣。燕、秦不相欺,无异故,欲

攻赵而广河间。王不如赍（jī）臣五城以广河间,请归燕太子,与强
赵攻弱燕。"赵王立自割五城以广河间。秦归燕太子。赵攻燕,得
上谷三十城,令秦有十一。

　　甘罗还报秦,乃封甘罗以为上卿,复以始甘茂田宅赐之。

　　甘茂曾经在秦国担任过丞相,后采被排挤出秦国。甘罗是甘茂的孙
子。甘茂去世之后,十二岁的甘罗在秦国丞相文信侯吕不韦手下做事。

　　秦王嬴政派刚成君蔡泽到燕国去游说,三年后燕王喜派太子丹到秦
国做人质。秦国则准备派张唐去燕国任丞相,并计划与燕国一起进攻赵
国,以扩张河间（在今河南北部、河北东部、天津南部一带）地区的领土。
张唐对文信侯吕不韦说:"我过去曾经为秦昭王率兵进攻过赵国,因此赵
国对我十分怨恨,赵国悬赏说:'能够逮住张唐的人,就赏给他方圆百里
的土地。'我现在去燕国,一定要经过赵国,我不能前去。"文信侯听后很
不愉快,可是也没有什么办法勉强他。甘罗问文信侯:"君侯您最近为什
么如此闷闷不乐呢?"文信侯说:"我让刚成君蔡泽事奉燕国三年,燕太
子丹已经来秦国做了人质,我如今亲自请张卿（即张唐）去燕国任相,可
他拒绝前去。"甘罗说:"请允许我去说服他到燕国去。"文信侯呵斥说:
"你走开! 我亲自请他去,他都拒绝,你怎么能让他去?"甘罗说:"大项
橐七岁就能够做孔子的老师。如今我已经十二岁了,您还是让我去试试
吧。何必这么急着呵斥我呢?"于是吕不韦就同意了。甘罗去拜见张唐,
说:"您与武安君白起相比,谁的功劳更大一些?"张唐说:"武安君白起
在南面击败强大的楚国,在北面威慑燕、赵两国,战则必胜,攻则必克,夺
城取邑,不计其数,我的功劳比不上他。"甘罗又问:"应侯范雎在秦国任
丞相时,与现在的文信侯相比,谁的权力更大一些?"张唐说:"应侯不如
文信侯的权力大。"甘罗说:"您能够确认应侯不如文信侯的权力大吗?"
张唐说:"我确认这一点。"甘罗接着说:"应侯打算进攻赵国,而武安君
故意为难他,结果武安君刚离开咸阳七里地,就被赐死于杜邮（在今陕
西咸阳东北）。如今文信侯亲自请您去燕国任相,而您执意不肯,我不知

您将来会死在什么地方了。"张唐说:"那我就听从你这个孩子的意见前
往燕国吧。"于是立即让人整治行装,准备出发。

张唐的行期已经确定,甘罗对文信侯说:"请您借给我五辆马车,允
许我为张唐赴燕任相的事情先去赵国打个招呼。"文信侯就进宫把甘罗
的请求汇报给秦王嬴政,说:"过去的那位甘茂有个孙子叫甘罗,年纪很
轻,然而是名门的子孙,诸侯们对他都有所耳闻。最近张唐借口有病不
愿意去燕国,甘罗说服了他,使他愿意前往。现在甘罗愿意先到赵国把
张唐路过的事通报一声,请答应派他去吧。"秦王嬴政召见了甘罗,就派
他去赵国。赵襄王到郊外远迎甘罗。甘罗劝说赵王,问道:"大王您听说
燕太子丹到秦国做人质的事吗?"赵王回答说:"听说这件事了。"甘罗又
问道:"您听说张唐要到燕国任相的事吗?"赵王回答说:"也听说了。"甘
罗接着说:"燕太子丹到秦国来,说明燕国不欺骗秦国。张唐到燕国任
相,表明秦国不欺骗燕国。燕、秦两国互不欺骗,目的就是要共同攻打赵
国,那么赵国就危险了。燕、秦两国互不欺骗,没有别的缘故,就是要攻
打赵国来扩大自己在河间地区的土地。大王不如先送给我们五座城邑
来扩大秦国在河间的土地,我就请求秦王送回燕太子,再与强大的赵国
一起攻打弱小的燕国。"赵王立即亲自划出五座城邑来扩大秦国在河间
的土地。秦国送回了燕太子,赵国便有恃无恐地进攻燕国,占领了上谷
(在今河北张家口东部、北京西北部一带)地区三十座城邑,把其中的十
一座城邑送给了秦国。

甘罗回来后把情况汇报给秦王嬴政,于是秦王嬴政封甘罗为上卿,
又把原来甘茂的田地、房宅全部赐给了甘罗。

司马迁对甘罗评论说:"甘罗年少,然出一奇计,声称后世。虽非笃
行之君子,然亦战国之策士也。"

甘罗的故事印证了计倪"先生者未必能知,后生者未必不能明"这
段话的正确性,甘罗在游说别人时,能够旁敲侧击,因势利导,以达到自
己的目的,其中所使用的一些方法也值得今人借鉴。

　　越王曰:"善。论事若是其审也①。物有妖祥乎②?"计倪对曰:"有。阴阳万物,各有纪纲。日月、星辰、刑德变为吉凶③,金木水火土更胜④,月朔更建⑤,莫主其常⑥,顺之有德,逆之有殃。是故,圣人能明其刑而处其乡⑦,从其德而避其衡⑧。凡举百事,必顺天地四时,参以阴阳之用。不审举事⑨,有殃人生,不如卧之顷也⑩。欲变天地之常⑪,数发无道⑫,故贫而命不长。是故,圣人并包而阴行之⑬,以感愚夫⑭。众人容容⑮,尽欲富贵,莫知其乡⑯。"

【注释】

①若是:如此。是,此。审:清楚,明白。

②妖祥:根据下文"日月、星辰、刑德变为吉凶",这里的"妖祥"指吉凶。妖,妖孽,凶灾。祥,吉祥。

③日月、星辰、刑德变为吉凶:日月、星辰、刑罚与施恩的不同变化都会诱发灾害或吉事。

④金木水火土更胜:金、木、水、火、土五行相克。金、木、水、火、土被古人称为"五行",是形成万物的五种基本物质。古人认为五行之间的关系是相生又相克的关系。五行相生,即金生水、水生木、木生火、火生土、土生金。五行相克,即金克木、木克土、土克水、水克火、火克金。这种相生相克的关系循环进行,无休无止。本句说的"更胜",就是"相克"。

⑤月朔更建:每个月份交相轮回。本句直译为"每到初一就出现一个新的月份",意思是时间在不断更替。朔,阴历的每月初一。建,产生,出现。一说北斗星斗柄所指叫"建"。斗柄旋转时所指的十二辰叫十二月建,如阴历正月叫"建寅",二月叫"建卯"等。

⑥莫主其常:不要固执于守旧不变。一说本句的意思是没有人能够

主宰、改变这些常规。主,以……为主,持守。常,守常不变。

⑦处其乡:处于自己应该处于的地方。也即做出正确的选择。一说,乡,通"向",方向。

⑧从其德而避其衡:遵循施恩德与民众的原则而避免不合理的行为。本句的"从其德"与上一句的"明其刑"相呼应,表示君主要进行恰当的刑罚与恩赏。衡,横逆,不顺,不合理。

⑨不审举事:不明白这些道理就去办事。审,明白。

⑩不如卧之顷也:不如躺卧下来不去做事,还能够获得片刻的安宁。顷,顷刻,短时间。以上数句,《越绝书·越绝计倪内经》作"凡举百事,必顺天地四时,参以阴阳。用之不审,举事有殃,人生不如卧之顷也"。

⑪天地之常:自然的规律。常,常规,规律。

⑫数(shuò)发无道:经常做一些不符合大道的事情。数,多次,经常。发,发出,做出。

⑬圣人并包而阴行之:圣人包容一切,默默地按照大道行事。包,包容一切。

⑭以感愚夫:以此来感化那些愚昧的人。以上两句的深刻含义,见"解读"。

⑮容容:平庸的样子。一说是渴望的样子。

⑯乡:通"向",方向,方法。

【译文】

越王句践说:"你讲得真好。你对事理的阐述是如此的清楚明白啊。请问世间的事物有凶灾与吉祥的区别吗?"计倪回答说:"有的。阴、阳二气与万事万物,都有各自的运行法则。日月、星辰、刑罚与恩惠等事物的变化,都会诱导出吉祥之事与凶灾之事,金、木、水、火、土相生相克,年月时间交相更替,我们不要固执于守旧不变,顺应这些法则就能够获取上天的恩惠,违背了这些法则就会遇到灾难。因此,圣人能够明白正确的刑罚而做出恰当的选择,遵循施恩惠与民众的原则而避免不合理的行为。大凡处理各种事务,必须要顺应天地四季的运行规律,并参照阴阳盛衰的作用。如果不明白这些道理而去做事,就会为自己的人生带来灾难,不如躺在那里还能获取片刻的安宁。如果想去改变天地的运行规律,经常做出一些违背自然规律的事情,就会一生处于贫困之中,而且无法长寿。因此,那些圣人能够包容一切,默默地按照大道行事,以此来感化那些愚昧的人。众人是那样的平庸,还都希望自己能够获取荣华富贵,然而却没有人能够知道获取荣华富贵的方法。"

【解读】

　　包容,是中国传统文化中特别强调的一种美德。本章讲的"圣人并包而阴行之,以感愚夫",与老子思想完全一致。《老子》第十五章曾把人的思想境界分为三个层次,最低层次的是为名利而忙忙碌碌的世俗人,高一个层次的是自身高洁、疾恶如仇的清廉之人,而最高层次的人则是心胸如大海般无所不容——既容得好人、也容得坏人。当然,老子说的包容坏人,不是他的最终目的,他的最终目的是:

　　　　善者吾善之,不善者吾亦善之,德善。信者吾信之,不信者吾亦
　　信之,德信。(《老子》四十九章)

　　好人,我善待他;坏人,我也善待他,最后使大家都变成好人。诚实人,我相信他;不诚实的人,我也相信他,最后使大家都变成诚实人。老子是想通过宽容的态度去感化别人。老子特别提出不要结怨于人,他说:

　　　　和大怨,必有余怨,安可以为善?是以圣人执左契而不责于人。
　　有德司契,无德司彻(掌管税收)。(《老子》七十九章)

　　如果与人结怨,即使和解了大怨,依然会有余怨存在,这不能算是最好。因此,圣人即使手握借据,也不向人讨债。那些品德低下的人,就像税务员一样,别人欠他一分钱,他都不依不饶。在此基础上,老子提出"报怨以德"(《老子》六十三章)的主张。应该说,在处理内部矛盾时,这一主张还是值得提倡的。

关于包容，春秋时期的晋国大夫伯宗也讲过这样一段话：

川泽纳污，山薮藏疾，瑾瑜匿瑕，国君含垢，天之道也。（《左传·宣公十五年》）

川泽之所以能够成就自己的广大，是因为它容纳了许多淤泥污水；大山之所以能够成就自己的高峻，是因为它接受了许多有害之物；就连美玉也有瑕疵，因此作为君主，就要具备含污纳垢的胸怀。

实际上，在宽容别人的同时，实际上也是在"宽容"自己。《礼记·表记》说："以德报怨，则宽身之仁也。"以德报怨是一种宽容的表现，是一种"仁"，而这种"仁"刚好也是对自身的一种宽容。历史上确实有不少宽容别人的人，都得到了意想不到的回报：

孟尝君舍人（门客）有与君之夫人（孟尝君的夫人）相爱者。或以问孟尝君曰："为君舍人，而内与夫人相爱，亦甚不义矣！君其杀之！"君曰："睹貌而相悦者，人之情也，其错之（把此事放在一边），勿言也！"居期年（过了一年），君召爱夫人者而谓之曰："子与文（孟尝君叫田文）游久矣，大官未可得，小官公又弗欲。卫君与文布衣交，请具车马、皮币，愿君以此从卫君游。"于卫甚重（那人在卫国受到重用）。齐、卫交恶，卫君甚欲约天下之兵以攻齐。是人谓卫君曰："……臣闻齐、卫先君，刑马压羊，盟曰：'齐、卫后世无相攻伐，有相攻伐者，令其命如此！'今君约天下之兵以攻齐，是足下倍（背叛）先君盟约而欺孟尝君也。愿君勿以齐为心（希望你不要进攻齐国）！君听臣则可；不听臣，若臣不肖也，臣辄以颈血湔足下衿（自杀在您的面前）！"卫君乃止。（《战国策·齐策三》）

（西汉吴楚七国叛乱时）及晁错已诛，袁盎以太常使吴（出使到吴国）。吴王欲使将，不肯。欲杀之，使一都尉以五百人围守盎军中。袁盎自其为吴相时（从前在吴国当宰相时），有从史尝盗爱盎侍儿（与袁盎的侍妾私通），盎知之，弗泄，遇之如故。人有告从史，言"君知尔与侍者通"，乃亡归。袁盎驱自追之，遂以侍者赐之，复为从史。及袁盎使吴见守（被软禁），从史适为守盎校尉司马，乃悉以其装赍置二石醇醪（买了许多好酒），会天寒，士卒饥渴，饮酒醉，西南陬（zōu）卒皆卧，司马夜引袁盎起，曰："君可以去矣，吴王期旦日斩君（计划明天天亮杀您）。"盎弗信，曰："公何为者？"司马曰："臣故为从史盗君侍儿者。"盎乃惊谢曰："公幸有亲，吾不足以累公。"司马曰："君弟去（只管逃走），臣亦且亡（我也逃走），辟吾亲（把父母藏好），君何患？"及以刀决张（帐），道从醉卒隧直出。（《史记·袁盎晁错列传》）

孟尝君是齐国的国相，而舍人不过只是他门下的一名食客而已。这位食客不仅住在孟尝君家里，吃孟尝君的酒肉，穿孟尝君的衣服，而且还把手伸向了孟尝君的夫人，居然与夫人谈起了恋爱。是可忍，孰不可忍！然而孟尝君却大度地认为"睹貌而相悦"是人之常情，不必计较，并且还忙着为自己夫人的情人找官当。后来就是这位舍人使齐国免去了一场灾难。

汉代的那位从史比这位舍人好一些，没有找袁盎夫人的麻烦，只是"盗"走了袁盎的爱妾，这当然也很使人恼火，而袁盎不但没有治他的罪，反而把爱妾白送给他，最后，这位从史救了袁盎的一条性命。

孟尝君和袁盎不就是在宽容别人的时候，同时也"宽容"了自己吗？

越王曰："善。请问其方①。"计倪对曰："从寅至未②，阳也③。太阴在阳④，岁德在阴⑤，岁美在是⑥。圣人动而应之，制其收发⑦。常以太阴在阴而发⑧，阴且尽之岁⑨，亟卖六畜货财⑩，以益收五谷⑪，以应阳之至也⑫。阳且尽之岁⑬，亟发籴⑭，以收田宅、牛马，积敛货财，聚棺木，以应阴之至也⑮。此皆十倍者也⑯，其次五倍。天有时而散⑰，是故圣人反其刑⑱，顺其衡⑲，收聚而不散⑳。"

【注释】

①方：具体方法。

②从寅至未：从寅年至未年。古人用天干地支纪年、纪月。

③阳：阳气。这里指阳气产生并逐渐兴盛。古人认为，阴历正月叫
"建寅"，又叫"寅月"；六月叫"建未"，又叫"未月"。正月阳气开
始发生，逐月递盛，至六月，阳气达到极盛，而阳气主生。从七月
开始，阴气开始发生，然后逐月递盛，至十二月达到极盛，而阴气
主杀。阴、阳二气如此循环往复，盛衰交替。古人不仅用天干地
支相配去纪月，也用天干地支相配来纪年。既然从寅月至未月是
阳气逐渐转盛的月份，那么以此类推，寅年至未年这六年也是阳气
逐渐转盛的年份，而阳是主生的。所以当太岁运行到寅年至未年
时，万物就比较昌盛。

④太阴在阳：太岁处于阳气发生年份。太阴即太岁。古代天文学中
假设的一个星名，与岁星（木星）相应。古人根据太岁所在位置
以纪年，并据此以判断行事的吉凶。

⑤岁德在阴：与太阴相对的岁星（木星）则处于申、酉、戌、亥、子、丑
这六年阴气逐渐转盛的年份。

⑥岁美在是：美好的年成就在这六年。是，代指阳气较盛的年份。

⑦制其收发：制定粮食及其他财物的买卖计划。收，买进。发，卖出。

⑧常以太阴在阴时发：通常要在太岁处于阴气较盛的年份把粮食及
其他财物卖出。因为太岁处于阴气较盛的年份，收成一般不好，
此时卖出，价钱较贵。

⑨阴且尽之岁：在阴气快要结束的年份。也即丑年。且，将要。

⑩亟（jí）卖六畜货财：则要尽快卖出六畜、货物。亟，赶快，尽快。
六畜，一般指猪、牛、羊、马、鸡、狗六种家畜。

⑪以益收五谷：还要多购买一些粮食。五谷，古代说法很多，一说指
稻、黍（黍子）、稷（谷类）、麦、菽（豆类）。这里泛指粮食。

⑫以应阳之至也：以此与即将到来的阳气相呼应。

⑬阳且尽之岁：阳气将要结束的年份。也即未年。

⑭亟（jí）发籴（dí）：要赶快卖出过去购进的粮食。发，发出，卖出。籴，买入粮食。这里指过去买入的粮食。

⑮以应阴之至也：以此与即将到来的阴气相呼应。

⑯此皆十倍者也：这样做就能够获取十倍的利润。

⑰天有时而散：上天有时也要求散财。本句意思是，君主要效法天道，在饥荒年的时候还要分散财物以救济民众。有时，指灾荒年。

⑱是故圣人反其刑：因此圣明的君主有时该罚的也就不罚了。反其刑，该罚不罚。

⑲顺其衡：去遵循一些看似不合理的原则。衡，横逆，指不顺，不合理。

⑳收聚而不散：这样做就能够保证国家持续积累财富而不会丧失财富。以上几句意思是，在一些特殊的时间，比如灾荒年，君主就不要唯利是图了，要注意救济民众，赦免犯人，这样做，看似不合理，但能够收揽民心，从长期看，有了民众的拥戴，就能够保证国家财税收入。这也就是古人特别重视的"权变"原则。见"解读"。

【译文】

越王句践说："你讲得真好。我想请教一些具体的理财方法。"计倪回答说："从寅年到未年，属于阳气较为兴盛的年份。太阴处于阳气较为兴盛的年份，而岁星则处于阴气较为兴盛的年份，丰收的好年成往往就在这些年份。圣君就应该行动起来去与这些好年成相呼应，制定出相应的粮食及其他财物的买卖计划。通常要在太阴处于阴气较为兴盛的年份把粮食及其他财物卖出，在阴气即将结束的那一年，则要尽快卖出各种家畜及其他货物，还要多购买一些粮食，以此与即将到来的阳气想呼应。在阳气即将结束的那一年，要尽快卖出已经收购的粮食，而买进田宅、牛马，积累货物，购进棺材，以此与即将到来的阴气相呼应。这样做可以赚取十倍的利润，少说也能赚取五倍的利润。然而君主还要效法天道，在饥荒年的时候，还要发放粮食及其他财物以救济民众，因此圣明的君主有时候该罚的也就不罚了，去遵循一些看似不合理的原则做事，这样做才能够保证国家持续积累财富而不会丧失财富。"

【解读】

计倪的主要目的是为国理财，希望越国能够尽快富强起来，但他同时提醒句践，在一些特殊的时间，比如灾荒年，君主就不要唯利是图了，要散财，要注意救济民众。有罪必罚，有功必赏，这是正常做法，但计倪认为，在适当的时机，对一些犯人要进行赦免，这样做，看似不合理，但能够收揽民心，从长期看，有了民众的拥戴，自然能够使国家变得日益富强。计倪的这一主张，也就是古人特别重视的"权变"原则。

权变，古人称为"权"。"权"的思想可说是源远流长。所谓"权"，就是在不违背基本原则的前提下所进行的灵活变通。中国古代有四位影响最为深远的思想家，他们是孔子、孟子、老子、庄子，而这四位思想家，都很重视"权"。

《老子》一书虽然没有提到"权"，但据《文子·道德》记载，老子已经谈论过"权"的问题：

> 老子曰："上言者，下用也。下言者，上用也。上言者，常用也；下言者，权用也。唯圣人为能知权。言而必信，期而必当，天下之高行；直而证父，信而死女，孰能贵之？故圣人论事之曲直，与之屈伸，无常仪表，祝则名君，溺则捽父，势使然也。夫权者，圣人所以独见。夫先迕而后合者之谓权，先合而后迕者不知权。不知权者，善反丑矣。"

老子认为：下级服从上级，这是常法；而上级服从下级，这是特定情况下的一时权变。讲究正直和信用，这是高尚行为，但儿子站出来证明父亲有罪，尾生为了等候一个女子而宁愿淹死在桥下（尾生与一位女子相约在桥下见面，女子未来时，洪水来了，尾生为了不失信，坚决不离开桥下，最终抱着桥墩淹死了），这样的正直和信用又怎么值得提倡呢？所以圣人是根据不同情况进行相应变化,比如在祭祀神灵时可以直呼君主的姓名,当父亲落入水中时可以揪住他的头发把他拉上来,当时的情况使人们必须这样做。关于权变的作用,只有圣人才能看得清楚。开始做的事情不合情理,后来证明这样做非常正确,这就叫"权变";开始做的事情很合情理,后来证明这样做是错误的,这就叫作不懂"权变"。不懂得权变的人,有时主观上做的好事反而会变成坏事。

庄子同样重视"权"。《庄子·秋水》说:"知道者必达于理,达于理者必明于权,明于权者不以物害己。"意思是掌握大道的人一定会明白一般事理,明白一般事理的人一定会懂得权变,懂得权变的人一定不会为追求外界名利而伤害自己。庄子认为,懂得权变,是懂得大道的标志之一。

不仅道家重视"权",儒家也是如此。孔子把权变放在一个很高的地位。《论语·子罕》记载:

> 子曰:"可与共学,未可与适道;可与适道,未可与立;可与立,未可与权。"

孔子说:"可以与他一起学习,未必就能够与他一起掌握真理;可以与他一起掌握真理,未必就能够与他一起按照真理做事;可以与他一起按照真理做事,未必就能够与他一起做到灵活变通。"孔子把学习、修养分为四个阶段——学习真理,掌握真理,按照真理做事,懂得灵活变通。由此可见,孔子把"权"看作学习的最高境界。

孔子对"权"没有做详细解释,而孟子对此有一个生动说明。《孟子·离娄上》载:

> 淳于髡(kūn)曰:"男女授受不亲,礼与?"孟子曰:"礼也。"曰:"嫂溺,则援之以手乎?"曰:"嫂溺不援,是豺狼也。男女授受不亲,礼也;嫂溺,援之以手者,权也。"

淳于髡问孟子:"男女不能亲手交接东西,这是礼制规定吗?"孟子说:"是的。"淳于髡又问:"嫂子快要淹死了,弟弟可以用手把她拉起来吗?"孟子说:"嫂子快要淹死了而弟弟不去把她拉起来,这样的弟弟是豺狼。男女不能亲手交接东西,这是在一般情况下所应遵守的礼节;嫂子掉在水中而弟弟把她拉起来,这是权变。""男女授受不亲"是大的原则,能够坚持这一原则叫作"立";但在一些特殊情况下,男女又必须"亲",这就是"权"。这种权变行为在人们的生活中十分重要,大的原则是必须的,但社会生活是那样的丰富,几条大的原则根本无法应付复杂的现实生活,因此在不违背大原则的情况下,对所遇事件进行灵活处理,就显得非常重要。

关于如何具体运用"权"这一原则,我们举孔子的两件事情:

第一件事情是关于子女如何对待父母的责打。"孝"是儒家十分重视的大原则,根据这一原则,后人进一步提出了"父叫子死,子不敢不死"的规则。应该说,后人的这一提法不符合孔子思想。在"权"的思想指导下,孔子认为子女面对父母暴怒时,应坚持"大杖逃,小杖受"的权变原则。《说苑·建本》记载:孔子弟子曾参和父亲曾皙一起在瓜田锄草时,不小心把一棵瓜苗锄掉了,脾气暴躁的父亲就用一根大杖把曾参击昏在地。曾参苏醒后做的第一件事情就是去安慰父亲:"刚才大人用这么大力气教训我,没有累坏身体吧!"接着又在父亲听得到的地方弹琴唱歌,目的是想让父亲听到自己的歌声,知道自己虽然挨了打,依然是心平气和。孔子听到此事后,很生曾参的气,告诉其他弟子:"你们把门看好,不许曾参进来!"曾参自以为没有做错,就请别人询问孔子为何生气,孔子说:

> 小棰则待,大棰则走,以逃暴怒也。今子委身以待暴怒,立体而不去,杀身以陷父,不义不孝,孰是大乎?汝非天子之民邪?杀天子之民罪奚如?(《说苑·建本》)

孔子教训说:父亲拿细小的荆条来抽打自己,那就接受;如果看到父亲气势汹汹地抡起大杖朝自己打来,那就应该逃走。不然,自己被打死以后,将使父亲落下不仁不义的恶名,甚至会因杀人而被判刑。在坚持孝的原则下，逃与不逃，那就要根据实际情况灵活掌握了。孔子的这一思想实际就是说，在不应该死的时候，即使父要子死，子也不敢死。这种极具弹性的行为自然有利于社会的和谐。

第二件是关于孔子背盟的事情。《史记·孔子世家》记载，孔子带着弟子去卫国，路过蒲地（在今河南长垣），而此时的蒲地人正与卫国处于将要发生战争的状态，蒲地人认为如果孔子去了卫国，将会增强卫国的势力，于是就把孔子一行扣押起来。蒲地人对孔子说："如果你不去卫国，我们就放了你。"孔子不仅答应了蒲人的要求，而且还与蒲人在神的面前签订了盟约。然而孔子一出蒲城的东门，就带着弟子直接去了卫国。弟子子贡问："盟约刚刚签订，我们可以背盟吗？"孔子说："我是在对方要挟下签订的盟约，这样的盟约神是不管不问的。"孔子的背盟行为近似于"无赖"，蒲人看到刚才还信誓旦旦保证不去卫国的孔子一出东门就直奔卫国，一定会瞠目结舌，哭笑不得。但孔子认为自己发的誓言是一种"要盟"，而"要盟"是不能作数的。细想起来，这样的"权"还是非常可爱的。

关于不知"权"的事例，我们也举一例。清代人姚元之《竹叶亭杂记》载：

道光十一年辛卯，海口潮涌，江水因之泛滥，自江西以下，沿江州县被灾。……大水时，一女子避未及，水几没腰。有一人急援手救之，女子乃呼号大哭曰："吾乃数十年贞节，何男子污我左臂！"遂将同被灾者菜刀自断其臂，仍赴水而死。

仅仅因为有男子用手把这位女子从洪水中救出来，女子就砍断手臂，赴水而死。作者是以赞扬的口气叙述这个故事的。此女子与作者皆不知"权"，与孟子"嫂溺，援之以手者，权也"的主张大相径庭，可叹可悲！

计倪的治国主张，很好地体现了这一权变原则：该聚财的时候就聚财，该散财的时候就散财；该惩罚的时候就惩罚，该赦免的时候就赦免。但目的却是一致的，那就是收揽民心，早日使国家富强起来。

越王曰："善。今岁比熟^①,尚有贫乞者,何也?"计倪对曰:"是故不等^②,犹同母之人,异父之子,动作不同术,贫富故不等。如此者,积负于人^③,不能救其前后^④,志意侵下^⑤,作务日给^⑥,非有道术,又无上赐^⑦,贫乞则长久。"

【注释】

①比熟:连续丰收。也即各种庄稼都丰收了。比,连续。熟,庄稼成熟,丰收。

②是故不等:所以说人们的素质本来就是有差别的。

③积负于人:不断地向别人借债。积,不断。负,负债。一说本句的意思是"财富的积累持续地不如别人"。

④不能救其前后:没有办法安排好眼前及以后的生活。

⑤志意侵下:意志日益消沉。侵,逐渐,慢慢地。

⑥作务日给:依靠劳作支撑每天的生活开支。作务,劳作。给,供给。

⑦又无上赐:又没有来自官府的救济。赐,赏赐,救济。

【译文】

越王句践说:"你说得真好。今年的粮食连续丰收,然而还有一些因贫穷而乞讨的人,这是为什么呢?"计倪回答说:"这种情况就说明人们的素质本来就是不一样的,就好像同母异父的孩子那样,他们的谋生方法各有不同,于是他们的贫富也就不同了。像那些因贫穷而乞讨的人,他们不断地向别人借贷,根本没有办法安排好眼前及今后的生活,于是他们的意志日益消沉,靠劳作来支撑每天的生活开支,他们没有更好的谋生方法,又没有官府的救济,所以他们只能长期地过着贫穷乞讨的日子。"

【解读】

计倪认为:"是故不等,犹同母之人,异父之子,动作不同术,贫富故

不等。"关于天生素质、谋生方法的不同导致的贫富差异,《列子·天瑞》记载了典型的一例:

> 齐之国氏大富,宋之向氏大贫。自宋之齐,请其术。国氏告之曰:"吾善为盗。始吾为盗也,一年而给,二年而足,三年大穰。自此以往,施及州闾。"向氏大喜。喻其为盗之言,而不喻其为盗之道,遂逾垣凿室,手目所及,亡不探也。未及时,以赃获罪,没其先居之财。向氏以国氏之谬己也,往而怨之。国氏曰:"若为盗若何?"向氏言其状。国氏曰:"嘻!若失为盗之道至此乎!今将告若矣。吾闻天有时,地有利。吾盗天地之时利,云雨之滂润,山泽之产育,以生吾禾,殖吾稼,筑吾垣,建吾舍。陆盗禽兽,水盗鱼鳖,亡非盗也。夫禾稼、土木、禽兽、鱼鳖,皆天之所生,岂吾之所有?然吾盗天而亡殃。夫金玉珍宝,谷帛财货,人之所聚,岂天之所与?若盗之而获罪,孰怨哉?"

齐国的国氏非常富有,而宋国的向氏非常贫穷。于是向氏就从宋国来到齐国,向国氏请教致富的方法。国氏告诉他说:"我善于偷盗。我开始偷盗时,一年就能够自给自足,两年便很富足,三年就非常富有了。从此以后,我还施舍钱财给州里乡亲。"向氏听了非常高兴。但他只听到了国氏关于"偷盗"的话,却没能理解国氏"偷盗"的方法,于是向氏便翻墙打洞,凡是手能够摸到的,眼睛能够看到的,没有他不偷盗的。没过多久,向氏便因偷盗而被治罪,连同先前积蓄的一点儿财产也被没收了。向氏认为国氏欺骗了自己,便去抱怨国氏。国氏问:"你是怎样偷盗的?"向氏便讲述了他偷盗的情状。国氏说:"唉!你偷盗的方法竟然错到了这种程度!现在我来告诉你吧。我听说天有四季,地有物产。我'偷盗'的是天的四季和地的物产,云雨的滋润,山泽的产物,我利用这些来培育我的禾苗,种植我的庄稼,修筑我的围墙,建造我的房屋。我在陆地上'偷盗'禽兽,在水里'偷盗'鱼鳖,有什么我就'偷盗'什么。这些禾苗、庄稼、土地、树木、禽兽、鱼鳖,都是上天生出来的,难道是我个人所有的吗?然而我'偷盗'上天的东西却没有任何灾殃。至于金玉珍宝、谷布财物,这些都是别人辛苦积聚起来的,难道是天上掉下来的吗?你偷盗别人的东西而被治罪,又能抱怨谁呢?"

国氏与向氏的素质不同,他们用来致富的方法也不同,这就是计倪说的"动作不同术"。由于向氏的糊涂,不仅没有能够保住偷来的赃物,就连原有的一丁点儿家财也被官府没收了,只能像计倪说的"志意侵下……贫乞则长久"那样,永远做一个穷人。

越王曰:"善。大夫佚同、若成①,尝与孤议于会稽石室②,孤非其言也③。今大夫言独与孤比④,请遂受教焉⑤。"计倪曰:"籴石二十则伤农⑥,九十则病末⑦;农伤则草木不辟⑧,末病则货不出⑨。故籴高不过八十,下不过三十,农末俱利矣。故古之治邦者,本诸货物⑩,官市开而至⑪。"

【注释】

①佚同、若成:越国的两位大夫。曾为灭吴出谋划策。

②尝与孤议于会稽石室:曾经与我在会稽山上的石室里商议。尝,曾经。孤,越王句践的自我谦称。会稽山,山名。在今浙江绍兴东南。句践战败后,曾被围困在会稽山上。

③孤非其言也:我不能赞同他们的意见。非,不正确。这里为意动词,认为……不正确。

④大夫:指计倪子。比:相同,一致。

⑤遂:于是,就。受教焉:接受您的教诲。

⑥籴(dí)石(dàn,古音shí)二十则伤农:每石粮食的收购价如果只有二十钱的话,就会损害农民的利益。石,容量单位。十斗为一石。二十,指二十钱。一枚铜钱为一钱,古时铜钱大小轻重不一。

⑦九十则病末：如果每石粮食收购价达到九十钱的话，就会损害从事工商业人员的利益。末，古代以农为本，以工商为末。

⑧草木不辟：不再去开荒种地。这里泛指没有种地的积极性。草木，荒地。辟，开辟，开垦。

⑨货不出：其他货物就无法生产与流通。指工匠没有做工的积极性，商人也不愿经商。

⑩本诸货物：以财富为立国根本。诸，"之于"的合音字。

⑪官市开而至：官府的市场一开张，商人与货物就会蜂拥而至。

【译文】

越王曰："说得太好了。大夫佚同、若成二人，曾经与我在会稽山上的石室里讨论过这些问题，我不赞同他们的意见。今天你的意见与我非常一致，请让我接受你的教诲吧。"计倪说："每石粮食的收购价如果只有二十钱的话，就会损害农民的利益；如果每石粮食的收购价达到九十钱的话，就会损害工商业人员的利益；农民的利益受到损害，开荒种地的积极性就没有了；工商业人员的利益受到损害，那么各种货物就无法生产与流通。所以说收购粮食的最高价每石不得超过八十钱，最低不得低于三十钱，这样一来农民与工商人员都有利润可赚。因此古代那些治理国家的君主，都把财富视为立国之本，国家市场一旦开张，商人、货物就会蜂拥而至。"

【解读】

中国古代把从事物质生产的职业大致分为"本"与"末"两大类，汉文帝曾下诏说："农，天下之本，务莫大焉。今勤身从事而有租税之赋，是为本末者毋以异，其于劝农之道未备。其除田之租税。"（《史记·孝文本纪》）《史记集解》："本，农也。末，贾也。言农与贾俱出租无异也，故除田租。"农业被视为立国之根本，工商则被视为末业。

正是由于农业被视为立国之本，同时也由于商贾善于渔利，所以历代朝廷多关注谷贱伤农的问题，每当粮食丰收、粮价下跌的时候，不少王朝便大量收购粮食，以平粮价，而对于谷贵病末的问题关注较少。还有不少思想家、政治家明确主张"困末作，而利本事"（《韩非子·奸劫弑臣》），要遏制工商业，鼓励农业。汉代初年，"天下已平，高祖乃令贾人不得衣丝乘车，重租税以困辱之"（《史记·平准书》）。可以说，古代政府大多采取重农抑商的政策，商人也被置于四民（士、农、工、商）之末。

计倪站在为国理财的角度，不仅考虑到农民的利益，也兼顾了工商业的利益，应该说，计倪的主张更为公平合理。因为工商业虽然被置于次要地位，但对于国家来说，断不可少，那么平衡二者之间的利益，才能保证国家的顺利发展与繁荣富强。

越王曰："善。"计倪乃传其教而图之①，曰："审金木水火②，别阴阳之明③，用此不患无功。"越王曰："善。从今以来，传之后世，以为教。"乃著其治法④，牧江南⑤，七年而禽吴也⑥。

【注释】

①图之：把自己的经商经验与计划列为图表。图，用作动词，列为图表之义。

②审金木水火：要明白金、木、水、火、土相生相克的道理。审，明白。

③别阴阳之明：明确辨别阴阳交替盛衰的规律。

④著其治法：把他的理财方法记录下来。著，撰写，记录。

⑤牧江南：治理越国。牧，统治，治理。江南，此处指越国。

⑥禽：同"擒"，擒捉。这里指消灭。

【译文】

越王句践说："你说得真好。"于是计倪就把自己的理财经验与计划传授开去，并且列有图表，说："要明白金、木、水、火、土相生相克的道理，明确辨别阴阳交替盛衰的规律,依据这些经验、计划与图表去理财,不用担心没有功效。"越王句践说:"好。从今以后,我们要把这些理财经验流传给后世,把它作为教诲后人的教材。"于是就把计倪的理财经验与计划记录了下来,以此来治理越国,七年之后就灭掉了吴国。

甲货之户曰粢①,为上物②,贾七十③。乙货之户曰黍④,为中物,石六十。丙货之户曰赤豆⑤,为下物,石五十。丁货之户曰稻粟⑥,令为上种⑦,石四十。戊货之户曰麦,为中物,石三十。己货之户曰大豆,为下物,石二十。庚货之户曰矿⑧,比蔬食⑨,故无贾⑩。辛货之户曰果,比蔬食,故无贾。壬、癸无货⑪。

【注释】

①甲货之户曰粢(zī):甲类货物的名称叫"粢"。户,名称。粢,稷,一种谷物。另外,用来祭祀的谷物也叫"粢"。本段用甲、乙、丙、丁、戊、己、庚、辛、壬、癸十天干来代表粮食的等级。

②为上物:属于上等货物。

③贾(jià)七十:每石的价格为七十钱。贾,同"价",价格。根据下文,句前省一"石"字。《百子全书》原作"贾七十一",据《越绝书·越绝计倪内经》删"一"字。

④黍(shǔ):黍子。去皮后叫黄米,有黏性。

⑤赤豆:一种豆子,呈暗红色。

⑥稻粟(sù):稻谷与谷子。粟,谷子,去皮后叫小米。一说"稻粟"指稻米。

⑦令为上种:可以列为上等货物。上种,上类,上等。

⑧矿(kuàng):有芒的谷物,特指大麦。

⑨比蔬食：与蔬菜一样。比，一样。

⑩故无贾：因此没有固定价格。

⑪壬（rén）、癸（guǐ）无货：壬类、癸类没有相对应的货物。

【译文】

甲类货物的名称叫"粱"，为上等货物，每石的价格是七十钱。乙类货物的名称叫"黍子"，为中等货物，每石的价格是六十钱。丙类货物的名称叫"赤豆"，为下等货物，每石的价格是五十钱。丁类货物的名称叫"稻谷"与"粟米"，可以列入上等货物，每石的价格是四十钱。戊类货物的名称叫"小麦"，为中等货物，每石的价格是三十钱。己类货物的名称叫"大豆"，为下等货物，每石的价格是二十钱。庚类货物的名称叫"大麦"，与蔬菜一样，所以没有固定的价格。辛类货物的名称叫"水果"，与蔬菜一样，所以也没有固定价格。壬类、癸类，没有相对应的货物。

於陵子

前言

　　《於（wū）陵子》的作者是陈仲子。陈仲子是与齐国君主同姓的大贵族，然而他认为贵族对地位、名利的享有皆为不义之举，因此他自愿放弃贵族生活，甘心为人灌园，或夫妇二人织草鞋、理丝麻以谋生，即使饥寒交迫也从无怨言。《於陵子》全书思想虽然有少数地方显得有些酸腐，但整体却体现了中国古代隐士的高洁品格，这对于今天过于物质化的生活追求，无疑是一副清凉剂。另外，书中在阐述某种理念时，回环往复，曲径通幽，往往出人意表。总之，《於陵子》是一本十分难得的、可读性极强的古代典籍。

一　作者生平

　　於陵子，本名陈定，又称"陈仲子""田仲子"，字子终，因隐居于於陵，故又被称为"於陵子""於陵仲子"等。由于作者号"於陵子"，书名也叫《於陵子》，全因於陵地名所起。因此我们有必要首先考证清楚於陵在今何处。

　　关于於陵的所在地，黄晖《论衡校释·刺孟篇》介绍说："陈心叔曰：'於陵，楚地，盖避地于楚也。'高步瀛曰：'在今山东长山县西南。'"也就是说，於陵的所在地，学界有两种说法，钱穆对此考辨说："《史记索隐》引《孟子》曰：'陈仲子适楚，居于於陵。'《四书异同商》引宋云：'观下其母杀鹅与食,则去其母不远。又赵威后问齐使,於陵仲子尚存乎? 使其适楚,则威后亦不得问齐使。阎若璩《四书释地》云:顾野王《舆地志》:齐城有长白山,陈仲子隐处,汉於陵故城。章怀注:在今淄州长山县南。计仲子家离其母居二百里。'则仲子信居齐。"(《先秦诸子系年·陈仲考》)学界大多认为,於陵在山东长山县,但20世纪50年代时,长山县被撤销,所以於陵在今山东邹平南。至于说於陵在楚地,其主要依据是於陵子曾经隐居于楚地。於陵子曾经在楚地隐居过,并不意味他没有在齐国於陵隐居过。因此,我们也认同於陵在今山东邹平的说法。

关于於陵子的身世,我们还要从春秋初年谈起。鲁庄公二十二年(前672),陈宣公杀太子御寇,陈国内乱。陈厉公的少子陈完与御寇关系亲密,为躲避灾祸,陈完逃到了齐国,并改姓田氏,担任齐国大夫。此后,田氏在齐国的势力日益壮大。到了田成子时,田成子杀齐简公,控制了齐国政权。公元前386年,周安王册命田成子四世孙田和为齐侯,至此,田氏(也即陈氏)完全替代了姜氏齐国政权。田氏仍以"齐"作为国号,史称"田齐"。於陵子就是田氏齐国的公族成员。

於陵子的生卒年月无法详考,大约生活于田齐威王、宣王、湣王、襄王时代,与孟子、庄子为同时代人。他是战国时期齐国著名的思想家、隐士。於陵子终身隐居,其生平经历相对简单。皇甫谧《高士传》对他的一生有一个简要的介绍:

> 陈仲子者,齐人也。其兄戴为齐卿,食禄万钟,仲子以为不义,将妻子适楚,居於陵,自谓於陵仲子,穷不苟求,不义之食不食。遭岁饥,乏粮三日,乃匍匐而食井上李实之虫者,三咽而能视。身自织屦(lǚ),妻擘纑(bò lú)以易衣食。楚王闻其贤,欲以为相,遣使持金百镒(yì),至於陵聘仲子。仲子入谓妻曰:"楚王欲以我为相,今日为相,明日结驷连骑,食方丈于前,意可乎?"妻曰:"夫子左琴右书,乐在其中矣。结驷连骑,所安不过容膝;食方丈于前,所甘不过一肉。今以容膝之安,一肉之味,而怀楚国之忧,乱世多害,恐生不

保命也。"于是出谢使者,遂相与逃去,为人灌园。

於陵子是贵族出身,但他认为贵族的名利皆出自不义,因此抛弃了富贵生活,坚决不与统治者合作,甘心情愿过着饥寒交迫的隐士日子。

对于於陵子的这一生活态度的是是非非,历史上的争议很大,甚至截然相反,这在其他思想家身上是比较少见的。评价大致可以分为四种:

第一,坚决反对。在政治界,赵惠文王的夫人赵威后是坚决反对於陵子的代表人物。《赵国策·齐策四》记载:

> 齐王使使者问赵威后。书未发,威后……问之曰:"……於陵子仲尚存乎? 是其为人也,上不臣于王,下不治其家,中不索交诸侯。此率民而出于无用者,何为至今不杀乎?"

齐王派使者来问候赵威后。齐王给赵威后的信还没打开,赵威后就问使者说:"於陵子仲还在吗? 这个人,对上不向君王称臣,对下没有治理好自己的家庭,又不谋求与诸侯交好。这是引导百姓成为无用的人,为什么至今还不杀了他呢?"在赵威后的眼中,於陵子是个该杀之罪人。

在思想界,反对於陵子的代表人物则是荀子,《荀子·非十二子》说:

> 忍情性,綦(qí)豀利跂(qí)。苟以分异人为高,不足以合大众,明大分,然而其持之有故,其言之成理,足以欺惑愚众:是陈仲、史鳅(qiū)也。

荀子认为於陵子的主张压抑了人的天性真情,偏离大道,离世独行,不循礼法,以标新立异为高尚,不能和广大民众打成一片,不能彰明忠孝的大义,却又足以欺世盗名。

第二,有褒有贬。这一派的代表人物是孟子。孟子对於陵子的评价见于《孟子·滕文公下》:

> 孟子曰:"于齐国之士,吾必以仲子为巨擘(bò)焉。虽然,仲子恶能廉? 充仲子之操,则蚓而后可者也。夫蚓,上食槁壤,下饮黄泉。仲子所居之室,伯夷之所筑与? 抑亦盗跖(zhí)之所筑与? 所食之粟,伯夷之所树与? 抑亦盗跖之所树与? 是未可知也。"

　　孟子认为："在齐国的士人之中，我一定会把陈仲子视为首位人物。"这是对於陵子的极大肯定。但孟子马上笔锋一转："虽说如此，他怎么能够算是廉洁呢？要想完全做到陈仲子提倡的廉洁，那么只有像蚯蚓一样生活才行。蚯蚓，在地上吃干土，在地下喝泉水。可陈仲子所住的房屋，究竟是像伯夷那样廉洁的人所修筑的呢？还是像盗跖那样的强盗所修筑的呢？他所吃的粮食，究竟是像伯夷那样廉洁的人所种植的呢？还是像盗跖那样的强盗所种植的呢？这个还无法知道。"应该说，孟子的批评是无力的，因为一个人不可能制造出自己所有的生活必需品，孟子的"劳力""劳心"分工说也曾论证过。对此，匡章、《论衡·刺孟》篇都有反驳。孟子对於陵子之所以颇有微词，主要还是因为於陵子"辟兄离母"（《孟子·滕文公下》），是不符合儒家伦理原则的。

　　《淮南子·氾论训》对於陵子的行为也有褒有贬："季襄、陈仲子立节抗行，不入洿君之朝，不食乱世之食，遂饿而死。不能存亡接绝者何？小节伸而大略屈。"认为於陵子在个人品德方面做得很不错，但没能出仕救国济民，因此是"小节伸而大略屈"。这一评价有褒有贬，但贬大于褒。

　　第三，持赞扬态度。与於陵子同时的齐国大夫匡章对於陵子则持赞美态度："匡章曰：'陈仲子岂不诚廉士哉！居於陵，三日不食，耳无闻，目无见也。井上有李，螬食实者过半矣，匍匐往，将食之，三咽，然后耳有闻，目有见。'"匡章认为於陵子是一位真正廉洁的人。当孟子提出"仲子所居之室，伯夷之所筑与？抑亦盗跖之所筑与？所食之粟，伯夷之所树与？抑亦盗跖之所树与？是未可知也"的质疑时，匡章反驳说："是何伤哉？彼身织屦（jù），妻辟纑，以易之也。"（《孟子·滕文公下》）应该说，匡章的反驳是有力的，因为无论是粮食还是房屋，都是於陵子夫妇用自己编织的草鞋、整理的丝麻交换的，并没有剥削别人的劳动成果。《论衡·刺孟》篇对此有更为详尽的评说："又'仲子恶能廉？充仲子之性（操），则蚓而后可者也。夫蚓，上食槁壤，下饮黄泉'。是谓蚓为至廉也，仲子如蚓，乃为廉洁耳。今所居之宅，伯夷之所筑，所食之粟，伯夷之所树,仲子居而食之,于廉洁可也。或时食盗跖之所树粟,居盗跖之所筑室,污廉洁之行矣。用此非仲子,亦复失之。室因人故,粟以屡纑易之,正使盗之所树筑,己不闻知。今兄之不义,有其操矣。操见于众,昭晰议论,故避於陵,不处其宅,织屦辟纑,不食其禄也。……今於陵之宅,不见筑者为谁,粟,不知树者为谁,何得成室而居之?[何]得成粟而食之?孟子非之,是为太备矣。"看来,《论衡》作者王充也是站在匡章的一边。

《周易·乾卦·文言》说:"同声相应,同气相求。"同为隐士的陶渊明对於陵子的行为赞美备至,他的《扇上画赞》诗说:

> 至矣於陵,养气浩然,蔑彼结驷,甘此灌园。

《扇上画赞》是陶渊明六十岁时创作的,首句"至矣於陵",认为於陵子的品德已经达到了极致,可见陶渊明对於陵子的仰慕之情。

第四,认为於陵子无益无害。这种评价很有意思,认为於陵子就像个实心葫芦,对社会无益无害。《韩非子·外储说左上》记载:

> 齐有居士田仲者,宋人屈谷见之,曰:"谷闻先生之义,不恃仰人而食。今谷有巨瓠(hù),坚如石,厚而无窍,献之。"仲曰:"夫瓠所贵者,谓其可以盛也。今厚而无窍,则不可剖以盛物;而任重如坚石,则不可以剖而以斟。吾无以瓠为也。"曰:"然,谷将弃之。"今田仲不恃仰人而食,亦无益人之国,亦坚瓠之类也。

文中说的田仲,就是於陵子。有一次宋国人屈谷见到於陵子,说:"我听说先生的处世原则,就是不依靠别人吃饭。如今我有一个很大的葫芦,坚硬如石,质地厚实而里面没有空隙,我想把它送给你。"田仲说:"葫芦的可贵之处,就是因为它可以用来装东西。如今你的葫芦质地厚实而里面没有空隙,那么就不能剖开用来装东西;而且内部坚硬厚实得就像石头,那就不可以把它剖开来舀酒。我要这样的葫芦有什么用呢?"屈谷说:"你说得对,我将把它丢弃。"如今田仲不依靠别人吃饭,也不会为国家带来任何的益处,也属于坚硬的葫芦之类的东西啊。

"横看成岭侧成峰",人们对於陵子的人生态度褒贬不一,这是因为人们所处角度不同而形成的,但如此众多评价的出现,客观上说明於陵子的影响之大。即使在他生前,就已经成为备受时人关注的人物。

二　於陵子思想

《於陵子》一书是於陵子本人所撰,还是后人伪造,我们将在下一节讨论。我们这里仅就《於陵子》书中的思想做一总结。《於陵子》思想属于哪一学派,学界也有争议。《四库全书》《百子全书》把它列为杂家,钱穆则认为应属墨家:"今按仲子盖墨徒也。……凡其不恃人而食,与其无亲戚君臣上下,皆墨子兼爱节用之旨也。"(《先秦诸子系年·陈仲考》)把古代某个文人确定为某家学者,是不够严谨的,因为这些文人往往受各家思想影响,他们兼收并蓄,取其所需,他们的思想都是丰富而复杂的。无论把於陵子视为杂家或墨家,都是不恰当的,因为杂家与墨家都有一个共同特征,那就是要积极入世,目的是要改变不合理的社会,而於陵子虽然也认为他所处的社会不合理,但他拒绝进入这个社会,也没有提出改善社会的具体政治措施。

於陵子是一位典型的隐士,而且是隐士中的"极端派"。《庄子·刻意》描写了一派隐士:"刻意尚行,离世异俗,高论怨诽,为亢而已矣;此山谷之士,非世之人,枯槁赴渊者之所好也。"庄子说:"有些隐士磨砺意志而崇尚品行,远离社会而不同流俗,高谈阔论而满腹牢骚,这只能算是孤高傲世的行为而已;这些人是居住在山谷里的隐士,是愤世嫉俗的士人,这是那些能够为理想而甘愿使自己骨瘦如柴、甚至付出生命的人所一心追求的。"我们怀疑,庄子这段话就是针对与自己同时代的於陵子而言。

《於陵子》一书几乎没有涉及哲学思想,主要阐述自己的政治态度与处世原则。

首先,我们谈於陵子的政治态度。

第一,向往远古时代的平等祥和的社会生活。道家的"至德之世",

儒家的"大同社会",无不是对远古社会生活的一种带有艳羡式的描述，於陵子同样认为远古时代的生活最为美好。他在《贫居》中说：

> 最昔之民，相与均天地之有，夷生人之等，休休与与，亡校满损。

於陵子认为，在最为远古的时代，先民们平均地分享着大自然赋予人们的财富，人与人之间也没有高低贵贱的等级差别，他们和睦相处，一片祥和，谁也不去计较财富的得失多少。他在《大盗》中也说："赫胥之上，大道百行，匹夫共而不有；庖羲之下，元风夏德，至人有而不矜。"在传说中的赫胥氏时代，无论是修习大道，还是做各种事情，其美德为民众所共有，而不会为某人所专有。庖羲氏时代，社会风气善良，人们品德美好，那些得道的圣人具备了善良美德而从不傲慢。从政治理想来看，於陵子与道家更为一致。

第二，对当时的社会政治深恶痛绝。对于远古生活的肯定，就意味着对现实社会的否定。在《大盗》中，於陵子谈到了现实社会政治堕落的原因："迨夫五帝凿民，心心自私，于是道德行于五品相委，盗知术于蒙朴未开，公输巧而众人愚，离朱明而天下瞀矣。且其不近盗之日月，而久盗之天地，久不已也；则声盗之雷霆，声不已也；则鬼盗之神明，兹其情貌，非古今所谓大盗耶？"於陵子认为，世道变坏是从五帝时开始，统治者不仅盗取了权力与财富，还盗取了美名，而且贪得无厌，他们不仅想很快盗取日月，还想在未来盗取整个天地。为此，於陵子称这些统治者为"大盗"。在"大盗"执政的社会，其黑暗程度可想而知。

第三，对具体官员的激烈批判。对现实社会政治的不满，最终要落实到对具体官员的不满。在《畏人》中，於陵子描述了官员给自己留下的感受："予观大夫，心山川乎，战予跻涉也；貌桎梏乎，械予肢体也；视鹰鹯（zhān）乎，不知其欲也；言风云乎，不知其变也。夫如是，奚不畏也？"於陵子认为这些官员的心思就像高山大川一样，让他在猜测官员心思时感到战战兢兢；官员的模样就像拿着镣铐一般，随时就想把他的身体拘禁起来；官员的目光就像鹞鹰那样，让人无法知道他们究竟想干什么；官员的言语就像风吹云卷一样,根本无法知道它的下一步如何变化。这可以说是对官员入木三分的刻画。

面对黑暗的社会与鹰鹯般的官员,於陵子没有任何前去改变与教诲的意愿,而是消极避让,他不仅要"避人",而且还要"避世",明确表示自己要"一裘御冬,一箪驱夏,休息同乎禽鹿,内征吾天"(《灌园》),於陵子要与鸟兽相伴终身。他甚至"由今且弗谓我存",认为自己从此已不在人世,其主要目的是为了超越这个混乱的社会,对外闭目塞听,以摆脱自己与官员、世人之间的纠缠。

於陵子出身于贵族家庭,对于贵族的强取豪夺与糜烂生活,应该说自小就耳闻目睹,天性高洁的於陵子对此忍无可忍,这是他毅然与贵族决裂的根本原因。这种来自统治者内部的批判,比平民的批判显得更为有力,也更能为人所信服。

其次,我们谈於陵子的处世原则。

第一,坚持廉洁的品质。

廉洁,是於陵子始终遵守的重要处世原则之一。为了保持自己的廉洁原则,他不仅坚决不接受齐、楚两国君主的聘任,而且也不吃身为贵族身份的兄长的食物,甚至不接受来自平民的任何接济。於陵子不仅要求自己在现实生活中保持廉洁的言行,而且不允许自己的思想有丝毫瑕疵。《梦葵》记载:"於陵子过句氏之圃而美其蔬,则夜梦拔葵而亨诸。明日,於陵子遗之句氏屦。"於陵子白天经过句氏家的菜园时,看到园中长势喜人的蔬菜很是羡慕。当晚就做了一个梦,梦中他偷拔了句氏家菜园里一把葵菜,炒着吃了。第二天,内疚的於陵子就拿着一双鞋子送给句氏作为补偿。其补偿理由是:"神非意乘乎?意非我乘乎?子固亡取,安免吾须臾跖也。"於陵子认为自己梦中盗菜是受自己意念的支配,而意念是由自己本人支配。简言之,自己梦中盗菜是自己的思想瑕疵造成的,所以必须为自己的思想瑕疵负责,否则就无法免除自己在短暂时间内所具有的盗贼身份。这种对自我的严格要求,在常人看来,已经达到了苛刻、极端的程度。

第二，坚持处后的态度。

道家的"处后"思想是非常著名的，但於陵子的处后思想与道家并不完全相同。《道德经》第七章说："圣人后其身而身先，外其身而身存。非以其无私邪？故能成其私。"不难看出，《道德经》的"后其身"只是手段，其目的是为了"身先"。而於陵子只强调在利益上"处后"，却没有"身先"的目的。《先人》记载：

> 国中大旱，於陵子晨汲于东郭外十里而尽其泉。后者绎（yì）踵靡得，咸藐藐内谯（qiào）其后人也。於陵子摽踊（biào yǒng）而悲曰："呜乎！天为之？我为之耶？我为之？人为之耶？且吾未尝先天下事而贪而争也。则兹胡先乎人而贪乎饮乎？……孰使我先？孰使我贪？丧吾贞廉！人为之耶，我为之也？我为之耶，天为之也？"于是，聚诸汲，钧其有。

於陵子因为起得比别人早，把泉水汲干了，他为此而痛苦不堪，自责不已，并把自己的泉水均分给大家。但於陵子并没有想利用这种"处后""无私"的行为，从人们那里获取更多的回报。

第三，认定精神的富有重于物质的富有。

从总体来看，人类生活可以分为两大类：一类是精神生活，一类是物质生活。这两类生活究竟哪类更为重要，由于人们的思想素质与生平经历不同，会得出不同的答案。於陵子明确认为，精神生活重于物质生活。在《辩穷》一文中，於陵子的老朋友、身为大夫的接予认为物质生活的贫苦就是穷困，於陵子在物质生活上陷入贫困，所以於陵子就是生活于贫困之中。对此於陵子反驳说："今子一旦自守之真失，而穷驱之势利之疆，声貌水食之囿矣。既鬼乃真，徒尸乃躬，赫赫子外，歉歉子中，是亡能乎穷，而受穷所穷矣。受穷所穷，而子穷矣！"於陵子认为，接予虽然物质生活富有，但他失去了自己的真实天性，落入了声色美女、锦衣玉食的局限之中，变成了一具行尸走肉，表面上看起来声势显赫，而内心里却空虚不安,为了摆脱物质上的穷困而陷入了真正的穷困——精神穷困,而精神穷困才是真正地陷入了穷困。於陵子与接予的思想代表了人们两种不同的生活观念,虽然於陵子的思想境界高于接予,但二人都显得偏颇。既有丰富的物质生活,更有崇高的思想境界,这才是人们应该追求的生活目标。

第四,主张精神独立,不受外界影响。

《贫居》记载,淳于子对於陵子说:"先生您难道没有看见那些普通人,如果在路上看到一只沾满污泥的鞋子,就会非常厌恶地把它一脚踢开;如果看到土地神的牌位,就会非常恭敬地叩头下拜。同样都是草木制成的事物,而人们对社主的恭敬、对脏鞋的厌恶却有如此大的差别,这是什么缘故呢?如今天下的人们都尊敬富贵之人而厌恶贫贱之人,先生您究竟何去何从呢?"对此,於陵子回答得非常有技巧:

夫淖履则践,侮淖履也;社主则拜,恭社主也。木亦何荣辱与?

於陵子用"淖履则践,侮淖履也;社主则拜,恭社主也"比喻世人对待贫贱与富贵的不同态度,用"木"比喻得道之人。恭敬与侮辱不过是来自外人的态度,而得道之人对此置之度外,丝毫不放在心里,并不会感到自己受到了羞辱或尊敬。

第五,向往自由、安全的生活。

於陵子拒绝进入官场,除了上述原因之外,他的另一个目的就是希望能够过上自由、安全的生活。当楚国大夫认为他为人灌园是委屈了自己时,於陵子自豪地回答:"食力灌园之余,寓神冲虚之表,一裘御冬,一箪驱夏,休息同乎禽鹿,内征吾天。"(《灌园》)这与古人说的"日出而作,日入而息;凿井而饮,耕田而食"意味一致。《未信》也说:"夫子织屦以为食,非与物亡治也;左琴右书,非与事亡接也。饮水笑歌,乐亦在其中矣。"於陵子在俭朴的田园生活中,不仅安顿好了自己的身体,也获得了充分的精神自由。除了自由,隐居还能够为於陵子夫妇提供相对安全的生活:"妻曰:'……今以容膝之安,一肉之味,怀楚国之忧,可乎?窃恐乱世多害，不保夫子朝夕也。'於陵子笑曰：'子诚我妻也！'"可见保证生活安全是夫妇俩共同关心的一个大问题。

最后我们还要指出的是，洁身自好无论何时都是深受赞美的品质。时人称於陵子为"天下所共与廉者"（《大盗》），於陵子当之无愧。然而於陵子在这方面做得似乎有些"过"，甚至可以说他有道德上"洁癖"。任何事情都不可以过度，而於陵子在道德上对自己的要求则显得有些"过犹不及"，比如在《先人》中，他把自己的泉水分给大家的行为，已经超越了一般人的道德标准，然而他却进一步做出这样的行为："震其甂，裂其绠，匍匐而还。闭门而哭泣，三日绝食，以惩其先人也。"於陵子把泉水分给大家之后，接着摔破了自己的水桶，扯烂了自己的井绳，爬着回了家。到家后又关上门大哭了一场，三天没吃一口饭，以此来惩罚自己抢在别人前面取了泉水。另如，《梦葵》说於陵子梦中偷拔了别人家的葵菜，翌日便坚决送草鞋以补偿对方。这种种表现都超出社会常理、大众常情。这大概就是时人批评於陵子的原因之一。

三　《於陵子》的流传及版本

关于《於陵子》这本书，古今学界普遍认为是一部伪书。《四库全书总目提要》卷一百二十四（子部三十四）对此有一个较为全面的介绍：

> 《於陵子》一卷（江苏巡抚采进本）。旧本题齐陈仲子撰。王士禛《居易录》曰：万历间学士，多撰伪书以欺世，如《天禄阁外史》之类，人多知之。今类书中所刻唐韩鄂《岁华纪丽》，乃海盐胡震亨孝辕所造。《於陵子》，其友姚士粦（lín）叔祥作也。凡十二篇，一曰《畏人》，二曰《贫居》，三曰《辞禄》，四曰《遗盖》，五曰《人问》，六曰《先人》，七曰《辩穷》，八曰《大盗》，九曰《梦葵》，十曰《巷之人》，十一曰《未信》，十二曰《灌园》。前有元邓文原题词，称前代《艺文志》《崇文总目》所无，惟石廷尉熙明家藏，又称得之道流。其说自相矛盾。又有王鏊（ào）一引一跋，鏊集均无其文。其伪可验。

惟沈士龙一跋，引扬雄《方言》所载《齐语》及《竹书纪年》《战国策》《列女传》所载沃丁杀伊尹，齐、楚战重邱，及楚王聘仲子为相事，证为古书，其说颇巧。然摭（zhí）此四书以作伪，而又援此四书以证非伪，此正朱子所谓采《天问》作《淮南子》，又采《淮南子》注《天问》者也。士龙与士粦友善，是盖同作伪者耳。末有徐元文跋，词尤弇鄙，则又近时书贾所增，以冒称传是楼旧本者矣。

大致意思是，明代万历年间，文人喜欢作伪书，姚士粦受其大环境影响，也伪作了《於陵子》一书，至于该书的题跋等，也是姚士粦等人杜撰出来的，欲以此证伪为真。《提要》还指出，与姚士粦合伙作伪的还有沈士龙。鉴于此，钱穆也断定"《於陵子》乃伪书"（《先秦诸子系年·陈仲考》）。

我们没有任何证据推翻前人关于《於陵子》为伪书之说，只是提出一个疑问，那就是关于作伪者是姚士粦的论断，总觉证据不足。此前的史书没有关于《於陵子》的记载，并不能证明此书的不存在，因为在古代中国，私家往往有藏书习惯，而且还"藏之名山"（《汉书·司马迁传》），他们还把这些书籍视为私产而秘不示人。既然我们现在可以通过某些渠道（如地下出土）一睹数千年前的古文真容，又怎么能够断言明代人就无法通过某种渠道看到从未面世的古书呢？

张元济《王荆文公诗笺注·影印大德本张元济跋》讲过这样一段话："王荆文公诗，李雁湖笺注，先六世祖尝得华山马氏元刊五十卷本，于乾隆辛酉之岁，覆刻行世。中经洪、杨之乱，板久散佚，书亦不易得矣。……日本有翻雕者，然中土流传绝少。先人有言：'是书之善，不独援据该洽，可号王氏功臣。'又引乡贤姚叔祥（姚士粦，字叔祥）语，谓'藏书于家，但知秘惜为藏，不知传布为藏。'余悚然以是为惧。"定《於陵子》为伪书的姚际恒也承认姚士粦"好搜古籍"（《古今伪书考》），这说明姚士粦不仅喜欢收集古籍，而且还愿意把一些秘籍公布于世。我们很难证明姚士粦就不能从某种渠道获取古代流传下来的《於陵子》并把它流传开来。另外，《於陵子》这本书所反映出来的关于於陵子的思想性格，与先秦古书中的於陵子丝丝相扣，书中的遣词造句、结构谋篇绝非一般文人所能做到。尹桐阳也说："《荀子·非十二子》，田仲寔居其一，则田仲必有书目行于世矣。"（《於陵子注自叙》）《风俗通义》佚文："於陵氏，陈仲子，齐世家也，辞爵灌园，居于於陵，因氏焉，汉有议郎於陵钦。"《汉书·艺文志》记载："《於陵钦易吉凶》二十三卷。"於陵子的后代於陵钦继续从事文化事业，并有著述见于史书。这些后代很可能会把自己祖先的一些言行记录下来以传世。因此，我们认为，关于《於陵子》的真伪问题，不妨暂且存疑，以待来者进一步研究。

即便《於陵子》是一部伪书，也不妨碍我们读者以扬弃的态度，从中汲取对自己有启发意义的营养，抛弃其不妥的糟粕。情节完全虚构的小说尚能与人益处，更何况是建立在真实历史人物之上、以阐述思想为主的《於陵子》！

《於陵子》面世很晚，《四库全书》只有存目，未收该书全文。扫叶山房最初创于明朝万历年间，是一家有三四百年悠久历史的老牌书店，我们采用的就是扫叶山房编辑的《百子全书》本（浙江人民出版社1984年影印本）。

由于《於陵子》晚出，且被视为伪书，一致未受到学界的重视，至今我们也没有看到一本正式出版的、完整的《於陵子译注》。由于参考资料的缺乏，更由于我们学识有限，译注与解读都可能会出现这样那样的问题，我们虚心以待读者的关心与批评指正。

张景　张松辉

2024年1月

畏人

【题解】

　　畏人,指於陵子对世人、尤其对官员深感恐惧。本文可分三个层次:第一个层次,於陵子激烈地批判了官员两面三刀、阳奉阴违的种种险恶劣行,以说明自己"畏人"的原因。第二个层次,於陵子在批判官员之后,又对自己窥探他人品性、口无遮拦的行为也进行了激烈批判,从而解释了"畏我"的缘故。也就是说,於陵子既"畏人"又"畏我"。第三个层次,於陵子的最终意愿是,从此做到闭目塞听,无我无己,超越于这个混乱的社会之上,摆脱自己与世人、官员之间的纠缠。文章层层递进,出人意表。

　　於陵子畏人,东田大夫曰①:"仲尼亦有言②:'羽毛弗可与同群③。'今子畏我冠带④,将畴与伦⑤?请殿其故⑥。"於陵子永息扸沫⑦,辟牖而言曰⑧:"嘻乎! 夫噬蝥蛰于宾俎⑨,血肉胎于晏笑⑩。凌柣而吴越⑪,趾趾者⑫,晓且夜也⑬。彼沉世者⑭,昧欲反之⑮,顾复戚之⑯,可无畏耶? 今大夫请其故⑰,畏莫畏乎大夫矣!"

【注释】

①东田大夫：人名。生平不详。

②仲尼：孔子名丘，字仲尼。

③羽毛弗可与同群：不可以与鸟兽生活在一起，也即不能隐居深山老林与鸟兽为伍。羽，指鸟类。毛，指兽类。详见"解读"。

④冠带：帽子与腰带。这里代指士族、官员。

⑤将畴（chóu）与伦：将要与谁生活在一起呢？畴，谁。伦，同类。这里指生活在一起。

⑥殷：叩击声。《说文·殳部》："殷，击声也。"这里指叩问、请教。

⑦永息：长长地叹息了一声。永，长。息，叹息，叹气。挥（huī）沫：擦了擦嘴唇。挥，挥动。这里引申为擦。沫，吐沫。这里代指嘴唇。

⑧辟牖（pì yǒu）：打开窗户。辟，开，打开。牖，窗户。

⑨夫噬螫（shì shì）蛰（zhé）于宾俎（zǔ）：狠毒的杀戮就隐藏在杯觥交错的酒宴之上。意思是，官员们表面上推杯换盏，称兄道弟，内心却在想着如何伤害对方。噬，咬，吞吃。螫，毒虫或毒蛇刺咬。这里指毒害。蛰，蛰伏，隐藏。宾俎，招待宾客的宴会。俎，本指祭祀时盛牛羊的礼器，这里代指宴会上的丰盛食物，即代指宴会。

⑩血肉胎于晏笑：血腥的屠杀就暗藏在看似愉悦的欢笑之中。血肉，指血腥的屠杀。胎，根源于，产生于。晏，和悦。

⑪凌柣（zhì）而吴越：一出门，看到的全是仇恨与征伐。凌，越过，走过。柣，门槛。吴越，两个诸侯国名。吴，周代诸侯国。在今长江下游一带。越，周代诸侯国。在今浙江一带。吴国与越国长期互相仇恨征伐，这里代指仇恨与征伐。

⑫趾趾者：为名利四处奔走的人们。趾，脚趾。这里代指奔波。

⑬晓且夜也：从清晨一直奔波到夜晚。一说本句的意思是"朗朗乾坤也变得一片黑暗"。

⑭彼沉世者：那些沉溺于世俗名利的人。

⑮昧欲反之：不仅自己愚昧，还想让别人跟他们一样愚昧。昧，愚昧。反，类推开去，让人也如此。《论语·述而》："举一隅，不以三隅反，则不复也。"

⑯顾复戚之：却还表现得似乎是在亲近别人。顾，表轻微的转折。戚，亲近，亲密。之，别人。实际就是指於陵子自己。

⑰今大夫请其故：现在大夫您来询问其中的缘故。大夫，指东田大夫。请，请问，询问。

【译文】

於陵子对人们深感恐惧，东田大夫说："孔子曾经说过：'人是不可以与鸟兽生活在一起的。'如今您害怕我们这些士族、官员，那么您将与什么人生活在一起呢？我想请教您对人们深感恐惧的原因。"於陵子长叹了一声，擦了擦嘴唇，打开了窗户，然后说道："唉！狠毒的杀戮就隐藏在杯觥交错的酒宴之上，血腥的屠杀就暗藏在看似和悦的欢笑之中。只要一出门，看到的全是仇恨与征伐；为名利四处奔走的人们，从清晨一直忙碌到夜晚。而那些沉溺于世俗名利之中的人们，不仅自己愚昧糊涂，而且还想让别人也和他们一样愚昧糊涂，表面上却还表现得似乎是在亲近别人，这样能够让我不深感恐惧吗？现在你来询问其中的缘故，而我最感恐惧的就是你们这些当官的啊！"

【解读】

关于孔子说的"羽毛弗可与同群"，见于《论语·微子》的记载：

长沮、桀溺耦而耕，孔子过之，使子路问津焉。长沮曰："夫执舆者为谁？"子路曰："为孔丘。"曰："是鲁孔丘与？"曰："是也。"曰："是知津矣。"问于桀溺，桀溺曰："子为谁？"曰："为仲由。"曰："是鲁孔丘之徒与？"对曰："然。"曰："滔滔者，天下皆是也，而谁以易之？且而与其从辟人之士也，岂若从辟世之士哉？"耰（yōu）而不辍。子路行以告。夫子怃然曰："鸟兽不可与同群，吾非斯人之徒与而谁与？天下有道，丘不与易也。"

长沮、桀溺两位隐士在地里并肩耕作，孔子从那里路过，就让子路去询问渡口在哪里。长沮问："那位手握缰绳的人是谁？"子路说："是孔丘。"长沮又问："他是鲁国的孔丘吗？"子路说："是的。"长沮说："他知道渡口在哪里啊。"子路又去问桀溺，桀溺说："您是谁？"子路说："我是仲由。"桀溺问："你是鲁国孔丘的弟子吧？"子路回答说："是的。"桀溺说："如同滔滔洪水一般的混乱，天下到处都是如此，你又能和谁一起去改变这种现状呢？再说你与其跟着避开坏人的人，哪里比得上跟着我们这些避开整个社会的人呢？"二人继续打碎土块覆盖种子而一刻也不停下。子路回来就把此事告诉孔子。孔子怅然若失地说："我们是不可以与鸟兽生活在一起的，那么我们不和这些世人生活在一起，又能和谁生活在一起呢？如果天下清平安定，我孔丘也就不用参与改变社会的事情了。"

根据《史记·孔子世家》记载，这一故事发生在孔子六十二岁时，当时孔子准备从叶（在今河南叶县南）到蔡（在今河南上蔡与新蔡一带）。此事具体的发生地点，《史记正义》引《括地志》说：

> 黄城山，俗名"菜山"，在许州叶县西南二十五里。《圣贤冢墓记》云黄城山即长沮、桀溺所耕处。下有东流，则子路问津处也。

也就是说，孔子问津处，在今河南叶县附近。

孔子与於陵子在政治观方面一致，都认为各自所处的时代是一个混乱的时代。然而如何对待这个混乱时代，二人却代表了两种不同的生活态度，孔子积极入世，希望能够与人们一起努力改变这个混乱的社会；而於陵子则与长沮、桀溺态度一致，他们消极避让，不仅要"避人"，而且还要"避世"。於陵子明确表示自己要"一裘御冬，一箪驱夏，休息同乎禽鹿，内征吾天"（《灌园》），於陵子就是要与鸟兽相伴。

大夫曰："奚畏①？"於陵子曰："予观大夫，心山川乎②，战予跻跨也③；貌桎梏乎④，械予肢体也⑤；视鹰鹯乎⑥，不知其欲也;言风云乎⑦,不知其变也。夫如是⑧,奚不畏也?"

【注释】

①奚畏:您恐惧什么呢? 奚,何,什么。

②心山川乎:你们的心思就像高山大川一样无法测量。

③战予跻跋(jī bù)也:让我在猜测你们的心思时感到战战兢兢。战,害怕得发抖。跻跋,登山步行。比喻猜测对方的心思。跻,登,登山。跋,步行。

④貌桎梏(zhì gù)乎:你们的模样就像拿着脚镣手铐一样。桎梏,脚镣手铐。在脚叫"桎",在手叫"梏"。

⑤械予肢体也:想要拘禁、捆束我的身体。械,指脚镣手铐。这里用作动词,用脚镣手铐拘禁。

⑥视鹰鹯(zhān)乎:你们的目光就像鹰鹯一样。鹯,指鹰鹯类的猛禽。

⑦言风云乎:你们的语言就像风吹云卷一样。这里用风吹云卷形容言谈变化无常。

⑧如是:如此。是,此。

【译文】

东田大夫问:"您害怕我们什么呢?"於陵子回答说:"我观察你们这些当官的人,你们的心思就像高山大川一样,让我在猜测你们的心思时感到战战兢兢;你们的模样就像拿着镣铐一般,随时都想把我的身体拘禁起来;你们的目光就像鹰鹯一样,让人无法知道你们究竟想干什么;你们的言语就像风吹云卷一样,根本无法知道它的下一步如何变化。你们的这些行为,怎么能不令人感到恐惧呢?"

【解读】

於陵子说:"予观大夫,心山川乎,战予跻跋也。"於陵子对人心的看法及其所使用的比喻与庄子十分相似。《庄子·列御寇》说:

人心险于山川,难于知天。

句中的"险"是"险峻""险阻"的意思。由于古代科技不发达,人们要想认识大山大川,要想认识上天,十分困难。但庄子认为,由于人心的隐蔽性和多变性,对人心的认识比对山川、上天的认识更为困难。后来白居易在《天可度》中阐述了同样的观念:

> 天可度,地可量,唯有人心不可防。但见丹诚赤如血,谁知伪言巧似簧。劝君掩鼻君莫掩,使君夫妇为参商。劝君掇蜂君莫掇,使君父子成豺狼。海底鱼兮天上鸟,高可射兮深可钓,唯有人心相对时,咫尺之间不能料。君不见:李义府之辈笑欣欣,笑中有刀潜杀人? 阴阳神变皆可测,不测人间笑是瞋。

这首诗歌涉及三个历史典故:

第一个典故:"劝君掩鼻君莫掩,使君夫妇为参商",讲的是楚怀王等人的故事。《战国策·楚策四》记载,魏王送给楚怀王一位美人,楚怀王非常宠爱她。怀王夫人郑袖看到丈夫爱这位美人,于是就表现得比怀王更爱美人:把最好的衣服玩好、宫室卧具等都让给这位美人。怀王看到郑袖的表现后十分高兴,夸奖她说:"妇人事奉丈夫,靠的是美色;而嫉妒,则是妇人的常情。现在郑袖知道寡人爱这位美人,结果比我更爱她,郑袖对待我,就像孝子对待父母、忠臣对待君主一样啊!"郑袖看到怀王认为自己不嫉妒了,便开始施展阴谋。她对美人说:"大王很爱你的美丽,就是有点儿讨厌你的鼻子,以后你见大王时,最好把鼻子捂着,大王就会更爱你了。"魏美人不知是阴谋,于是每次见怀王时就把自己的鼻子捂住。次数多了,怀王感到奇怪,就问郑袖说:"美人每次见寡人,总是捂住鼻子,为什么?"郑袖回答:"我知道原因,但不必讲了。"怀王说:"即使难听也要讲。"郑袖说:"她好像是讨厌君王身上的气味。"怀王听后大怒:"真是个悍妇啊!"当即命令武士把美人的鼻子给割了。没有鼻子的女子再也得不到男人的宠爱了。

第二个典故:"劝君掇蜂君莫掇,使君父子成豺狼",讲的是西周宣王的重臣尹吉甫的故事。尹吉甫前妻去世,后妻为了诬陷前妻的儿子伯奇,便把一只毒蜂放在自己的衣领上,令伯奇摘掉它。尹吉甫从远处看到伯奇把手伸到后妻的脖子上,误以为伯奇在调戏后母,大怒,便把伯奇流放到远方去了。

第三个典故:李义府在唐高宗时任中书令(相当于宰相),时人评价他是:"义府貌状温恭,与人语必嬉怡微笑,而褊忌阴贼。既处权要,欲人附己,微忤意者,辄加倾陷。故时人言义府笑中有刀,又以其柔而害物,亦谓之'李猫'。"(《旧唐书·李义府传》)李义府与人相处,表面上恭敬温柔,满面笑容,背后害人十分残酷,后被流放巂(xí)州(今四川西昌),五十余岁时死于此地。"笑里藏刀"一词即出于此。

白居易时代,人们对天地的了解依然甚少,也可以说对当时的人来说,天不可度,地不可量,然而诗人认为,人心比天地更难猜度。白居易的"天可度,地可量,唯有人心不可防"这一结论与於陵子说的"心山川乎,戕予踒跌也"是一样的。

於陵子与庄子虽然对人心的看法一致,但二人对此的态度却大不相同。在下文中,於陵子对自己试图窥探人心的行为进行了深刻反省与评判,表示从此要改正这一行为,而庄子则为人们、主要是君主出谋划策,告诉如何去探察人心。因原文难懂,我们直接翻译出来:

> 有时让他到远方办事以考察他对自己是否忠诚,有时让他在自己身边办事以考察他时间久了对自己是否恭敬,有时给他安排许多任务以考察他是否有能力,有时突然提问以考察他是否有智慧,有时交给他期限紧迫的工作以考察他是否能够守信用按时完成,有时把财产托付给他管理以考察他是否廉洁,有时把危难处境告诉他以考察他是否能够坚守节操,有时把他灌醉以考察他醉后能否坚持正确原则,有时让他与女人杂处以观察他是否好色。(《庄子·列御寇》)

庄子认为,通过这一系列的考察,一个人品质的好坏就会显露无遗。

　　大夫曰："亡行^①，故丑于德，然未尝毁^②，则公朝县罪郊境^③。薰以形焉^④，则轩虞而下将灭景与^⑤，非则人将畏子矣^⑥。"於陵子曰："棍哉^⑦！言大夫也。夫圣人弗以形形^⑧，以形而形者^⑨，至今四海矣^⑩。以是不形予于景光^⑪，不貌予于渊监者^⑫，畏我也。然犹未尔^⑬，谓神君混朴而辱予智^⑭，谓自然靡饬而放予礼^⑮，谓情素澄塞^⑯，亡使美利刺吾耳^⑰，毁誉刃吾舌^⑱。由今且弗谓我存^⑲，惧未足不我畏也^⑳。乃大夫徒知我之畏人^㉑，而未知我之畏我久矣。"

【注释】

①亡（wú）行：没有好的行为。这是东田大夫的自谦之词。亡，无。

②然未尝毁：然而也未尝受到如此的毁谤。东田大夫认为虽然自己的德行不够高尚，但也不会像於陵子说的那样不堪。

③则公朝县（xuán）罪郊境：我的罪过将会显明于朝野。公朝，指朝廷。公，春秋战国的诸侯国君主多称"公"。县，悬。指公开揭示，显明。郊境，郊野。代指民间。

④薰以形焉：根据别人的形貌去激烈地批判别人。在上文中，於陵子多从形貌表现推知别人的内心。薰，重蒸。这里形容激烈批判。

⑤则轩虞而下将灭景（yǐng）与（yú）：品德不如轩辕黄帝与虞舜的人都不敢再显露自己的任何行迹了。本句意思是说，如果像於陵子这样依据一个人的形貌去判断其品德高低，那么除了像黄帝、虞舜这样道德圆满的人之外，其他人人自危，不敢显露自己的任何行迹，以免受到於陵子的批评。轩，指黄帝。黄帝居于轩辕之丘，故又称"轩辕"。虞，指舜帝。舜帝的国号为"虞"。景，同"影"。代指行踪、行迹。与，通"欤"。句末语气词。

⑥非则人将畏子矣：否则人人都会对您感到恐惧了。因为人人都会

受到於陵子的批判,所以人人都会害怕於陵子。非则,否则。

⑦梘(nǐ)哉:滞碍不通!梘,本指塞于车轮下的制动木头,这里引申为滞碍不通。

⑧夫圣人弗以形形:那些圣人不是用自己的相貌、行为来显示自己的德行。第一个"形"指相貌、行为,第二个"形"是显形、显示的意思。

⑨以形而形者:用自己的相貌、行为显示出自己品性的人。

⑩至今四海矣:如今天下人皆是如此。以上几句意思是说,圣人深藏不露,一般人很难通过圣人的形貌判断其品德,而世俗人的好坏品性通过他们的言行即可看出。详见"解读一"。

⑪以是不形予于景(yǐng)光:因此他们不愿意把自己的任何一点儿行迹显示给我看。以是,因此。不形予,不显示给我看。形,显示。景光,形容细微的行迹。景,同"影"。

⑫不貌予于渊监者:不愿意露出任何一点儿容貌让我看到。貌,面貌。这里用作动词,显示面貌。渊监,观察,看到。渊,可以照见身影的水。《庄子·山木》:"吾守形而忘身,观于浊水而迷于清渊。"监,照影。《尚书·酒诰》:"人无于水监,当于民监。"这个意义又写作"鉴"。

⑬然犹未尔:然而还不仅如此。犹,仍然,还。尔,此,这样。

⑭谓神君混朴而辱予智:我认为在混沌淳朴的圣人面前,我应该为自己的俗智感到羞愧。谓,认为。神君,对神灵的敬称。这里引申为思想境界最高的圣人。圣人对待所有世人持包容态度,而於陵子却使用自己的智慧去观察、批判士族大夫,所以於陵子说"辱予智"。

⑮谓自然靡饬(chì)而放予礼:认为应该放任自然、不得自我修饰,应该把自己从世俗礼仪中解放出来。靡,没有,不。饬,修整,修饰。这里指用礼仪自我修饰。

⑯谓情素澄塞：认为要让自己的性情恬淡，心情安定。澄塞，安定，安静。澄，安定。塞，安定。《方言》卷六："塞，安也。"郭璞注："物足则定。"《后汉书·郅恽列传》："晏晏之化。"李贤注："郑玄注《尚书考灵耀》云：'道德纯备谓之塞。'"

⑰亡（wú）使美利刺吾耳：不再让美好的语言刺激我的耳朵。意思是不再受外界的任何影响。亡，无，不。美利，美好。这里指赞美的语言。如人们赞美於陵子品德高尚、廉洁等。

⑱毁誉刃吾舌：我也不再用语言去毁誉别人、伤害别人。刃，刀刃。这里用作动词，刺伤，伤害。本句依前一句省去"亡使"。以上两句可以视为互文，意思是说，自己过去做得很不够，今后要做到的是，既不去受外界毁誉的影响，也不去毁誉别人。

⑲由今且弗谓我存：从今之后，我就不再认为我还生存于世间。关于这句话的含义，见"解读二"。

⑳惧未足不我畏也：我担心如此还无法做到消除对自己的恐惧。未足，不够，做不到。我畏，即"畏我"，害怕自己，即担心自己做不到对自己的以上要求。

㉑乃大夫徒知我之畏人：然而大夫您只知道我对别人感到恐惧。乃，而。王引之《经传释词》卷六："乃，犹'而'也。"

【译文】

东田大夫说："我没有多少善行，因此也没有高尚的品德，但是我也从未受到过如此的毁谤，如您所言我的罪行就会显露于朝野了。如果仅仅依据别人的形貌就去激烈地批判别人，那么品德不如轩辕黄帝与虞舜的人，都不敢再在您的面前显露自己的任何一点儿行迹了，否则人人对您的批评都会感到恐惧啦。"於陵子说："您讲的这些话，太滞碍不通了吧！那些圣人是不会用自己的行迹来显示自己美德的，而用自己的行迹显示出自己品性的人，如今天下比比皆是。因此他们不愿意把自己的任何一点儿行迹显示给我看，也不愿意露出任何一点儿容貌表情让我知道，因为他们对我感到恐惧。然而并不仅如此，我认为在混沌淳朴的圣人面前，我应该为自己的这一点儿窥探别人品德的俗智感到羞愧，认为我应该放任自然、不可自我修饰，要把自己从世俗礼仪中解放出来，还认为要让自己的性情恬淡，心境安定，不再让外界的赞美语言影响我的耳朵，我也不再用语言去毁誉、伤害别人。从今之后，我就不再认为我还生存于人世间，然而让我担心的是，如此还无法做到消除我对自己的恐惧。而您只知道我对世人感到恐惧，却不知道我对我自己的恐惧也已经很久了。"

【解读】

一

古人认为："圣人不相。"（《史记·范雎蔡泽列传》）儒、道、释三家都认为各自圣人的思想境界，常人是无法从外部形象方面进行窥测的。《道德经》第八章说：

（圣人）居善地，心善渊。

圣人善于身处卑下之位，思想如深渊一样深邃难识。庄子在《应帝王》中也再次强调圣人能够"立乎不测"："明王之治，功盖天下而似不自己，化贷万物而民弗恃，有莫举名，使物自喜，立乎不测，而游于无有者也。"圣君治理天下，建立了盖世之功却好像与自己毫无关系，化育、施恩于万物而人们却感觉不到是在依赖于他。圣君建立了功德却无法用语言描述，使万物各得其所、欣然自得。圣君立身处世高深莫测，整日生活在清静无为的虚静境界之中。

不仅身为道家的老庄认为常人无法猜度圣人的思想境界，儒家也如此认为。关于儒家圣人的境界，《韩诗外传》卷八有这样一段记载：

齐景公谓子贡曰："先生何师？"对曰："鲁仲尼。"曰："仲尼贤乎？"曰："圣人也，岂直贤哉！"景公嘻然而笑曰："其圣何如？"子贡曰："不知也。"景公悖然作色，曰："始言圣人，今言不知，何也？"子贡曰："臣终身戴天，不知天之高也；终身践地，不知地之厚也。若臣之事仲尼,譬犹渴操壶杓,就江海而饮之,腹满而去,又安知江海之深乎?"

子贡认为,孔子的思想境界好像上天、大地一般,虽然自己终生头顶着天、脚踏着地,却无法知道天有多高,地有多厚;还好像大江大海一样,虽然自己每天都取饮于此,却无法知道大江大海的水究竟有多深。

佛教则更进一步,他们认为那些思想境界极高的僧人,不仅常人难以窥其言行门径,就连鬼神也无法探知其究竟。《五灯会元》卷三记载:

> 师(唐代普愿禅师)因至庄所,庄主预备迎奉。师曰:"老僧居常出入,不与人知,何得排办如此?"庄主曰:"昨夜土地报道,和尚今日来。"师曰:"王老师(普愿禅师俗姓王)修行无力,被鬼神觑见。"

普愿禅师俗姓王,有一次他因为有事到一村庄,庄主事先就做好了迎接准备,普愿禅师甚是诧异:"我平时出门办事,从来不会告诉任何人,您怎么事先就把事情准备好了呢?"庄主回答说:"是土地神昨晚梦中告知我,您今天要来。"普愿禅师听后感叹说:"我这个姓王的老师傅修行还不到家,所以自己的行踪被鬼神发现了。"那么反过来讲,修行到极致的高僧,连鬼神都无法知晓其行踪,更不用说那些凡夫俗子!

二

於陵子说的"由今且弗谓我存",既类似庄子说的"无己""坐忘",更类似张知白说的"身存身亡"。

《庄子》书中反复强调"至人无己"(《逍遥游》),所谓的"无己",大致有两层含义,一指忘却自我,一指忘却个人成见以顺应自然。这两义既有联系又稍有差别,庄子主要指后一义。所谓"成见",庄子又称之为"成心",指一个人因为生活环境和教育内容等原因而形成的固定见解,比如看到杯子,我们就想到要用它喝水;看到床铺,我们就想到要用它躺卧。庄子认为,思想境界最高的人就消除了这些成心。於陵子依据自己的道德标准,对大夫做出如此激烈的批判,说明他没有做到"无己",这也是於陵子对自己感到恐惧的主要原因。庄子还提出了著名的"坐忘"

主张：

> 颜回曰："回益矣。"仲尼曰："何谓也？"曰："回忘仁义矣。"曰：
> "可矣，犹未也。"他日复见，曰："回益矣。"曰："何谓也？"曰："回忘
> 礼乐矣。"曰："可矣，犹未也。"他日复见，曰："回益矣。"曰："何谓
> 也？"曰："回坐忘矣。"仲尼蹴（cù）然曰："何谓坐忘？"颜回曰："堕
> 肢体，黜聪明，离形去知，同于大通，此谓坐忘。"仲尼曰："同则无
> 好也，化则无常也，而果其贤乎！丘也请从而后也。"（《庄子•大宗
> 师》）

颜回对孔子说："我最近长进了。"孔子问："你说的长进指什么？"颜
回说："我忘掉仁义了。"孔子说："不错，但是还不够。"过了一些日子，颜
回又去见孔子，说："我又长进了。"孔子问："你说的长进指什么？"颜回
说："我忘掉礼乐了。"孔子说："不错，但是还不够。"又过了一些日子，颜
回再去见孔子，说："我又长进了。"孔子问："你说的长进指什么？"颜回
说："我能够'坐忘'了。"孔子吃惊地问道："什么叫'坐忘'啊？"颜回说：
"忘却自己的身体，排除自己的视听，抛弃形体，消除智慧，与无所不通、
自由自在的大道境界融为一体，这就叫作'坐忘'。"孔子说："与大道融
为一体就不会再有个人偏好，懂得事物在不断变化就不再会固执一端，
你确实是位贤人啊，请让我孔丘跟着你学习吧！"

所谓"坐忘"，就是通过精神修养，忘却客观的一切，也忘却主观的
一切，做到物我两忘。於陵子所力争做到的，也是这种生活境界。

张知白是北宋人，陈录《善诱文•司马温公训俭》记载，张知白担任
宰相时，生活依然像从前一样简朴，有人劝他从众，以免被讥为虚伪，张
知白回答说：

> 吾今日之奉，虽举家锦衣玉食，何患其不能。顾人之常情，由俭
> 入奢易，由奢入俭难。吾今日之奉，岂能常有？身岂能常存？一旦
> 异于今日，家习奢已久，不能顿俭，必至失所，岂若吾居位去位、身存
> 身亡，如一日乎？"

　　"居位去位、身存身亡"的意思是：虽然我高居相位，但我思想上把自己视为没有任何地位的平民；虽然我还活在世上，但我思想上把自己看作已经死亡的人。作者把现实中真实存在的"相位"和"活着"视为不存在，目的是为将来可能出现的困窘生活以及必将出现的死亡做物质上和精神上的双重准备。一个人如果能够真正做到"居位去位、身存身亡"，那么他在精神上就可以永远立于不败之地。应该说，张知白的思想境界比其他人要高着一个层次。

　　於陵子说的"由今且弗谓我存"与张知白说的"身存身亡"几乎是一个意思，但於陵子的"弗谓我存"的主要目的是为了回避这个混乱的社会，对外闭目塞听，以摆脱自己与世人之间的纠缠。

贫居

【题解】

贫居，过着贫苦的生活。居，生活。本篇通过於陵子与淳于髡（kūn）的对话，追述了远古时代的民众生活，体现了於陵子安于贫贱、不受外界毁誉影响的高洁品质。

於陵子贫居，而人莫能任焉①。淳于子问曰②："民之生也，乐贫贱乎？乐富贵乎？乐贫贱也，则尹、说不必贵③，然、赣不必富④。乐富贵也，则匹夫非宁位⑤，蓬蔬非宁居⑥。子独能久乎⑦？"於陵子曰："最昔之民⑧，相与钧天地之有⑨，夷生人之等⑩，休休与与⑪，亡校满损⑫。由夫伐气者已崇⑬，沉欲者已聚⑭，而贫贱形矣⑮。今也衡予气便便⑯，不知势位之荣也；廉予欲恬恬⑰，不知金玉之利也。忘得失之忧，保性命之乐，亦恶能舍此适彼哉⑱？"

【注释】

①任焉：承受这种贫苦的日子。任，承受，忍受。焉，代指贫苦的生活。
②淳于子：即先秦思想家淳于髡。其生平事迹可见"解读"。

③尹、说（yuè）：指商代的两位政治家伊尹与傅说。伊尹，名挚，又称
　　"伊挚"。夏末商初人，商朝的开国贤相。相传伊尹是有莘（shēn）
　　氏（据载在伊水之滨，今河南境内）的奴隶。由于心灵手巧，善于
　　烹调，后作为陪嫁男奴被送到了商国，商汤王授以国政。商汤王
　　在伊尹的帮助下，灭掉了夏王朝，建立了商王朝。傅说，相传傅说
　　本为傅岩（相传在今山西平陆东）那里的筑墙奴隶。商王武丁梦
　　得圣人，名曰说，求于野，在傅岩找到傅说，举以为相，国大治。
④然、赣（gàn）：计然与子贡。计然，又名计研、计倪。其生平事迹
　　及思想，可详见本书的《计倪子》。子贡，姓端木，名赐，字子贡，
　　一作"子赣"。卫国人，小孔子三十一岁。孔子弟子。因计然、子
　　贡都善于经商致富，所以二人均被收入《史记・货殖列传》。
⑤宁位：让人安心的地位。
⑥蓬蔬非宁居：住草房、吃蔬食不是让人能够安心的生活。蓬，野草
　　名。这里代指草房。蔬，蔬菜。这里代指粗劣的饮食。
⑦独：难道。
⑧最昔之民：最为古老的民众。
⑨相与钧天地之有：人们一起平均地分享大自然赋予的财富。相
　　与，一起。钧，通"均"。
⑩夷生人之等：人与人之间的关系都是平等的。夷，平，平等。生
　　人，即"生民"，百姓。唐人为了避唐太宗李世民的名讳，往往把
　　古籍中的"民"改为"人"。
⑪休休与与：和睦相处、平等祥和的样子。休休，安乐祥和的样子。
　　与与，心态平和的样子。
⑫亡（wú）校满损：不去计较名利的得失多少。亡，无，不。满损，
　　指多少、得失。
⑬由夫伐气者已崇：由于那些喜欢自我夸功、建功的人地位变得高
　　贵起来。伐，夸耀。气，气势、权势。崇，高，高贵。一说，"伐"是

指功勋,"气"指权势。

⑭沉欲者已聚:沉溺于个人名利欲望的人积累了大量的财富。

⑮而贫贱形矣:于是贫穷、低贱的生活就在对比中显现出来了。形,
　显露,显示。

⑯今也衡予气便便(pián):如今我调整好自己的心态,使之平和安
　适。衡,平衡,平和。气,心情。便便,安适的样子。

⑰廉予欲恬恬:减少自己的欲望,使自己淡泊名利。廉,廉洁,不贪。
　恬恬,对名利淡泊的样子。

⑱亦恶(wū)能舍此适彼哉:我怎么能够舍弃这种恬淡安适的生活,
　而去追求那种追名逐利的日子呢? 恶,怎么,怎能。适,到……
　去,追求。

【译文】

於陵子生活异常贫困,一般人都无法承受。淳于子向於陵子问道:
"人生在世,是喜欢贫穷、低贱的生活呢? 还是喜欢富裕、高贵的生活
呢? 假如喜欢低贱、贫穷生活的话,那么伊尹、傅说也就没有必要去追求
高贵的地位,计然、子贡也就没有必要去追求富裕的生活。假如喜欢富
裕、高贵生活的话,那么平民百姓这样的社会地位就不是能够让人安心
的地位,住草房、吃粗食也就不是能够让人安心的生活。您怎么能够长
期地过着这种贫贱的日子呢?"於陵子回答说:"最初的先民,他们平均
地分享着大自然赋予的财富,人与人之间也没有高低贵贱的等级差别,
他们和睦相处,一片祥和,谁也不去计较名利的得失多少。后来由于那
些喜欢夸耀权势、追求建功立业的人变得高贵起来,那些贪得无厌的人
也聚敛了大量的财富,于是贫苦、低贱的生活就在对比中显现了出来。
如今我调整好自己的心态,使之平和安适,忘记了权势地位带来的荣耀;
我减少自己的欲望,使自己淡泊名利,忘记了金银财宝带来的利益。我
如今没有患得患失的忧愁,获取了保全生命的欢乐,我怎么能够舍弃这
种恬淡快乐的生活,而去追求那种追名逐利的日子呢?"

【解读】

本段说的"淳于子",即与於陵子同时的淳于髡。在历史上,淳于髡是一位颇具影响力的思想家,司马迁把他列为《史记·滑稽列传》中的第一名。阅读《史记》中关于淳于髡的故事,不仅能帮助我们更好地理解本文,其中的进谏方法也值得我们借鉴,而且淳于髡的故事还为后人留下"一鸣惊人""豚蹄穰田""乐极生悲"这些成语。我们把《史记》中关于淳于髡的记载转录如下:

淳于髡者,齐之赘婿也。长不满七尺,滑稽多辩,数使诸侯,未尝屈辱。齐威王之时喜隐,好为淫乐长夜之饮,沉湎不治,委政卿大夫。百官荒乱,诸侯并侵,国且危亡,在于旦暮,左右莫敢谏。淳于髡说之以隐曰:"国中有大鸟,止王之庭,三年不蜚又不鸣,王知此鸟何也?"王曰:"此鸟不飞则已,一飞冲天;不鸣则已,一鸣惊人。"于是乃朝诸县令长七十二人,赏一人,诛一人,奋兵而出,诸侯振惊,皆还齐侵地。威行三十六年。语在《田完世家》中。

威王八年,楚大发兵加齐。齐王使淳于髡之赵请救兵,赍金百斤,车马十驷。淳于髡仰天大笑,冠缨索绝。王曰:"先生少之乎?"髡曰:"何敢!"王曰:"笑岂有说乎?"髡曰:"今者臣从东方来,见道傍有穰田者,操一豚蹄,酒一盂,祝曰:'瓯窭满篝,污邪满车;五谷蕃熟,穰穰满家。'臣见其所持者狭而所欲者奢,故笑之。"于是齐威王乃益赍黄金千溢,白璧十双,车马百驷。髡辞而行,至赵。赵王与之精兵十万,革车千乘。楚闻之,夜引兵而去。

威王大说,置酒后宫,召髡赐之酒。问曰:"先生能饮几何而醉?"对曰:"臣饮一斗亦醉,一石亦醉。"威王曰:"先生饮一斗而醉,恶能饮一石哉!其说可得闻乎?"髡曰:"赐酒大王之前,执法在旁,御史在后,髡恐惧俯伏而饮,不过一斗径醉矣。若亲有严客,髡帣韝(juǎn gōu)鞠䐆(jì),侍酒于前,时赐余沥,奉觞上寿,数起,饮不过二斗径醉矣。若朋友交游,久不相见,卒然相睹,欢然道故,私情相语,饮可五六斗径醉矣。若乃州闾之会,男女杂坐,行酒稽留,六博投壶,相引为曹,握手无罚,目眙(chì)不禁,前有堕珥,后有遗簪,髡窃乐此,饮可八斗而醉二参。日暮酒阑,合尊促坐,男女同席,履舄交错,杯盘狼藉,堂上烛灭,主人留髡而送客,罗襦襟解,微闻芗泽,当此之时,髡心最欢,能饮一石。故曰酒极则乱,乐极则悲,万事尽然。”言不可极,极之而衰。以讽谏焉。齐王曰:“善。”乃罢长夜之饮,以髡为诸侯主客。宗室置酒,髡尝在侧。

淳于髡是齐国的一位入赘女婿。身高不足七尺,为人滑稽,能言善辩,多次出使诸侯,从未受过屈辱。齐威王在位时,喜好说隐语(谜语),又喜欢过度娱乐,彻夜宴饮,整天陶醉其中,不管政事,而把政事委托给卿大夫。百官荒淫放纵,各诸侯国都来侵犯,国家危亡,就在旦夕之间,而齐王身边近臣都不敢进谏。淳于髡就用隐语来规劝齐威王,说:“都城中有一只大鸟,落在了大王的庭院里,三年不飞也不叫,大王您知道这只鸟是怎么一回事吗?”齐威王说:“这只鸟不飞则已,一旦飞起就直冲云霄;不叫则已,一叫就能使人震惊。”于是就命令全国七十二个县的长官都来入朝奏事,奖赏一人,诛杀一人。又发兵出击诸侯,诸侯十分惊恐,都把侵占的土地归还了齐国。齐国的声威维持达三十六年之久。这些事实全部记载在《史记·田敬仲完世家》里。

齐威王即位后的第八年,楚国派大军入侵齐国。齐王就派大夫淳于髡出使赵国请求援兵,让他携带黄金百斤、车子十辆作为赠送赵国的礼物。淳于髡看到后仰天大笑,将系帽子的带子都笑断了。齐威王问:“先生是嫌礼物太少吗?”淳于髡说:“我怎么敢嫌少呢!”齐威王问:“那你笑什么呢?”淳于髡说:“今天我从东边来这里时,看到路旁有一位向田神祈祷的人,他拿着一个小猪蹄、一小杯酒作为祭品,祈祷说:‘高地上收获的谷物盛满我的竹笼,低处田里收获的庄稼装满我的车辆;五谷繁茂成熟,家里堆满米粮。’我看到他拿那么少的祭品,而祈求那么多的东西,所以笑他。”于是齐威王又添加了黄金千镒、白璧十对、马车百辆作为礼物。淳于髡辞别齐威王，来到赵国。赵王看到如此丰厚的礼品，便送给他十万精兵与一千辆裹有皮革的战车。楚国听到这个消息后，连夜撤兵而去。

　　齐威王非常高兴，在后宫安排酒宴，召见淳于髡，赐他酒喝。问道："先生能够喝多少酒才会醉？"淳于髡回答说："我喝一斗酒也会醉，喝一石酒也会醉。"齐威王说："先生喝一斗酒就醉了，怎么能够喝一石酒呢！能把其中的缘由说给我听听吗？"淳于髡说："大王当面赏酒给我，执法官站在旁边，御史站在背后，我心惊胆战，低着头趴在地上喝酒，喝不了一斗就醉了。如果父母有尊贵的客人来家里，我卷起袖子，躬着身子，奉酒敬客，客人不时地赏我几口残酒，我还要不时地举杯敬酒为客人祝福，这样我喝不到两斗就醉了。如果朋友间交往，好久不曾见面，忽然间相见了，于是就高兴地讲述着往事，倾吐着衷肠，我大约可喝五六斗。至于乡亲之间的聚会，男女杂坐，彼此敬酒，也无时间限制，又作六博、投壶一类的游戏，呼朋唤友，握手言欢而不会受到任何处罚，眉目传情也不会被禁止，面前有落下的耳环，背后有丢掉的发簪，我最感开心的就是在这种时候，可以喝上八斗酒，也不过两三分醉意而已。天也黑了，酒也快喝完了，把残余的酒合并到一起，大家促膝而坐，男女同席，鞋子、木屐混杂在一起，杯盘杂乱不堪，堂上的蜡烛已经熄灭，主人单单把我留下，而把别的客人送走，绫罗短袄的衣襟已经解开，略略闻到阵阵芳香，这时我心里最为兴奋，能喝下一石酒。所以说，酒喝得过度就容易出乱子，欢乐到极点就会发生悲哀的事情。所有的事情都是这样啊。"淳于髡的意思是说，无论任何事情都不可走向极端，走到了极端就会衰败。淳于髡以此来婉转地劝说齐威王。齐威王听后说："说得好。"于是齐威王就停止了彻夜欢饮的习惯，并任用淳于髡为接待诸侯宾客的官员。齐王宗室安排酒宴，淳于髡也常常前去作陪。

　　　淳于子曰："子不观一介之人[①]，遇淖履则践[②]，见社主则拜③，钧一木也④，而人之恭侮若此⑤，何哉？今天下恭富贵而侮贫贱者，人人⑥。子盍从所择去矣⑦？"於陵子曰："嘻⑧！夫淖履则践，侮淖履也；社主则拜，恭社主也。木亦何荣辱与⑨？"淳于子喑而出⑩。

【注释】

①一介之人：一个普通人。这里泛指普通人。一介，一个。

②遇淖（nào）履（lǚ）则践：遇到一只沾满污泥的鞋子，就会厌恶地一脚踢开。淖，烂泥，泥沼。履，鞋。践，踩踏。这里指踢开。

③社主：土地之神。这里应指木制的土地神牌位。

④钧一木也：都同样是草木制成的物。钧，通"均"，都是，同样。

⑤而人之恭侮若此：而人们对社主的恭敬、对脏鞋的厌恶却有如此大的差别。

⑥人人：人人都是如此。

⑦子盍（hé）从所择去矣：先生您何去何从呢？盍，何，如何。择，选取。去，去掉，不要。

⑧嘻：感叹词。

⑨木亦何荣辱与：这与草木制成的鞋子、社主又有什么关系呢？本句的深意见"解读"。

⑩喑（yīn）：哑，不能说话。这里指被辩驳得哑口无言。

【译文】

　　淳于子说："先生您难道没有看见那些普通人，如果在路上看到一只沾满污泥的鞋子，就会非常厌恶地把它一脚踢开；如果看到土地神的牌位，就会非常恭敬地叩头下拜，同样都是草木制成的，而人们对社主的恭敬、对脏鞋的厌恶却有如此大的差别，这是什么缘故呢？如今天下尊敬富贵之人而厌恶贫贱之人，几乎人人如此。先生您究竟何去何从呢？"

於陵子回答说:"哎! 人们看到沾满污泥的鞋子就踢开,说明人们讨厌沾满污泥的鞋子;看到社神的牌位就下拜,说明人们尊敬社神的牌位。但这些荣耀或耻辱,与草木制成的鞋子、牌位本身又有什么关系呢?"淳于子被驳斥得哑口无言,只好默默地走了出去。

【解读】

"夫淖履则践,侮淖履也;社主则拜,恭社主也。木亦何荣辱与"这几句话是比喻,於陵子用"淖履则践,侮淖履也;社主则拜,恭社主也"比喻世人对待贫贱与富贵的不同态度,用"木"比喻得道之人。恭敬与侮辱不过是来自外人的态度而已,而得道之人对此置之度外,丝毫不放在心里,并不会感到自己受到了羞辱或尊敬。《孟子·告子上》记载:

> 孟子曰:"有天爵者,有人爵者。仁义忠信,乐善不倦,此天爵也;公卿大夫,此人爵也。……欲贵者,人之同心也。人人有贵于己者,弗思耳。人之所贵者,非良贵也。赵孟之所贵,赵孟能贱之。"

孟子认为,所谓的高贵爵位分两种:一种是天然的爵位,一种是人为的爵位。自己的品德美好,仁义忠信,乐善好施,这是天然的爵位;社会上的公卿、大夫的爵位,则是人为的爵位。变得高贵,这是每个人的希望。每个人都有自己高贵的天然爵位,只是自己没有想到而已。世人所认为的高贵爵位——公卿大夫,并非真正的高贵爵位,因为如果把官位的大小视为高贵与低贱的标准,那么像赵孟(晋国的正卿)这样的掌权者就可以使某人变得高贵,也可以使人变得低贱。

如果一个人能够把美好的品德视为高贵的爵位,那么他的高贵爵位就掌握在自己手中,外人无法剥夺;如果把社会地位视为高贵,那么他的高贵与低贱就掌握在别人手中。得道之人关注的是美德,而不是社会地位的高低,因此以贫贱、富贵为标准而给出的恭敬与侮辱,对于得道之人毫无影响。《庄子·逍遥游》说:

> 宋荣子犹然笑之。且举世而誉之而不加劝,举世而非之而不加沮,定乎内外之分,辩乎荣辱之境。

思想家宋荣子嘲笑那些世俗社会的大小官员。即使社会上的人们都去赞美宋荣子,他也不会因此而变得更加努力;即使社会上的人们都去批评宋荣子,他也不会因此而变得更加沮丧。因为他能够确定主观内心与客观事物的区别,懂得荣耀与耻辱的标准。用今天的话讲,就是能够做到"走自己的路,让别人说去"。

於陵子讲的也是这个意思,无论人们是尊敬自己,还是轻视自己,那都是属于别人的事情,而自己就像"木"一样,不会受到任何影响,因为自己有着自己的荣辱标准。

辞禄

【题解】

辞禄，谢绝君主赐予的俸禄。在本篇中，於陵子以自己不适应官场的生活与待遇为借口，婉言谢绝了齐君让他出任大夫的邀请，表现了於陵子淡泊名利、甘心贫贱、无功不受禄的高洁品质。

齐王将使於陵子为大夫。於陵子辞曰："君不闻草之昌羊乎①？夫昌羊丽神确砾②，沐生水泉③，翩翩自造于幽岩之下④。向使置之以坟壤⑤，粪之以秽潲⑥，晞之以日光⑦，则旦夕槁矣⑧。何者？非其好也。今臣之首蓬胡⑨，而宜臣币帩⑩，不壮大夫冠也⑪；臣之足辟跳⑫，而宜臣苏屩⑬，不称大夫履也⑭；臣之体倚隅⑮，而宜臣绨褐⑯，臣之口恬澹⑰，而宜臣糟糠⑱，不任大夫服与食也⑲。凡今之贵为大夫者，皆非臣之所宜，则奚贵乎大夫矣⑳？且臣之知识不出于一室之内㉑，猷为不越于一身之外㉒，亡功而禄㉓，是羊豕也㉔。臣宁匹夫而藜藿㉕，不忍羊豕而粱肉矣㉖。"遂去齐之楚，居于於陵㉗。

【注释】

①草之昌羊：野草中的昌羊。昌羊，即菖蒲，一种可入药的植物。

②丽神确砾(lì)：在满是碎石的地方，长得很好。丽神，神采奕奕的样子。这里指长得很茂盛。确砾，土少而碎石多的贫瘠之地。确，贫瘠。砾，小石，碎石。

③沐生水泉：生长在泉水边，受到泉水的滋养。沐，滋润，润泽。

④翩翩：自由自在的样子。自造：应为"自适"之误，自得其乐。造，一本作"适"。幽岩：幽静的山崖。

⑤向使：假若。坟壤：肥沃、松软的土地。

⑥秽渍(qì)：非常肥沃的污水。

⑦晞(xī)：曝晒。

⑧旦夕：一早一晚。形容时间短暂。槁：枯槁，死亡。

⑨蓬胡：乱蓬蓬的样子。

⑩而宜臣币帑(tǎng)：而适合戴我的破烂头巾。币，通"敝"，破烂。帑，本指装金帛的口袋，这里代指头巾。

⑪不壮大夫冠也：戴上大夫的帽子也无法使我显得高大威严。

⑫辟(bì)跳：瘸，跛脚。辟，通"躄(bì)"，瘸，跛。跳，跛脚。《荀子·非相》："禹跳汤偏。"大禹因为治水太辛苦，成了跛脚，古人称大禹的跛脚姿势为"禹步"。

⑬而宜臣苏屩(juē)：而适合穿自己的草鞋。苏屩，草鞋。苏，泛指野草。屩，草鞋。

⑭不称：不相称，不适合。大夫履(lǚ)：大夫们穿的鞋子。履，鞋子。

⑮倚隅(yú)：指身体驼背弯曲。倚，偏斜。隅，边，一边。

⑯绤(chī)褐：麻布制成的短衣。为穷人所穿。绤，用葛麻纤维制成的布。褐，粗布短衣。

⑰臣之口恬澹(tián dàn)：我的口味清淡。恬澹，即"恬淡"。这里指口味清淡。

⑱糟糠：酒渣与米糠。这里泛指粗劣的食物。

⑲不任：承受不了。任，承受。

⑳则奚贵乎大夫矣：那么我还有什么必要去看重大夫这个爵位呢？奚，什么。以上三句的意思是说，既然大夫所能享有的所有东西都不适合于我，那么我也就没有必要去看重大夫这个爵位。

㉑臣之知识不出于一室之内：本句是说自己的知识贫乏。

㉒猷（yóu）为不越于一身之外：自己想的、做的也没有超出个人的范围。猷，谋略。为，作为，做事。

㉓亡（wú）功而禄：没有立下任何功劳而接受君主赐予的俸禄。亡，无，没有。禄，用作动词，接受俸禄。

㉔羊豕（shǐ）：羊与猪。豕，猪。

㉕臣宁匹夫而藜藿（lí huò）：我宁可当一个普通百姓去吃糠咽菜。藜藿，两种蔬菜名。这里泛指粗劣食物。藜，野菜名。藿，豆叶。

㉖不忍羊豕而粱肉矣：不忍心像猪羊那样去享受美味佳肴。粱肉，泛指精美的膳食。粱，精细的小米。

㉗遂去齐之楚，居于於陵：於陵当时属齐国，而不属楚国。这两句的意思可能是说，於陵子先到了楚国，后来又定居于於陵。钱穆《先秦诸子系年·陈仲考》则认为於陵子没有去过楚国。遂，于是。去，离开。之，到。

【译文】

　　齐国的君主要让於陵子担任大夫一职。於陵子婉言拒绝说："君主您没有听说过有一种昌羊草吗？昌羊这种草，在满是碎石的贫瘠之处长得非常茂盛，它受到泉水的滋润，在幽静的山岩下悠然自得地生长着。假若把它移植到肥沃的土地上，用肥水浇灌它，用阳光曝晒它，它很快就会枯萎死亡了。这是为什么呢？因为沃土、阳光不是它所喜欢的。如今我的头发乱蓬蓬的，只适合戴着自己的破旧头巾，戴上大夫的帽子也无法使我显得高大威严；我的双脚有些跛瘸，只适合穿自己的草鞋，去穿卿大夫的官靴就有点儿不相称了；我的身体驼背弯曲，只适合穿自己粗布短衣；我的口味清淡，只适合吃些粗粮；我享受不了卿大夫的服饰和食物。凡是现今卿大夫享用的一切尊贵的待遇，全都不适合于我，那么我还有什么必要去看重大夫这个爵位呢？况且我的知识没能超出我的小家庭的范围之内，我所想的、做的也没能越出个人的范围之外，我没有建立任何功劳而去享受君主赐予的俸禄，那就与羊猪一样了。我宁愿做一个普通的老百姓，过着粗茶淡饭的日子，也不愿像羊猪那样去享受美味佳肴啊。"于是於陵子离开齐国而到了楚国，最后隐居在於陵这个地方。

【解读】

本篇的主旨是表现於陵子淡泊名利、甘心贫贱、无功不受禄的高洁品质，但客观上也提醒人们，不可为了名利，去盲目地承担与自己能力不相称的任务。《周易·解卦》说：

> 负且乘，致寇至。

意思是："背负着重物而乘坐在大车上，就会招来强盗前来抢夺。"对此，孔子解释说：

> 子曰："作《易》者其知盗乎？《易》曰：'负且乘，致寇至。'负也者，小人之事也；乘也者，君子之器也。小人而乘君子之器，盗思夺之矣；上慢下暴，盗思伐之矣。慢藏诲盗，冶容诲淫。《易》曰：'负且乘，致寇至。'盗之招也。"（《周易·系辞上》）

孔子说："作《易经》的人，大概懂得盗贼产生的原因吧？《易经》说：'背负着东西，却乘坐在车子上，势必会招致贼寇来抢夺呀。'背着东西，本是小人应做的事情；而他乘坐的车子，却是君子应该使用的器具，如今小人而窃用君子的器具，那么盗贼就会前来抢夺它了；君上傲慢，臣下暴虐，盗贼就会前来侵伐了。财物收藏得不严实，容易引诱别人前来盗窃；容貌打扮得娇娆艳丽，容易诱发别人的邪淫之心。《易经》说：'背负着东西，却乘坐在车子上，势必会招致盗寇来抢夺呀。'这是说自己招致了盗贼啊。"

　　量力而行,这条原则适用于人们生活的方方面面。战国时代的秦武王身为君主,却喜欢与大力士任鄙、乌获、孟说等人比力气大小,结果未能举稳大鼎,大鼎落下砸断了他的胫骨,年仅二十多岁就因伤而死。春秋时的宋襄公国小力弱,却想当霸主,结果被人羞辱,最终死于与楚国的争霸之战。

遗盖

【题解】

遗盖,丢失了伞。遗,遗失。盖,伞。本篇主要讲於陵子丢失伞之后,不仅不接受别人送还的伞,甚至在下雨时,也不愿与拾伞者共享此伞以避雨,表现了於陵子丝毫不愿受恩于人的廉洁品质。

於陵子休于青丘之门①,去而遗其盖②。天将雨,识者获而驰反之於陵子③。於陵子曰:"我固忘盖④,子胡诬我盖也⑤?"识者曰:"何言乎诬先生盖也?适先生遗之青丘之门⑥。方天雨⑦,不忍先生亡盖⑧,因驰而反焉。何言乎诬先生盖也?"於陵子笑曰:"子隘矣⑨。夫帝唐一旦谢九五⑩,而天下不有也⑪。吾既遗之矣,恶得有之⑫?以重于天下哉?"行遂不顾⑬。

【注释】

①青丘:地名。在今山东广饶北。

②去:离开。遗:遗失。盖:伞。

③识者:指认识於陵子的人。获:拾到那把伞。驰:奔跑。反之:把

伞还给於陵子。之,代指伞。

④我固忘盖:我本来就没有伞。固,本来,确实。忘,通"亡(wú)",无,没有。《史记·孟尝君列传》:"非好朝而恶暮,所期物忘其中。"《史记索隐》:"忘者,无也。"

⑤子:您。胡:为什么。诬:乱说。

⑥适:刚才。

⑦方天雨:天就要下雨了。方,将要。

⑧亡(wú):无,没有。

⑨隘:狭隘。指心胸狭隘。

⑩帝唐:古代帝王唐尧。唐,指尧。尧的国号为"唐"。谢:辞谢,辞去。九五:指帝位。《周易·乾卦》:"九五,飞龙在天,利见大人。"古人认为"九五"爻是人君之象,故帝王之位称"九五之尊"。

⑪天下不有也:再也不去拥有天下了。

⑫恶(wū)得有之:怎么能够再去占有它呢? 恶,怎么。

⑬行遂不顾:于是就走了,连看也没看一眼那把伞。遂,于是,就。

【译文】

於陵子在青丘城门口休息,离开的时候把他的伞遗失在那里。天就要下雨了,有个认识於陵子的人拾起伞急忙追赶上去,要把伞归还给於陵子。於陵子说:"我本来就没有伞,您怎么乱说是我的伞呢?"认识他的人说:"您怎么能够说我是在乱说这把伞是您的伞呢? 刚才先生您在青丘城门口休息时丢下的。天就要下雨了,我不忍心先生没有伞,所以才急忙追赶上来,把伞还给您。您怎么能够说我是在乱说这把伞是您的伞呢?"於陵子笑着说:"您太狭隘了。古代天子唐尧,一旦辞去了帝位,就再也不去占有天下了。我既然丢了伞,怎么能够再去占有这把伞呢? 难道一把伞比整个天下还重要吗?"于是他继续往前走,看也不看那把伞了。

【解读】

於陵子的伞丢了，而不肯接受别人送还的那把伞，在常人看来，这不仅有违常情，甚至还有点儿矫情做作。对于个人物品的取与态度，苏东坡有一个独到的见解，他在《刘凝之与沈麟士》中说：

> 《南史》：刘凝之为人认所着屐，即与之。此人后得所失屐，送还，不肯复取。又沈麟士亦为邻人认所着屐，麟士笑曰："是卿屐耶？"即与之。邻人后得所失屐，送还之，麟士曰："非卿屐耶？"笑而受之。此虽小节，然人处世，当如麟士，不当如凝之也。（《东坡志林》卷四）

刘凝之是一位高士，有一天，有人把刘凝之穿的鞋误认为是自己的鞋，刘凝之未做任何辩解，就把自己的鞋送给对方。此人后来又找到了自己丢失的鞋，就把刘凝之的鞋送了回来，而刘凝之不肯接受。另一位高士沈麟士的鞋子，也被邻居误认为是自己的鞋子，沈麟士笑着说："这双鞋子原来是您的鞋子啊？"马上就把鞋子给了邻居。邻居后来也找到了自己丢失的鞋子，就把沈麟士的鞋子送回来了，沈麟士说："这不是您的鞋子啊？"笑着接受了邻居送回的鞋子。苏东坡评论说：这虽然是小事，但为人处世，应该像沈麟士，不应该学刘凝之。

索则与，与则取，这才算是通达而不固执；索则与，与而不取，只能算是半个通达，因而受到苏东坡的批评。於陵子的行为与刘凝之相比，则更进一步，硬是主动地把自己的伞说成是别人的伞，这不仅是固执，而是偏执了。

天大雨，识者曰："雨既降矣，吾将与先生胥而庇之①。"於陵子曰："齐君与吾同姓②，不以贱而庇其贵③；齐卿与吾伯仲④，不以贫而庇其富。今一雨之患，不加于贫贱⑤，而半盖之庇⑥，卒重于富贵⑦？非吾不庇于人之意也⑧。请子庇子之盖^⑨，我庇我之意而已^⑩。"

【注释】

①胥：相互，一起。庇之：用这把伞遮雨。庇，庇护。这里指遮雨。
之，代指伞。

②齐君与吾同姓：齐国君主与我是同族。於陵子与当时齐国的君主
为同一个家族。

③不以贱而庇其贵：我不因为自己地位卑贱，而去寻求高贵的君主
的庇护。以，因为。

④齐卿与吾伯仲：齐国的卿相与我是兄弟。於陵子的兄长陈戴任齐
国的卿。伯仲，兄弟。老大叫"伯"，老二叫"仲"。於陵子叫陈
仲，兄弟中排行第二。

⑤不加于贫贱：不会比贫贱更严重。加于，比……更严重。

⑥而半盖之庇：用半把伞遮雨。两人共用一把伞，所以於陵子说是
"半盖之庇"。

⑦卒重于富贵：最终比富贵还要重要吗？卒，最终。

⑧非吾不庇于人之意也：不是我不接受您为我遮雨的好意。人，指
送还伞的那个人。

⑨请子庇子之盖：请您用您的伞为自己遮雨。

⑩我庇我之意而已：我就用我的意愿来庇护自己。

【译文】

　　天下起了大雨，那位认识於陵子的人说："雨既然已经下大了，我和
先生您一起打着这把伞遮雨吧。"於陵子说："齐国的君主与我是同族，
我没有因为自己地位卑贱而去寻求高贵的君主的庇护；齐国的卿相与我
是兄弟，我也没有因为自己贫困潦倒而去寻求富有的兄弟的救助。现在
就这么一点儿小雨带来的麻烦，不比贫穷、低贱更严重，用半把伞为我遮
雨，最终还会比富贵更重要吗？并非我不接受您的一片遮雨的好意啊。

请您用您的伞为自己遮雨吧，我还是用我的意愿来庇护我自己罢了。"

【解读】

关于於陵子说的"齐君与吾同姓，不以贱而庇其贵；齐卿与吾伯仲，不以贫而庇其富"这一行为，徐幹《中论·贵言》有一个评论：

> 非惟言也，行亦如之。得其所则尊荣，失其所则贱辱。昔仓梧丙娶妻美，而以与其兄，欲以为让也，则不如无让焉；尾生与妇人期于水边，水暴至不去而死，欲以为信也，则不如无信焉；叶公之党，其父攘羊而子证之，欲以为直也，则不如无直焉；陈仲子不食母兄之食，出居於陵，欲以为洁也，则不如无洁焉。

这段话涉及几个典故，我们依次予以介绍，以便从前人的错误中吸取教训，为今天的生活服务。

第一个典故："昔仓梧丙娶妻而美"。仓梧丙，古籍中又作"苍吾绕"（《淮南子·氾论训》）、"苍梧娆"《孔子家语·六本》，《说苑·建本》则作"苍梧之弟"：

> 子路问于孔子曰："请释古之学而行由之意，可乎？"孔子曰："不可。昔者东夷慕诸夏之义，有女，其夫死，为之内私婿，终身不嫁，不嫁则不嫁矣，然非贞节之义也。苍梧之弟，娶妻而美好，请与兄易，忠则忠矣，然非礼也。今子欲释古之学而行子之意，庸知子用非为是，用是为非乎！不顺其初，虽欲悔之，难哉！"

子路问孔子："请让我放弃古人制定的那些原则，按照我自己的想法去做事，可以吗？"孔子说："不可以。从前东方夷族有一个人，仰慕华夏的礼仪，他的女儿死了丈夫，他就悄悄地为女儿招了一个没有正式婚配的女婿，女儿终身未再出嫁，没有再嫁是没有再嫁，但这并非坚守了贞节。苍梧的弟弟娶了个长得很美的妻子，于是他就想与他的哥哥交换妻子，这样做的确表现了对哥哥的忠诚，然而却不符合礼义。现在你要舍弃古人制定的原则，来施行你自己的三张，怎么知道你的主张不是以非为是、以是为非呢？最初做事时不遵守古人制定的原则，事后又想反悔，恐怕很难改正了啊!"

第二个典故:"尾生与妇人期于水边"。尾生,一说就是孔子提到过的"微生高"(《论语·公冶长》)。姓微生或尾生,名高,鲁国人,素有正直之名。《庄子·盗跖》记载:

> 尾生与女子期于梁下,女子不来,水至不去,抱梁柱而死。

有一次,尾生与一位女子相约在一座桥下见面,当这位女子还没有到的时候,而洪水却先来了,尾生为了守信而不肯离去,竟然抱住桥柱而被淹死在桥下。

第三个典故:"叶公之党,其父攘羊而子证之"。这个典故在历史上非常有名,见于《论语·子路》:

> 叶公语孔子曰:"吾党有直躬者,其父攘羊,而子证之。"孔子曰:"吾党之直者异于是。父为子隐,子为父隐,直在其中矣。"

有一次,楚国贵族叶公对孔子说:"我们家乡有一位行为正直的人,他的父亲偷了羊,而作为儿子的他揭发了自己的父亲。"孔子说:"我们家乡的正直者的做法与此不同。父亲为儿子隐瞒,儿子为父亲隐瞒,而正直的品德就体现在这种相互隐瞒之中。"

"父为子隐,子为父隐"这一说法,受到现代许多人的批评,认为这是情大于法的表现,而事实上这一思想包含着许多合理的成分。该如何处理这类矛盾,古人的态度比较明确。特别是在遇到大的是非事件、情与法出现尖锐矛盾时,古人的处理方式有许多值得借鉴之处。《史记·循吏列传》记载了春秋时发生的一件事:

> 石奢者,楚昭王相也。坚直廉正,无所阿避。行县,道有杀人者,相追之,乃其父也。纵其父而还自系焉。使人言之王曰:"杀人者,臣之父也。夫以父立政,不孝也;废法纵罪,非忠也;臣罪当死。"王曰:"追而不及,不当伏罪,子其治事矣。"石奢曰:"不私其父,非孝子也;不奉主法,非忠臣也。王赦其罪,上惠也;伏诛而死,臣职也。"遂不受令,自刎而死。

惩罚父亲,违背了亲情;放走父亲,触犯了法律。在情与法的激烈冲突中,可怜的石奢无法找到更好的解决办法,就只好一死了之。在处理情与法之间的矛盾时,石奢与楚王的意见有所不同。

如何处理情与法的矛盾,与石奢基本同时的孔子和叶公的这次对话,实际上也是一次委婉的争论。在叶公看来,父亲偷了羊,儿子去告发,那么这个儿子就是一个正直的人。而孔子认为,父为子隐,子为父隐,在这种看似不正直的行为中,却包含着真正的正直。孔子的这一主张是建立在他的"孝""慈"思想基础之上的。

叶公和孔子的主张都有不妥之处,不过两相比较,我们更支持孔子的看法,因为孔子的看法更符合人性,更有利于维护人类所固有的温厚真情。生活在世上,如果只讲法而不讲情,人们的痛苦将难以言表。但如果一切事情都按照孔子的主张去亦,确实也会给社会带来一定的弊病,所以,到了孟子的时候,他对孔子的这些说法做了一些修改。据《孟子·尽心上》记载,有一次,弟子桃应给孟子出了一个类似的难题:

桃应问曰:"舜为天子,皋陶为士,瞽瞍杀人,则如之何?"孟子曰:"执之而已矣。""然则舜不禁与?"曰:"夫舜恶得而禁之? 夫有所受之也。""然则舜如之何?"曰:"舜视弃天下犹弃敝蹝(xǐ)也。窃负而逃,遵海滨而处,终身䜣(xīn)然,乐而忘天下。"

瞽瞍是舜的父亲。父亲犯了法,法官皋陶有权逮捕他。作为天子的舜此时不能干涉法官的行为,但应该辞去帝位,把父亲从监狱中偷出来,然后背着父亲逃亡到没有人烟的地方隐藏起来。孟子的这一处理方法比石奢的方法要缓和一些,虽然不能说是尽善尽美,但可以说也是兼顾了情与法——舜以帝位为代价换取了父亲的生命。

孟子讲的只是一种假设,而在汉代的确发生了一件类似的事情。汉景帝刘启与梁孝王刘武是同胞兄弟,我们看当时人是如何处理他们之间的情与法的矛盾的:

梁孝王使人杀汉议臣爰盎,景帝召叔(田叔)案梁,具得其事。

还报,上曰:"梁有之乎?"对曰:"有之。""事安在?"叔曰:"上无以梁事为问也。今梁王不伏诛,是废汉法也;如其伏诛,太后食不甘味,卧不安席,此忧在陛下。"于是上大贤之,以为鲁相。(《汉书·田叔传》)

《史记·梁孝王世家》还说,梁孝王杀大臣事发后,其母窦太后日夜哭泣,拒绝进食,汉景帝也忧郁万分,最后决定让精通儒经的田叔去查办。田叔回京后,把所有的供词全部烧掉,空手去见汉景帝,把全部责任推在梁孝王的部下羊胜和公孙诡身上(后二人自杀)。此事汇报给朝廷后,汉景帝欢喜异常,太后"立起坐餐,气平复"。弟弟擅杀朝臣,犯了大罪,不杀弟弟就破坏了朝廷法律,杀了他又无法向母亲交代,何况自己也不忍心。汉景帝没有像孟子讲的那样放弃皇权,背起弟弟逃往海边,而是装起了糊涂,使这件事情不了了之。

如何处理情与法之间的矛盾,的确是一个棘手问题。东汉时期,朝廷就为此发生过大的争论。汉章帝建初年间(76—83),有一个人的父亲受到了羞辱,这个人就把羞辱他父亲的人给杀掉了。这个人虽然杀了人,但他的行为又是一种"孝"的表现,符合《春秋》大义,于是皇上就赦免了杀人者的死罪。后来,朝廷又据此出台了《轻侮法》,把这种赦免为父复仇者的做法定为法律。到了汉和帝的时候,大臣张敏对此提出质疑,认为这部法律的实施,为一般百姓打开了杀人的方便之门,不利于社会的安定。他多次上奏章,最终使朝廷修改了这部法律。

从以上数例可以看出,当一个人处于情与法的矛盾之中时,往往把情放在第一位。如果事情重大,当事人则以牺牲自己的利益为代价去保护自己的亲人。我赞同孔子的意见:在这种看似不正直的行为背后,却隐藏着十分难得的品质。因此,我们不能简单地、完全否定"父为子隐,子为父隐"这一主张。

第四个典故:"陈仲子不食母兄之食"。陈仲子即於陵子。关于这一典故,见于《孟子·滕文公下》:

匡章曰："陈仲子岂不诚廉士哉！居於陵，三日不食，耳无闻，目无见也。井上有李，螬食实者过半矣，匍匐往，将食之，三咽，然后耳有闻，目有见。"

孟子曰："于齐国之士，吾必以仲子为巨擘焉。虽然，仲子恶能廉？充仲子之操，则蚓而后可者也。夫蚓，上食槁壤，下饮黄泉。仲子所居之室，伯夷之所筑与？抑亦盗跖之所筑与？所食之粟，伯夷之所树与？抑亦盗跖之所树与？是未可知也。"

曰："是何伤哉？彼身织屦，妻辟纑，以易之也。"

曰："仲子，齐之世家也，兄戴，盖禄万钟。以兄之禄为不义之禄而不食也，以兄之室为不义之室而不居也，辟兄离母，处于於陵。他日归，则有馈其兄生鹅者，已频顣（cù）曰：'恶用是鶃鶃（yì）者为哉？'他日，其母杀是鹅也，与之食之。其兄自外至，曰：'是鶃鶃之肉也！'出而哇之。以母则不食，以妻则食之；以兄之室则弗居，以於陵则居之。是尚为能充其类也乎？若仲子者，蚓而后充其操者也。"

齐国大夫匡章说："陈仲子难道不是一位真正廉洁的人吗！他住在於陵（在今山东邹平南）这个地方，三天没有吃东西，耳朵听不见了，眼睛也看不见了。井边有一个李子，金龟子的幼虫已经把这个李子吃掉了一大半，他爬着过去，拿过来吃，吃了三口，耳朵才恢复了听觉，眼睛才恢复了视觉。"

孟子说："在齐国的士人之中，我一定会把陈仲子视为首位人物。虽说如此，他怎么能够算是廉洁呢？要想完全做到陈仲子提倡的廉洁，那么只有像蚯蚓一样生活才行。蚯蚓，在地上吃干土，在地下喝泉水。可陈仲子所住的房屋，究竟是像伯夷那样廉洁的人所修筑的呢？还是像盗跖那样的强盗所修筑的呢？他所吃的粮食，究竟是像伯夷那样廉洁的人所种植的呢？还是像盗跖那样的强盗所种植的呢？这个还无法知道。"

匡章说："那有什么关系呢？他亲自编织草鞋，他妻子整理丝麻，他们用这些东西去交换其他的生活用品。"

孟子说："陈仲子是齐国的世家贵族，他的哥哥是陈戴，从盖邑（在今山东沂源东南）收入的俸禄便有几万石粮食。而他认为他哥哥的俸禄是不义之财而不去吃，认为他哥哥的住房是不义之产而不去住。避开哥哥，离开母亲，隐居在於陵这个地方。有一天他回到家里，看见有人送给他哥哥一只鹅，他就皱着眉头说：'要这种呃呃乱叫的东西做什么呢？'过了几天，他母亲把那只鹅杀了，煮给他吃。他的哥哥恰好从外面回来，看见后便说：'你吃的就是那只呃呃乱叫的东西的肉啊！'陈仲子听后连忙跑出门去，要把鹅肉呕吐出来。母亲做的食物不吃，却吃妻子做的；哥哥的房屋不住，却住在於陵的房子里。这能够算是充分地做到了他所提倡的廉洁操守吗？像陈仲这样的人，只有变成蚯蚓才能够充分做到他所提倡的廉洁。'"

陈仲子的所作所为受到人们两个方面的批评，一是认为他太过分了，其行为是一种极端行为。《论语·先进》记载：

> 子贡问："师与商也孰贤？"子曰："师也过，商也不及。"曰："然则师愈与？"子曰："过犹不及。"

有一次，子贡问孔子："子张（姓颛孙，名师，字子张）与子夏（姓卜，名商，字子夏）哪个更贤能一些？"孔子说："子张超过了贤能的标准，子夏还没有达到贤能的标准。"子贡说："那么子张要远远超过子夏呢？"孔子说："超过贤能的标准与没有达到贤能的标准是一样的。"子贡对孔子"师也过，商也不及"的理解，犹如我们今天询问甲某是否达到博士水平，回答"甲某已经超过了博士水平"；再问乙某是否达到博士水平，回答"乙某还没有达到博士水平"，那么超过博士水平的人肯定胜过还没有达到博士水平的人，因此子贡会得出"然则师愈与"的结论。然而孔子的意思并非如此。孔子的意思犹如我们评价一个人是否聪明时，可能有三种评价：聪明，太聪明，不够聪明。"聪明"是正面评价，而"太聪明"和"不够聪明"则都是否定性评价，太聪明的人与不够聪明的人是一样的愚蠢。同样的道理，廉洁是一种美德，而"太廉洁"与"不够廉洁"则是否定性评价，陈仲子就是过分的廉洁，则显得虚伪，甚至有人说他是沽名钓誉,至少也是酸腐。因此为人做事要讲究"度",要不偏不倚,恰如其分,这就是儒家所重视的"中庸"思想。

二是认为陈仲子破坏了人伦关系。朱熹《孟子集注》说:"范氏曰:'天之所生,地之所养,惟人为大。人之所以为大者,以其有人伦也。仲子避兄离母,无亲戚君臣上下,是无人伦也。岂有无人伦而可以为廉哉?'"朱熹与范氏的批评虽然带有封建礼教色彩,但也有一定道理,因为对于人类来说,还是应该重视亲情的。

二

历史上有许多逻辑推理令人莞尔。庄子就是通过春秋时期骊姬由卑贱的俘虏变为高贵的晋献公夫人这一历史事实,竟然推理出死后比生前更幸福的结论:

> 予恶乎知说生之非惑邪?予恶乎知恶死之非弱丧而不知归者邪?丽之姬,艾封人之子也,晋国之始得之也,涕泣沾襟。及其至于王所,与王同筐床,食刍豢(huàn),而后悔其泣也。予恶乎知夫死者不悔其始之蕲(qí)生乎?(《庄子·齐物论》)

文中说的"丽之姬"即骊姬。骊姬是春秋时期骊戎人,骊戎族原居于今陕西临潼、蓝山一带,春秋初年徙居于今山西阳城一带。晋献公征伐骊戎国,把骊姬俘虏到晋国。先秦时期,一般民众成为俘虏,命运十分悲惨,要么被杀,要么沦为奴隶。而骊姬由于长得非常美丽,被俘虏到晋国之后,晋献公把她立为夫人。庄子就抓住这一事实,开始论证人死后可能比生前更为幸福的观念:"我怎么知道贪生不是一件糊涂事呢?我怎么知道怕死不像幼年流落他乡而长大不知返归故乡呢?丽姬,是艾地守边官员的女儿,晋国军队刚俘虏她的时候,她哭得泪水浸透了衣襟。等她到了王宫,与国君同睡一张舒适大床、吃着美味佳肴时,她后悔自己当初不该那样伤心哭泣。我又怎么知道那些死去的人不会后悔自己当初的汲汲求生呢?"庄子的这一逻辑推理是不伦不类的,因为骊姬因被俘而获取幸福只是个例,并非所有的俘虏都很幸福;退一万步说,即使所有的俘虏都很幸福,也无法推理出死去的人一定幸福,因为这是两件互无交涉的事情。然而庄子只取其一点:意想不到! 骊姬原以为自己做了俘虏,肯定会受尽折磨,所以一路上痛哭流涕,没想到到了晋国,竟然成了君夫人,享尽了人间的荣华富贵。庄子由此推理出:活着的人都认为死后的世界是阴森森的地狱,那里是万般痛苦,没想到到了那里以后,原来竟然是风和日丽、香花遍野的一片乐土。

刘邦也善于使用不伦不类的推理。当年,刘邦与项羽在广武(在今河南荥阳东北)对峙时,项羽为了尽快结束战争,就把此前被自己活捉的刘邦的老父亲拉出来威胁刘邦:

> 当此时,彭越数反梁地,绝楚粮食,项王患之。为高俎,置太公其上,告汉王曰:"今不急下,吾烹太公。"汉王曰:"吾与项羽俱北面受命怀王,曰'约为兄弟',吾翁即若翁,必欲烹而翁,则幸分我一杯羹。"项王怒,欲杀之。项伯曰:"天下事未可知,且为天下者不顾家,虽杀之无益,只益祸耳。"项王从之。(《史记·项羽本纪》)

当时,彭越在梁地(辖境约今河南、安徽部分地区)多次反击项羽的楚军,断绝了楚军的粮道,项羽对此很担忧。于是他设置了一个高大的砧板,把刘邦的父亲刘太公放在上面,告诉汉王刘邦说:"现在你如果不赶快投降,我就烹杀太公。"汉王说:"当初我和你项羽都北面称臣于楚怀王,并且说过我们要'结为兄弟',既然我们俩是兄弟,那么我的父亲也是你的父亲,如果你一定要烹杀你的父亲,那么烹煮好以后,希望你能够分给我一杯肉羹。"刘太公本来是刘邦的父亲,经过刘邦的辗转推理,自己的父亲竟然变成了项羽的父亲,项羽杀刘邦的父亲,也竟然成了项羽杀项羽自己的父亲。

本段中,於陵子的推理也显得超出常情:自己的伞丢了,就不是自己的;谁拾到这把伞,这把伞就是谁的;如果拾伞者要把这把伞还给自己,就等于此人要把他的东西硬塞给自己一样;即便是仅仅用这把伞为自己避雨,那也等于是自己占了别人的便宜;而占便宜的事情,於陵子是坚决不干的。

人问

【题解】

人问，有人询问。取本文第二句"人问于於陵子曰"中的"人问"二字为题目。本篇以泰山、江汉、蜗牛这一寓言故事，提醒人们做事要量力而行，那些志大才疏、好高骛远的人，就好比想去调解泰山与江汉争斗的蜗牛一样，不仅伤害了自己，还会受到他人的耻笑。

　　齐、楚有重丘之役①，人问于於陵子曰："齐，子产也②；楚，子居也③。得失子具焉④。今二国构兵⑤，子将奚直⑥？"

　　於陵子曰："古者公侯擅征伐⑦，天子得按其罪而轻重之⑧。然殷汤歼葛⑨，桀未放也⑩；西伯戡黎⑪，纣未亡也⑫。彼所谓圣人者⑬，且首干而靡悔焉⑭，矧蔑天子未有如今者乎⑮？昔者泰山与江汉争王两京不下⑯，泰山矢曰⑰：'弗让⑱，吾飘尘以实彼沟浍⑲，且不为齐主⑳！'江汉亦矢曰：'弗汜㉑，吾余沥以荡彼培塿㉒，且不为楚雄㉓！'于是有中州之蜗㉔，将起而责其是非㉕。欲东之泰山㉖，会程三千余岁㉗；欲南之江汉，亦会程三千余岁。因自量其齿㉘，则不过旦暮之间㉙，于是悲愤莫胜㉚，而枯于蓬蒿之上㉛，为蝼蚁所笑㉜。今天子拱手^㉝,且不能按其轻重,而一匹之夫^㉞,非有万乘之号、诛赏之权^㉟,辄欲起而议之^㊱,则何以异于中州之蜗?为蝼蚁所笑也!"

【注释】

①齐、楚有重丘之役:齐国与楚国在重丘交战。重丘,城邑名。在今河南泌阳东北,战国时属楚国。公元前301年,齐国与楚国在重丘发生过一次战役,当是时,齐湣王强,"南败楚相唐眜于重丘"(《史记·乐毅列传》)。

②齐,子产也:齐国,是您的出生地。於陵子出身于齐国贵族。

③楚,子居也:楚国,是您现在的居住地。於陵子为齐国人,后曾一度隐居于楚国。

④得失子具焉:这次战役无论谁胜谁败,都与您有关系。得失,胜败。具,都。焉,代指这次战役。

⑤构(gòu)兵:交战。构,交往,周旋。

⑥奚直:哪一方是正确的? 也即对这次战役做一个是非评论。

⑦公侯擅征伐:公侯擅自征伐别的诸侯国。公侯,指天子分封的诸侯国。周代的爵位分公、侯、伯、子、男五等。周代礼制规定,没有天子的允许,诸侯不得擅自征伐别的诸侯国。

⑧按:追究,查办。轻重之:按照罪行的轻重进行惩处。

⑨然殷汤歼葛:然而商汤灭掉了葛国。殷汤,即商朝的开国君主汤。殷,即商朝。商朝后来迁都于殷(在今河南安阳西北),故商又称为"殷"。汤,又称"成汤""武汤""天乙",甲骨文称"唐"。子姓,名履。商王朝的建立者。他宅心仁厚,重用贤臣伊尹,后灭掉夏朝,把夏朝暴君夏桀流放于南巢(在今安徽巢湖一带),建立了商朝。葛,葛国,又称"葛伯国",夏代诸侯国之一,在今河南宁陵一带。关于商汤灭葛的原因,详见"解读一"。

⑩桀未放也：夏桀还未被流放。桀，即夏桀。夏朝的亡国暴君。以上两句是说，夏桀身为天子，商汤身为夏桀的臣下，当夏桀还是天子的时候，商汤就擅自灭掉了另一个诸侯国葛国，违背了诸侯不得擅自征伐的制度。

⑪西伯戡（kān）黎：周文王灭掉了黎国。《尚书》保存有《西伯戡黎》一文。西伯，指周文王。周文王曾经被商纣王封为西伯。戡，击败，平定。黎，诸侯国名。一说在今山西黎城东北，一说在今山西长治西南。

⑫纣未亡也：当时商纣王还没有灭亡。意思是，周文王为商纣王的臣下，没有经过纣王的允许，擅自灭掉了黎国。

⑬彼：指商汤王与周文王。

⑭首干：带头违反国家法制。首，带头。干，冒犯，违反。靡悔：没有任何悔意。靡，没有。

⑮矧（shěn）蔑天子未有如今者乎：况且对周天子的蔑视程度还有比今天更严重的吗？意思是说，如今的天子已经失去了天子的权威，根本无法约束诸侯擅自相互攻伐的行为。矧，何况，况且。蔑，蔑视。

⑯江汉：长江与汉水。汉水是长江的支流。江汉主要处于楚国地盘。争王两京不下：争夺天下的王位而互不相让。两京，指镐京与洛邑。镐京，在今陕西长安沣河东，为西周都城。洛邑，今河南洛阳，为东周都城。这里用"两京"代指整个天下。下，屈尊，降低自己的地位。一说本句应断为"昔者泰山与江汉争王，两京不下"，"两京不下"意思是泰山与江汉两者都想称王称霸而互不相让。京，大，自大。

⑰矢：发誓。这一意义，后来多写作"誓"。

⑱弗让：如果江汉还不谦让、低头。

⑲吾飘尘以实彼沟浍（kuài）：我就用泰山上飘过去的一点儿尘土填

平它的小水沟。实,填实,填平。浍,小水沟。这是对江汉的蔑称。

⑳齐主:齐地的主人。泰山地处齐国,故有此言。

㉑弗汜(sì):如果再不改正错误。汜,由主流分岔流出去之后又流回主流的水。比喻改正错误,回归正道。

㉒吾余沥(lì)以荡彼培塿(lǒu):我要用泛出的一点儿剩余的水沫冲掉它的小土堆。沥,水滴。培塿,小土堆。这是对泰山的蔑称。

㉓且不为楚雄:将不再当楚地的英雄。因为江汉主要处于楚国,故有此言。

㉔中州:多指今河南一带。河南古称"豫州",豫州处于九州之中,故称"中州"。蜗:蜗牛。爬行速度极为迟缓。

㉕起:起身,前往。责其是非:评判泰山与江汉的是是非非。

㉖欲东之泰山:想去东边问责泰山。东之,泰山处于中州的东方,故言"东之"。之,到,去。

㉗会(kuài)程三千余岁:计算一下历程,需要蜗牛爬行三千多年才能到达泰山。会,计算。岁,年。

㉘齿:年龄,寿命。

㉙旦暮之间:形容时间十分短暂。这里具体指蜗牛很快就要死亡。

㉚悲愤莫胜:悲愤得无以复加,极为愤懑。

㉛枯于蓬蒿之上:枯死在野草之上。枯,枯干,死亡。蓬蒿,野草名。

㉜为:被。蝼(lóu)蚁:蝼蛄与蚂蚁。蝼,蝼蛄。一种昆虫名。

㉝拱手:两手在胸前相抱。这种动作有时表示恭敬,有时形容闲适,这里用来形容天子对诸侯相互攻伐的事情无可奈何,只能袖手旁观,无力干预。

㉞一匹之夫:一个匹夫,一个普通百姓。

㉟万乘(shèng)之号:大国君主的名号。万乘,指拥有万辆战车的大国。乘,一车四马为一乘。

㊱辄(zhé):立即,就。关于本文的主旨分析,见"解读二"。

【译文】

齐国与楚国在重丘作战,有人就向於陵子问道:"齐国,是您出生的地方;楚国,是您现在居住的地方。无论他们谁胜谁败,都与你有关系。现在两国正在交战,你认为他们谁对谁错呢?"

於陵子回答说:"古时候,如果哪个公侯敢于擅自讨伐别的诸侯国,天子就要调查他的罪行,并按照他罪行的轻重依法加以惩处。然而商汤歼灭葛国的时候,夏桀还在天子的位置上;周文王征伐黎国的时候,商纣王也还在天子的位置上。商汤、周文王历来被人们称为圣贤,而这些圣贤却带头违犯天子制度,并且毫无悔意,更何况对周天子的蔑视程度还有比今天更严重的吗?从前泰山与江汉争当天下之主,它们互不相让,泰山发誓说:'江汉如果再不谦让,我就用山上飘过去的一些尘土填平它的小水沟,否则我就不算是齐地的主人!'江汉也发誓说:'如果泰山再不改过自新,我就用泛出的一点儿剩余之水冲掉它的小土堆,否则我就不算是楚地的英雄!'这时,在中州大地上有一只小蜗牛,它想起身前去评判泰山与江汉的是非。它想先到东方去问责泰山,计算了一下路程,需要走三千多年;又想到南方去责备江汉,计算了一下路程,也需要走三千多年。可蜗牛估量了一下自己的年龄和寿命,大概转瞬之间就会死去,于是为此极为愤懑,最后竟然因为愤懑而枯死在野草之上,受到蝼蛄与蚂蚁的嘲笑。如今周天子对齐、楚两国交战之事都只能袖手旁观,无力清查他们的罪行予以惩处,我一个平民百姓,既没有大国君主的名号,更没有生杀赏罚的权力,却想站出来去评判他们的是是非非,那么这与中州的小蜗牛又有什么区别呢?我也会受到蝼蛄与蚂蚁的嘲笑啊!"

【解读】

一

关于商汤灭掉葛国的原因,《孟子·滕文公下》记载说:

孟子曰:"汤居亳(bó),与葛为邻,葛伯放而不祀。汤使人问之曰:'何为不祀?'曰:'无以供牺牲也。'汤使遗之牛羊。葛伯食

之，又不以祀。汤又使人问之曰：'何为不祀？'曰：'无以供粢盛（zī
chéng）也。'汤使亳众往为之耕，老弱馈食。葛伯率其民，要其有酒
食黍稻者夺之，不授者杀之。有童子以黍肉饷，杀而夺之。《书》曰：
'葛伯仇饷。'此之谓也。为其杀是童子而征之，四海之内皆曰：'非
富天下也，为匹夫匹妇复仇也。''汤始征，自葛载。'十一征而无敌
于天下。东面而征，西夷怨；南面而征，北狄怨。曰：'奚为后我？'
民之望之，若大旱之望雨也。"

孟子说："从前商汤居住在亳地（在今河南商丘东南），与葛国相邻。
葛国君主葛伯放纵无道，不祭祀神灵与先祖。商汤派人问他：'为什么不
举行祭祀呢？'葛伯说：'我们没有供祭祀用的牲畜。'于是商汤就派人
给他送去了牛羊。结果葛伯把牛羊吃了，并未用来祭祀。商汤又派人问
他：'为什么还不祭祀呢？'葛伯说：'我们没有用来祭祀的谷物。'于是商
汤就派亳地的民众去为葛国耕种，还派年老体弱的人为耕种者送饭。而
葛伯却带领自己的人拦截前去送酒肉饭菜的人，公然进行抢劫，不肯给
的就被杀掉。有个小孩子拿着饭和肉去送给耕种的人，葛伯杀害了这个
孩子，抢走了饭和肉。《尚书》上说：'葛伯仇视送饭的人。'说的就是这
件事情。因为葛伯杀害了这个孩子，商汤才去征讨他，所以天下的人们
都说：'商汤不是为了争夺天下的财富，而是为了给百姓报仇。''商汤的
征讨，从葛国开始。'商汤征讨了十一次，天下无敌。征讨东边的诸侯，
而西边的民族就埋怨；征讨南方的诸侯，而北方的民族就埋怨。他们埋
怨说：'为什么把我们这里放在后面征讨呢？'民众盼望商汤前来征讨，
就像大旱之年盼望下雨一样。"

从这段记载可以看出，人们对同样的事情可以给出不同的评价，这
是因为人们所使用的标准不同。孟子从仁义爱民的角度出发，赞美商汤
的征伐行为；而於陵子站在法制的角度，认为商汤没有权力以诸侯的身
份去灭掉另一个诸侯，因此持反对态度。

二

本段文字的主旨就是：两头大象争斗，蚂蚁就不要去劝和了。对此孔子也很赞成："知小而谋大，力小而任重，鲜不及矣。"（《周易·系辞下》）孔子说："智力低下却去图谋大事，力量弱小却去负担重任，这样的情况，很少不招致灾祸的。"这的确是经验之谈。春秋时期的宋襄公就是"力小而任重"的例子，《史记·宋微子世家》记载：

> 八年，齐桓公卒，宋欲为盟会。十二年春，宋襄公为鹿上之盟，以求诸侯于楚，楚人许之。公子目夷谏曰："小国争盟，祸也。"不听。秋，诸侯会宋公盟于盂。目夷曰："祸其在此乎？君欲已甚，何以堪之！"于是楚执宋襄公以伐宋。冬，会于亳，以释宋公。

宋襄公即位的第八年（前643），霸主齐桓公去世，宋襄公就想以霸主的身份与各诸侯相会结盟。十二年（前639）春天，宋襄公要在鹿上（在今安徽阜阳南）与诸侯会盟，向楚国提出各诸侯要服从宋国的请求，楚人答应了他。宋襄公的庶兄公子目夷进谏说："小国争当盟主，将会招来灾祸。"宋襄公没有听从目夷的劝告。这年秋天，各诸侯将在盂（在今河南睢县西北）与宋襄公聚会结盟。目夷说："灾祸大概就在这次盟会上吧？我们君主的欲望太过分了，他怎么能够承受得了呢！"就在这次盟会上，楚国果然拘捕了宋襄公，并且出兵讨伐宋国。这年冬天，诸侯再次在亳（在今河南商丘东南）相会，楚国释放了宋襄公。

宋国是一个弱小的国家，而宋襄公却想当天下霸主，结果自取其辱。关于宋襄公，还有一个著名的故事与此有关联，我们顺便在这里介绍一下：

> 十三年夏，宋伐郑。子鱼曰："祸在此矣。"秋，楚伐宋以救郑。襄公将战，子鱼谏曰："天之弃商久矣，不可。"冬，十一月，襄公与楚成王战于泓。楚人未济，目夷曰："彼众我寡，及其未济击之。"公不听。已济未陈，又曰："可击。"公曰："待其已陈。"陈成，宋人击之。宋师大败，襄公伤股。国人皆怨公。公曰："君子不困人于厄，不鼓不成列。"子鱼曰："兵以胜为功，何常言与！必如公言，即奴事之

耳，又何战为？"……十四年夏，襄公病伤于泓而竟卒。(《史记·宋
微子世家》)

到了宋襄公被释放的第二年，也即宋襄公即位的第十三年(前638)
夏天，宋国讨伐郑国。公子目夷(目夷字子鱼)说："灾祸就在这次作战
了。"这年秋天，楚国为援救郑国而讨伐宋国。宋襄公准备应战，公子目
夷进谏说："上天抛弃我们商(宋国君主为商朝天子后裔)已经很久了，
不可以应战。"这年冬天的十一月，宋襄公在泓水(在今河南境内)与楚
成王作战。当楚军还未完全渡过泓水时，目夷就劝告宋襄公说："楚国人
多，我们人少，要趁着他们正在渡河时进攻他们。"宋襄公没有听从目夷
的建议。等到楚军渡完河还未排列成军阵时，目夷又一次建议："可以发
动进攻了。"宋襄公却说："等他们排好军阵再打。"楚军的阵势排好之
后，宋军发动进攻。结果宋军大败，宋襄公的大腿也受了伤。宋国人都
抱怨宋襄公。宋襄公辩解说："君子不能乘人之危，不能攻打未列好阵势
的军队。"目夷说："打仗就是要以胜利为目的，说些老生常谈的话又有
什么意义呢！如果一定要按照君主说的那样去做，干脆就当敌人的奴隶
罢了，何必还去与敌人打仗呢？"……第二年(宋襄公即位的第十四年，
前637)夏天，宋襄公最终死于泓水之战时的腿伤。

宋襄公做了两件不自量力的事情，第一次被楚国拘捕，自取其辱；第
二次与楚国作战，丢了自家性命。关于宋襄公"君子不困人于厄，不鼓
不成列"的行为，人们见仁见智，有人认为宋襄公过于迂腐，也有人认为
宋襄公的行为值得赞美："襄公之时，修行仁义，欲为盟主。其大夫正考
父美之，故追道契、汤、高宗，殷所以兴，作《商颂》。襄公既败于泓，而君
子或以为多，伤中国阙礼义，褒之也，宋襄之有礼让也。"(《史记·宋微
子世家》)

先人

【题解】

先人，抢在别人的前面。本文讲天大旱，於陵子清晨起得早，汲干了泉水，致使后来者无水可汲，於陵子见此情况，不仅把自己的水平均分给大家，还为自己先于大家汲水而悔恨万分，表现了於陵子在利益面前不贪不抢的廉洁品质。

国中大旱，於陵子晨汲于东郭外十里而尽其泉①。后者绎踵靡得②，咸藐藐内谯其后人也③。於陵子摽踊而悲曰④："呜呼⑤！天为之⑥？我为之耶？我为之？人为之耶？且吾未尝先天下事而贪而争也⑦，则兹胡先乎人而贪乎饮乎⑧？争乎汲乎？岂贪奸乎我⑨？我沉乎争乎⑩？非然者⑪，孰使我争？孰使我先⑫？孰使我贪？丧吾贞廉！人为之耶？我为之也？我为之耶，天为之也？"于是，聚诸汲⑬，钧其有⑭，震其甋⑮，裂其绠⑯，匍匐而还⑰。闭门而哭泣，三日绝食，以惩其先人也⑱。

【注释】

①汲：汲水，打水。东郭：东边的外城墙。郭，在城墙的外围加筑的一道城墙，也即外城。尽其泉：把泉水汲干了。

②后者绎踵（yì zhǒng）靡得：后面来汲水的人一个接着一个，泉水却没有了。绎踵，一个跟着一个的意思。绎，接连不断。踵，脚后跟。靡，没有。

③咸藐藐内谯（qiào）其后人也：这些汲水的人都在内心里埋怨自己来得太晚了。咸，都。藐藐，轻视的样子。这里是嫌弃、责备自己的意思。内谯，内心责备自己。谯，责备。后人，落在别人之后，来晚了。

④摽踊（biào yǒng）：捶胸跺脚。形容极为自责的样子。摽，捶着胸膛的样子。踊，跳跃，跺脚。

⑤呜呼：感叹词。

⑥天为之：是上天让我这样做的呢？

⑦且吾未尝先天下事：再说无论面对天下任何事情，我从未抢在别人的前面。

⑧兹：这，这一次。胡：为什么。

⑨岂贪奸乎我：难道是贪婪的品性落在我的身上了？奸，干扰，侵犯。

⑩我沉乎争乎：还是我自己沉溺于争名夺利之中了呢？沉，沉溺。

⑪非然者：如果不是这些原因。然，这些，这样。

⑫先：抢先。

⑬聚诸汲：把所有前来汲水的人聚集起来。

⑭钧其有：把自己所有的泉水平均地分给大家。钧，通"均"，平均。

⑮震其甔（dān）：摔了水桶。震，震动。这里指摔掉。甔，古代一种口小腹大的瓦器，似瓮。

⑯裂其绠（gěng）：扯断了井绳。绠，用来汲水的井绳。

⑰匍匐（pú fú）：爬行。形容於陵子因自责而痛苦万分的模样。

⑱以惩其先人也：以惩罚自己抢在别人前面的行为。

【译文】

国内发生了严重的旱灾，於陵子清晨到东边外城十里处的一个泉水处汲水，泉水很快就被他汲干了。后面一个接着一个来了许多取水的人，却没取到水，都在内心埋怨自己来得太晚了。於陵子看到这种情形，便悲痛得捶胸踩脚，责问自己："哎呀！是老天让我这么做的呢？还是我自己要这么做的呢？是我自己要这么做的呢？还是别人要我这么做的呢？再说，过去面对天下的任何事情，我从来也没有抢在别人前面去贪得无厌地争名夺利，而这一次我为什么会抢在了别人前面去贪图多喝一桶泉水呢？我为什么会跟大家争抢泉水呢？难道是贪婪的品性落在了我的身上？还是我自己沉溺于争名夺利之中呢？如果不是这些原因的话，那么又是谁让我来争抢泉水的？是谁让我抢在了别人的前面呢？是谁让我开始贪婪的？我丧失了多年坚持的廉洁品德呀！这是别人给我造成的？还是我自己造成的？是我自己有意这么做，还是上天让我这么做的？"于是，反省后的於陵子就把所有来取水的人聚集在一起，把自己桶内的水平均地分给大家，然后摔掉了水桶，扯烂了井绳，爬着回了家。到家后关上门大哭了一场，三天没吃一口饭，以此来惩罚自己抢在别人前面取泉水的行为。

【解读】

不贪图利益，不占人先，这是道家的一贯主张，也是人们所赞美的一种美德。於陵子为泉水的事情内疚，并把自己的泉水分给大家，这种行为值得赞赏。但是如果仅仅因为自己先去汲了泉水，就为此自责得"震其瓶，裂其绠，匍匐而还。闭门而哭泣，三日绝食"，这不仅不近人情，不合常理，而且还给人一种做作的感觉。

无论做任何事情，都不可太过，太过反而会适得其反。唐代有一个典型例子。唐太宗与长孙皇后一共生了三位嫡子，依次是：太子李承乾、魏王李泰、晋王李治。李承乾因足疾及生活奢靡，担心被废，于是就想谋

杀弟弟李泰,进而效法父亲去谋划逼宫,事泄后被废为庶人并流放黔州
(今重庆彭水)。按情理,李承乾被废后,太子位自然会落在才华出众、深
受太宗宠爱的魏王李泰身上。李泰为了能够当上太子,二十余岁的他竟
然扑进唐太宗的怀里,向唐太宗表达孝父爱弟之情:

> 臣今日始得与陛下为子,更生之日也。臣唯有一子,臣百年之
> 后,当为陛下杀之,传国晋王。(《旧唐书·褚遂良传》)

李泰对唐太宗说:"如果我能够当上皇帝,待我死时,就杀掉我唯一
的亲生儿子,把皇位传给弟弟李治。"这种不近情理的表态引起褚遂良
和唐太宗的警觉,李泰随即便被赶出京城,以顺阳王的名誉安置于郧乡
(在今湖北郧县),于三十五岁时死于郧乡。李泰为了能够当上太子,绞
尽脑汁,机关算尽,然而由于这场表演太过,结果与太子位失之交臂。

我们虽然不能说於陵子"震其瓴……三日绝食"这些行为都完全是
一种表演,也很可能是发自他的真情,但由于这种自责超出常情,反而给
人一种不适的感觉。

辩穷

【题解】

辩穷，辩论什么才是真正的穷困。在本篇中，於陵子的老朋友接予认为物质生活的贫苦就是穷困，而於陵子则认为物质的贫乏并非真正的穷困，精神上的空虚无聊、惴惴不安才是真正的穷困。於陵子与接予的思想代表了人们两种不同的生活观念，虽然於陵子的思想境界高于接予，但二人都显得偏颇。既有丰富的物质生活，更有崇高的思想境界，这才是人们应该追求的生活目标。

於陵子居于於陵，茅芒亡任雨雪①，墉堵莫御飙暴②，信宿兼飧③，寒暑并服④，然未尝辍琴歌之声⑤。接予使楚⑥，过而闻之⑦，曰："秩秩乎⑧！故人之声也⑨。"

【注释】

① 茅芒亡（wú）任雨雪：他的草屋难以遮挡雨雪。茅芒，两种野草名。这里代指草房。亡任，无法胜任。这里指无法遮挡雨雪。亡，无。

② 墉（yōng）堵莫御飙（biāo）暴：土墙难以抵御风暴。墉，土墙。

堵,土墙,长高各一丈为一堵。御,抵御。飙,暴风。

③信宿兼飧(sūn):穷得两天才能吃上一顿饭。信宿,连宿两夜。代指两天。《左传·庄公三年》:"凡师一宿为舍,再宿为信,过信为次。"兼飧,总共吃一顿饭。兼,总共。飧,饭食。

④寒暑并服:冬天与夏天穿着同样的一身衣服。并,一起,一样。

⑤辍(chuò):停止。

⑥接予使楚:齐国大夫接予出使去楚国。接予,齐国大夫,道家学者,有《接予》两篇。《史记·田敬仲完世家》:"宣王喜文学游说之士,自如驺衍、淳于髡、田骈、接予、慎到、环渊之徒七十六人,皆赐列第,为上大夫,不治而议论。"《史记正义》:"(接予)齐人。《艺文志》云《接予》二篇,在道家流。"

⑦过而闻之:从这里路过时,听到了於陵子的歌声与琴声。

⑧秩秩乎:形容琴声、歌声高亢嘹亮的样子。

⑨故人:老朋友。

【译文】

於陵子住在於陵的时候,他的草屋无法遮挡雨雪,土墙难以抵御风暴,穷得两天只能吃一顿饭,冬天与夏天穿着同样的一身衣服,然而他从来没有停止弹琴唱歌。齐国大夫接予出使楚国,路过於陵子居住的地方,听到了於陵子的琴声与歌声,感叹说:"多么高亢嘹亮的琴声与歌声啊,这好像是我的老朋友弹奏、吟唱出来的声音啊!"

【解读】

像於陵子的这种穷则弥坚、自得其乐的生活境界,《庄子·让王》中也介绍了一例:

曾子居卫,缊(yùn)袍无表,颜色肿哙,手足胼胝(pián zhī)。三日不举火,十年不制衣,正冠而缨绝,捉衿而肘见,纳履而踵决。曳縰(xǐ)而歌《商颂》,声满天地,若出金石。天子不得臣,诸侯不得友。故养志者忘形,养形者忘利,致道者忘心矣。

曾子居住在卫国的时候,穿着乱麻絮做成的袍子,袍子的衣面已经全部烂掉了,他面目浮肿,手脚都长满了厚厚的老茧。他三天都未能生火做一顿热饭;十年也没能添置一件新衣;他想把帽子扶正一下,而帽带就断掉了;拉一拉衣襟想遮住胸口,而胳膊肘又露了出来;穿鞋时稍一用力,而鞋跟就被蹬掉了。然而当他拖着烂掉后跟的鞋子高歌《商颂》时,宏大嘹亮、铿锵有力的歌声充满了天地之间,这歌声就好像是从金石乐器中发出的一样。天子无法让他成为自己的臣下,诸侯也不能与他结为朋友。所以说修养心性的人能够忘却自己的形体,养护自己形体的人能够忘却外界的名利,修习大道的人能够做到内心空净。

遂休辕而晋于蓬门之下①,莫信其冠履焉②。乃劳之曰:"子穷矣乎③!"於陵子仰天大笑曰:"子穷矣!"接予曰:"谬谈乎④!子之我穷也⑤?夫人贵为公卿⑥,与君臣襄理千乘⑦,舌为政令⑧,指为石画⑨,小大凛畏⑩。绣衣肉食,美妻妾,盛舆马⑪,亲戚饱其余糈⑫,里闬灼其煨烬⑬。勋名德誉,班于邻国⑭。匹夫至此,庶几乎达矣⑮。若子者,志降于时⑯,言斥于众⑰,身去父母之邦,神死稿莽之下⑱。冻馁之色⑲,征于四体⑳,委命沟壑㉑,展足可待㉒。此亦笃生人之辱㉓,极吾道之凶矣㉔。然不自穷而穷我,亡亦谬乎㉕!"

【注释】

①遂休辕而晋于蓬门之下:于是停下车,走到於陵子的蓬门之下。遂,于是,就。休辕,停下车子。辕,车前用来驾牲口的直木。这里代指车子。蓬门,用蓬草编成的门。

②莫信(shēn)其冠履焉:站在蓬门下,头也难抬,脚也难伸。本句形容蓬门又矮又小。信,通"伸",伸开,伸展。冠,帽子。代指

头。履,鞋子。代指双脚。焉,代指蓬门。

③穷:处境困苦。

④谬谈:说错了,言论荒谬。谬,错误。

⑤子之我穷也:您认为我处境困窘。我穷,认为我穷困。

⑥夫:语气词。用于句首,表示要发议论或概述事情。人:指接予自己。

⑦襄理:帮助治理。襄,辅佐。千乘(shèng):中等国家。这里指齐国。能够拥有千乘战车的国家在当时属于中等国家。接予这样讲,带有谦虚的成分,因为齐国当时属于能够拥有万乘战车的大国。乘,古时一车四马叫作“一乘”。

⑧舌为政令:讲出来的话就是政策法令。舌,代指讲出来的话。

⑨指为石画:手一挥动就是宏图大计。石,通“硕”,大,宏大。画,谋划。

⑩小大凛(lǐn)畏:任何人对我都很敬畏。小大,大小之人。泛指所有人。凛,恐惧,害怕。

⑪舆马:车马。舆,车。

⑫亲戚饱其余糈(xǔ):我拿出一点儿余粮就能够使亲戚朋友们饱食无忧。其,代指接予自己。糈,粮食。

⑬里闬(hàn)灼(zhuó)其煨烬(wēi jìn):我施舍一点儿余热也能够使邻居乡亲们温暖异常。里闬,指邻居、乡亲。里,先秦以二十五家为一里。闬,闾里的门,巷门。灼,烧,烤。这里指取暖。煨烬,灰烬,燃烧后的残余物。

⑭班于邻国:闻名于周围邻国。班,遍布,到处传扬。

⑮庶几乎达矣:差不多也算是飞黄腾达了。庶几,差不多。达,得志,显贵。

⑯志降于时:您的志愿被世人所瞧不起。志,指於陵子淡泊名利、甘做隐士的意愿。降,减低,瞧不起。时,时人,世人。

⑰言斥于众：您的言论被大家所排斥。

⑱神死稿莽之下：您的精神消亡于草莽之中。稿，谷类植物的茎秆。
　莽，野草。

⑲冻馁（něi）之色：受冻挨饿的模样。馁，饥饿。色，表情，模样。

⑳征于四体：表现在全身上下。征，表征，表现。

㉑委命沟壑：死在沟壑之中。实际指死于某处。委，丢弃。

㉒展足可待：这种情况随时都可能出现。展足，伸一伸腿的功夫。
　形容时间短暂。

㉓笃（dǔ）生人之辱：这是人生的最大耻辱。笃，甚，最。

㉔极吾道之凶矣：是我们面临的最为凶险的一条道路。

㉕亡（wú）亦谬乎：这不是在讲错话吗？亡，无，不。

【译文】

接予于是停下车子，走到於陵子的蓬门之下，蓬门与房屋低矮狭窄，使接予头也抬不起，脚也伸不开。于是接予就同情地慰劳於陵子说："先生您的生活实在太穷困了！"於陵子仰天大笑，说："是先生您的生活太穷困了！"接予说："您这是多么荒谬的话啊！先生您怎么能说我穷困呢？我贵为齐国的公卿，与其他大臣一起辅佐君主治理国家，我一开口就是政策法令，我的手一挥就是宏图大计，举国上下所有的民众对我无不畏惧。我穿着华丽的衣服，吃着甘甜的美食，娶了美丽的妻妾，乘坐着豪华的马车，我拿出一点儿余粮就能够使亲戚朋友们饱食无忧，我施舍一点儿余热也能够使邻居乡亲们温暖异常。我的功勋美誉，传遍了周围邻国。一个普通平民能够获取这样的生活，几乎可以说是飞黄腾达了。然而先生您呢，您的意愿被世人所瞧不起，您的言论受到众人的排斥，您的身体离开了父母所在的国家，您的精神消亡于野草之中。又冷又饿的模样，表现在您的浑身上下，死于沟壑之中的事情，随时都可能发生在您的身上。先生的这种穷困生活可以说是人生的最大耻辱，您走的这条道路也是我们面临的最危险的道路。然而您不承认自己生活穷困，却说我的生活穷困,这不是极其荒谬吗!"

【解读】

在这段对话中,接予认为於陵子"穷矣",而於陵子反而认为接予"穷矣",那么这两位老朋友究竟谁是真正的"穷矣"? 由于主观立场与价值观的不同,我们局外人很难做出令二人都认同的判断。

这类事情在社会上非常常见。《高士传》记载了一个知足、不知足与贫富关系的故事。说是在汉代的时候,蜀地成都有一位高士,名叫严君平,才高德厚,名声极大。他平时以占卜为职业,每当挣的钱够自己花销之后,就关门读书著述。家中除了一床书之外一无所有。当地有一位名叫罗冲的大富翁,对严君平很钦佩,同时也希望严君平能够通过自己的资助去取得一官半职,以便自己将来也好有个靠山。于是他就向严君平提出,愿意出一笔钱帮助严君平出门游仕求官。没想到严君平却说:"我比你富有,怎好让钱不够用的你来资助钱用不完的我呢?"罗冲说:"我家有万金,而你家没有一石粮食,却说你比我有钱,你说错了吧?"严君平说:"你说得不对。我有一天留宿在你家里,夜深人静,成都所有的人都休息了,而你们全家人还在忙忙碌碌地商量如何赚钱,这不说明了你家特别缺钱吗? 我以占卜为业,不出门而钱自至,现在还剩余了数百钱,上面落满了一寸厚的尘埃,我都不知该如何花出去。这不是说明了我有余钱而你的金钱不足吗?"罗冲听后十分惭愧。

在隋唐时期,也发生过类似於陵子与接予争论的事情。《五灯会元》卷二记载:

> 牛头山智岩禅师者,曲阿人也。姓华氏。弱冠智勇过人,身长七尺六寸。隋大业中为郎将,常以弓挂一滤水囊,随行所至汲用。累从大将征讨,频立战功。唐武德中,年四十,遂乞出家。入舒州皖公山,从宝月禅师为弟子。……有昔同从军者二人,闻师隐遁,乃共入山寻之。既见,因谓师曰:"郎将狂邪,何为住此?"师曰:"我狂欲醒,君狂正发。夫嗜色淫声,贪荣冒宠,流转生死,何由自出?"

朋友认为智岩禅师放着荣华富贵不要，而进山当个清贫和尚，一定是发疯了；而智岩禅师却认为自己看破红尘，正在慢慢清醒，而朋友们执着于富贵名利，心甘情愿地沉溺于苦海之中，正是发疯的表现。你说我疯了，我说你疯了，究竟谁疯了呢？谁都没有疯，只是各自的价值观不一样而已。

以上这些故事说明，是贫是富，是困窘还是顺达，是清醒还是糊涂，既有客观标准，也有主观标准。自以为十分顺达的接予，在於陵子的眼中，却成了可怜巴巴的穷困之人。

於陵子曰："夫良金百炼而不失其采，美玉百涅而不渝其洁者①，此固不能以穷穷也②。曩吾与子③，宁兹否道④，辟时末流⑤，相与窒其耳目⑥，忘其口体，藏其心志，三十年而穷亡乎⑦，我至今也⑧。今子一旦自守之真失⑨，而穷驱之势利之疆⑩，声貌水食之囿矣⑪。既鬼乃真⑫，徒尸乃躬⑬，赫赫子外⑭，歉歉子中⑮，是亡能乎穷⑯，而受穷所穷矣⑰。受穷所穷，而子穷矣！"

【注释】

①美玉百涅（niè）而不渝其洁者：美好的玉石即使经过上百次的污染，也无法改变它的光洁。涅，染黑。渝，变化，改变。

②此固不能以穷穷也：这种情况确实不能用表面看来穷困的生活就去认定他的生活真的穷困。穷，第一个"穷"是穷困的意思。第二个"穷"是意动用法，认为……穷困。

③曩（nǎng）：过去，从前。

④宁兹否（pǐ）道：在这条艰难的人生之路上过着安宁的生活。本句意思是说，在艰难的环境中过着安宁的生活。兹，此，这。否

道，艰难的人生之路。否，闭塞，不通。

⑤辟（bì）时末流：避开这个衰乱不堪的社会。辟，避开。末流，世风不良的衰乱时代。

⑥相与窒其耳目：一起对外闭目塞听。相与，一起，共同。窒，堵塞。

⑦三十年而穷亡乎：经过三十年的修炼，而生活穷困的感觉消失了。

⑧我至今也：我坚持到现在。

⑨今子一旦自守之真失：现在您一下子就失去了您自己曾经坚守的真实的天性。真，真实的天性。道家的庄子及儒家的孟子都认为，人的天性美好，淡泊名利；人之所以变坏，是由于社会污染造成的。

⑩穷驱之势利之疆：被物质穷困的生活驱赶到了追权逐利的官场。之，代指接予。疆，疆域。这里代指官场。

⑪声貌水食之圉（yòu）矣：陷入音乐美女、锦衣玉食的生活之中。水食，应为"衣食"之误。一本"水"即作"衣"。圉，局限于，局限于某种范围之内。

⑫既鬼乃真：您的真实而美好的真性已经死亡、丧失。既，已经。鬼，死亡，丧失。乃，你，你的。真，真性，天性。

⑬徒尸乃躬：您的身体只是一个行尸走肉而已。徒，仅仅。躬，身体。

⑭赫赫子外：您的外表看起来声势显赫。赫赫，声威盛大的样子。子，你。

⑮歉歉子中：您的内心却是空虚、不安的。歉歉，空虚、不安的样子。中，心中，内心。

⑯是亡（wú）能乎穷：这种情况就说明您无力应付物质上穷困。亡，无。

⑰而受穷所穷矣：在遭遇到物质的穷困之后陷入了精神的穷困。意思是，接予为了摆脱物质上的穷困，而陷入了真正的穷困——精神穷困。

【译文】

於陵子说："真正的金子,即使经过千锤百炼,也不会失去它的光彩;美好的玉石,即使经过千百次的污染,也不会改变它的光洁;这说明原本就不能用表面看似穷困的生活去认定某人的生活真的穷困。从前,我与先生您一起在这条艰难的人生之路上过着安宁的生活,远远地避开这个混乱不堪的衰败社会,我与您一起闭目塞听而不受声色犬马的诱惑,忘掉那些美好的食物和华丽的服饰,把保持个人高洁品质的志向铭记于心里,经过三十年的修养,物质生活穷困的感觉也就慢慢消失了,我坚持不变一直到今天。然而如今先生您一旦失去了您自己曾经坚守的真实的天性,被物质穷困的生活驱赶到了追权逐利的官场里,落入了声色美女、锦衣玉食的局限之中。您已经丧失了您的美好天性,变成了一具行尸走肉,您表面上看起来声势显赫,而内心里却空虚不安,这是因为您无力应付物质上的穷困生活,您为了摆脱物质上的穷困而陷入了真正的穷困——精神穷困。为了摆脱物质上的穷困而陷入了真正的穷困——精神穷困,因而我说先生您才是真正地陷入了穷困生活。"

【解读】

人类生活有两种贫困,一是物质生活贫困,一是道德精神贫困。应该说,后者的贫困是一种更为严重的贫困,这种贫困不仅会为别人带来麻烦,更会困扰自己。《庄子·让王》有一个与本文十分相似的故事:

> 原宪居鲁,环堵之室,茨以生草,蓬户不完,桑以为枢,而瓮牖二室,褐以为塞,上漏下湿,匡坐而弦。子贡乘大马,中绀而表素,轩车不容巷,往见原宪。原宪华冠縰履,杖藜而应门。子贡曰:"嘻!先生何病?"原宪应之曰:"宪闻之,无财谓之贫,学而不能行谓之病。今宪,贫也,非病也。"子贡逡巡而有愧色。原宪笑曰:"夫希世而行,比周而友,学以为人,教以为己,仁义之慝,舆马之饰,宪不忍为也。"

原宪生活在鲁国时,住的是四围土墙的小房子,屋顶上盖着刚刚割下来的青草,用蓬草编织的门破烂不堪,门上的转轴是用桑树条做成的,窗户是用破瓦罐做成的,小房子被隔成两个房间,粗布破衣塞着破瓦罐做成的窗口,屋顶上漏着雨,室内地面十分潮湿,而原宪端端正正地坐在那里弹琴。子贡乘坐着高头大马拉的车子,穿着暗红色的内衣,上面罩着雪白的外衣,他乘坐的马车因为太高太大而无法进入原宪居住的狭窄巷子,于是子贡只好徒步去看望原宪。原宪戴着桦树皮做的帽子,穿着烂掉后跟的鞋子,拄着藜木拐杖出门迎接。子贡问道:"哎呀!先生您有什么毛病吧?"原宪回答说:"我听别人说,没有钱财叫作贫穷,学习之后不能按照学到的道德原则去做事才叫作有毛病。如今我原宪,是贫穷啊,而不是有什么毛病。"子贡听了不由自主地后退了几步,满面的羞愧表情。原宪笑着说:"迎合着世俗去做事,把相互勾结视为结交朋友,学习是为了在别人面前炫耀自己的知识,收徒讲学是为了谋取个人的私利,甚至打着仁义的幌子去干罪恶的勾当,还把自己的车马装饰得如此华丽漂亮,这些都是我所不忍心做的事情啊。"

在於陵子与庄子看来,於陵子与原宪是物质贫困、精神富有者,而接予与子贡是物质富有、精神贫困者,精神重于物质,於陵子与原宪的生活要优于接予与子贡。

大盗

【题解】

　　大盗,指盗取权利、美名的统治者。本篇一名"亡珠",丢失了宝珠。有人丢失了宝珠,怀疑盗窃者是於陵子,於陵子为有此污名而十分伤心。当官员认定於陵子是廉洁之人,不可能盗窃宝珠时,於陵子结合历史上的那些窃取美名以牟取私利的欺骗行为,又为自己"窃取"廉洁美名而悲哀。那么本篇的结论就是,既不可有盗窃污名,也不可有廉洁美名,最好做到无名。

　　有渊人亡珠于市①,於陵子过之,而疑焉②,遂听直于市长③。於陵子泽色④,亡与辩也⑤。市长投座起曰⑥:"此於陵先生也,天下所共与廉者⑦,今子独秽及焉⑧,吾怃汝⑨,尸巷衍矣⑩!"

【注释】

①渊人:善于潜入深渊采集宝珠的人。《庄子·列御寇》:"夫千金之珠,必在九重之渊而骊龙颔下。"一说"渊人"是指一位姓渊的人。渊,姓氏。亡珠于市:在市场上丢失了宝珠。

②而疑焉：而怀疑是於陵子偷了宝珠。焉，代指於陵子。

③遂听直于市长：于是就到市长那里评理。遂，于是。听，处理，决断。直，是非曲直。市长，管理市场的官员。

④泽（shì）色：表情轻松平静。泽，通"释"，松弛，轻松。色，表情。

⑤亡（wú）与辩也：不与渊人争辩。亡，无，不。

⑥投座：甩开座位。形容对渊人诬陷於陵子的愤怒。投，投出，甩开。

⑦共与廉者：共同称赞的廉洁之士。与，赞许，称赞。

⑧秽及焉：诬陷他，玷污他。

⑨吾怵汝（chù rǔ）：我要让你受点儿教训。怵，恐惧。这里是使……感到恐惧的意思。汝，你。

⑩尸巷衎（kàn）：让你站在街道上示众。尸，陈列。这里指站在那里示众。衎，疑为"衕"字，形近而误，街道。

【译文】

有一个善于潜入深渊采集宝珠的人，在市场上丢失了一颗宝珠，恰巧於陵子从这里路过，丢失宝珠的人就怀疑於陵子盗窃了这颗宝珠，于是二人就请市长来评判这事的是非曲直。於陵子的表情轻松平静，也不去与对方争辩。市长听后甩开座位，站起身说："这位是於陵先生啊，他是天下人共同称赞的廉洁之士，今天唯独你竟敢玷污先生，我要让你受点儿教训，让你站在大街上示众！"

　　於陵子漂涕交臆①，怒不荷言②。市长曰："夫貌不举于知心，神不抑于昧己③，固真人不为世憾也④。今亡行亡敢谓知先生而廉先生⑤，彼渊人不足谓昧先生而盗先生⑥。然欣戚偭施⑦，庸有以耶⑧！"於陵子蹙然曰⑨："夫木不戒于斧斤⑩，而戒乎桁械者⑪，为身害小⑫，而为名害大也⑬。今珠，吾没齿悼盗⑭，孰与廉⑮？吾百世盗耶⑯！盖没齿易尽⑰，百世亡忘⑱！亡忘，诚所悲也⑲！"

【注释】

①漂涕交臆（yì）：流下的眼泪落在了胸前。漂，流，流下。涕，眼泪。臆，胸。

②怒（nì）不荷言：愁苦得说不出话来。怒，忧思，忧伤。不荷，无法承受，无法做到。荷，承受。

③夫貌不举于知心，神不抑于昧己：这两句应视为互文，也即把两句话结合起来理解。意思是，无论是在知己人的面前，还是在不了解自己的人面前，真诚的人都不会用虚假的模样、表情去掩盖自己的真实情感。貌不举、神不抑，模样、神情都不会与自己的真情有出入。举，高于。知心，指知心朋友。抑，低于。昧己，不了解自己的人。昧，不清楚，不了解。

④真人不为世憾也：真诚的人不会在社会上做一些使自己感到遗憾的事情。真人，真诚无欺的人。

⑤今亡（wú）行亡（wú）敢谓知先生而廉先生：现在我这个没有德行的人，不敢说自己就很了解於陵先生而认定先生就是一位廉洁的人。亡行，即"无行"，没有好的德行。这是市长的自我谦称。本句的两个"亡"皆为无、不之义。谓，说，认为。廉，认定……廉洁。

⑥彼渊人不足谓昧先生而盗先生：那位丢失宝珠的人，也不能够一定说是因为不了解於陵先生而认定先生就是盗窃宝珠的人。盗，认定……是盗窃之人。

⑦欣戚偭迤（miǎn yí）：喜忧感情的巨大变化。欣，欣喜。戚，忧愁。偭迤，截然相反的巨大变化。偭，违背，反差。迤，逶迤，曲折。这里形容变化很大。

⑧庸有以耶：大概是有原因的。庸，副词。表示推断，相当于"大概""也许"。有以，有原因。

⑨蹙（cù）然：紧紧皱着眉头。蹙，皱。

⑩戎：军队，战争。这里引申为保卫、抗拒。斧斤：斧头。

⑪桁（háng）械：加在颈上和脚上的木制刑具。

⑫为身害小：因为形体受害是小事。树木被斧头砍了，这是树木的形体受到了伤害，但於陵子认为这种形体伤害还属于小事，所以上文说"夫木不戒于斧斤"。

⑬而为名害大也：然而名声受到伤害就是大事了。所以上文说"而戎乎桁械"。古人认为，刑具是一种让人讨厌的器具，因此就连木头也不愿意被做成刑具。

⑭没齿：终身。悼盗：为盗窃的污名而伤心。悼，悲伤。

⑮孰与廉：谁还会称赞我的廉洁呢？

⑯吾百世盗耶：我将会世世代代留下盗窃的污名！世，古代三十年为一世，一代人也叫一世。

⑰盖没齿易尽：大概人的一生容易过完。盖，发语词。表推测。没齿，犹言终身、一生。尽，尽头，过完。

⑱百世亡（wú）忘：世世代代的人们却很难忘记我的盗窃污名。

⑲诚所悲也：这是我真正感到悲哀的原因啊。诚，真正的。

【译文】

於陵子听了市长的话，伤心得流下了眼泪，泪珠洒落在胸前，他愁苦得连话也说不出来了。市长说："无论是在知己人的面前，还是在不了解自己的人面前，真诚的人都不会用虚假的模样、表情去掩盖自己的真实情感，因为真诚的人是不会在社会上做一些使自己感到遗憾的事情。现在我这个没有德行的人，不敢说自己就很了解於陵先生而认定先生就是一位廉洁的人；那位丢失宝珠的人，也不能够说一定是因为不了解於陵先生而认定先生就是盗窃宝珠的人。然而先生您喜忧的感情变化如此之大，大概是有原因的吧！"於陵子皱着眉头，说："树木不抗拒被斧头砍伐，却不愿被用来做成刑具的原因是，砍伐树木，对树木形体的伤害还算是小事；可被做成刑具，对树木名声的伤害就是大事了。今天这颗宝珠遗失的事情，使我一辈子都会为盗窃这一污名而感到伤心，谁还会相信我廉洁呢？我将世世代代都背上了盗窃的污名啊！一个人的一生很快就会过完，可世世代代的人们永远难以忘记我的这一盗窃污名啊！这一污名忘不了，这才是我真正感到悲痛的原因啊！"

【解读】

古人说："非知之艰，行之惟艰。"（《尚书·说命中》）知道一个道理容易，但真正做起来就难了。在前文《贫居》中，於陵子说："夫淖履则践，侮淖履也；社主则拜，恭社主也。木亦何荣辱与。"於陵子的意思是说，无论别人是尊敬自己，还是轻视自己，那都是属于别人的事情，而自己就像"木"一样，不会受到任何影响，因为自己有着自己的荣辱标准，别人的毁誉对自己毫无影响。然而在本篇中，於陵子却为自己被赋予盗窃污名而悲痛不已；在下一段文字中，当市长称赞於陵子为廉洁之士时，於陵子更是为自己"窃取"了廉洁之美名而痛苦不堪。由此可见，不仅普通人知易行难，就连贤人也是如此。

市长曰："夫行由表立①，名捷景赴②，廉奚盗也③？"於陵子曰："子不闻赫胥之上④，大道百行⑤，匹夫共而不有⑥。庖羲之下⑦，元风夏德⑧，至人有而不矜⑨。迨夫五帝凿民⑩，心心自私⑪，于是道德行于五品相委⑫，盗知术于蒙朴未开⑬，公输巧而众人愚⑭，离朱明而天下瞽矣⑮。且其不近盗之日月⑯，而久盗之天地⑰，久不已也；则声盗之雷霆⑱，声不已也；则鬼盗之神明⑲，兹其情貌⑳，非古今所谓大盗耶？今天下不幸，而旅去其廉㉑，独使大盗归我㉒，哀微肩矣㉓。"

【注释】

① 夫行由表立：人的行为就好像竖立起一根用来测日影、定时刻的标杆那样。由，通"犹"，好像。表，古代用来测日影、定时刻的标杆。

② 名捷景（yǐng）赴：名声依附于行为，就好像影子依附于标杆一样。捷，及，来到。《小尔雅·广言》："捷，及也。"景，同"影"。以上两句的意思是说，有什么样的标杆，就有什么样的影子；有什么样的行为，就有什么样的名声。这是在安慰於陵子。

③ 廉奚盗也：廉洁的人怎么会有盗窃的名声呢？

④ 赫胥之上：赫胥氏以前的社会生活。赫胥氏，传说中的远古部落首领。

⑤ 大道百行：无论是修习大道，还是其他各种行为。

⑥ 匹夫共而不有：美德为民众所共有，而不会为某人所专有。

⑦ 庖羲（páo xī）之下：庖牺氏以后。庖羲，即传说时代的部落首领伏羲。相传他创始八卦，教民众捕鱼、畜牧等。

⑧ 元风夏德：世风善良，品德美好。元风，善良淳朴的道德风尚。元，善良。夏德，高尚的道德。夏，大，高尚。

⑨ 至人有而不矜（jīn）：得道之人具有美德，但不会为自己的美德而傲慢。至人，境界最高的得道之人。矜，傲慢。

⑩ 迨（dài）夫五帝凿民：到了五帝时代，开始戕害人们的天性了。迨，等到，到了。五帝，指黄帝、颛顼、帝喾、尧、舜。关于五帝，还有其他多种说法。凿，开凿，戕害。关于"凿民"，可见"解读"。

⑪ 心心自私：人人开始自私起来。心心，指每个人的想法。

⑫ 于是道德行于五品相委：于是大道、美德就体现在各级官员的任命上。意思是说，世俗社会认为官员级别越高，说明其品德越好，正如《庄子·胠箧》所说："彼窃钩者诛，窃国者为诸侯，诸侯之门而仁义存焉。"这些说法都带有讽刺意味。行于，体现在。五品，

功勋的五种名目。《史记·高祖功臣侯者年表》:"太史公曰:古者人臣,功有五品:以德立宗庙定社稷曰勋,以言曰劳,用力曰功,明其等曰伐,积日曰阅。"一说五品指五伦,即君臣、父子、夫妇、兄弟、朋友之间的关系。

⑬盗知术于蒙朴未开:大盗知道如何利用美名对那些纯朴的人们施行骗术。盗,指窃取道德、仁义的美名以谋取私利的大盗。蒙朴未开,还处于纯朴憨愚状态的民众。蒙,幼稚。朴,纯朴,原始。

⑭公输巧而众人愚:公输般获取了机巧,众人就显得愚笨。公输,人名。即公输般,春秋时代鲁国人,又称"鲁班",相传为木工的祖师。

⑮离朱明而天下瞀(mào)矣:离朱的眼睛能够明察秋毫,天下民众的眼睛就显得昏暗不明了。离朱,人名。据说他视力超人。瞀,眼睛昏花,看不清楚。以上两句是说,公输班、离朱的行为,导致了民众追求各种技巧,而渐渐忽略了美德。

⑯且其不近盗之日月:况且他不仅想很快盗取日月。不,不仅。近,近来,很快。

⑰而久盗之天地:而且还想在未来盗取整个天地。久,指未来。

⑱则声盗之雷霆:在名声方面,他们还想盗取像雷霆一样响亮的美名。

⑲鬼盗之神明:就像鬼一样,还想盗取神的灵气。鬼,人死后的灵魂为鬼。神,指自然神,如天神、地祇、山川之神等。明,神明,灵气。

⑳兹其情貌:这就是他们的想法与行为。兹,代指各种盗窃行为。其,代指大盗。貌,模样。这里代指行为。

㉑旅去其廉:人们都丧失了廉洁的品德。旅,众,众人。

㉒独使大盗归我:唯独把盗取廉洁美誉的大盗之名归之于我。

㉓哀微肩矣:可怜的是我的衰弱肩膀担当不起啊。从这里看来,於陵子的伤心是双重原因,一是被诬陷为盗窃宝珠的小盗,二是被人们视为廉洁之人,而在於陵子看来,这是被人们"诬陷"为盗窃了廉洁美名的大盗,故而於陵子感到特别伤心。

【译文】

市长说:"人的行为就好像竖立起了一根用来测日影、定时刻的标杆那样,名声依附于行为,就好像影子依附于标杆一般,如此廉洁的您怎么会有盗窃的名声呢?"於陵子说:"您没有听说过赫胥氏以前的生活情况,那时候无论是修习大道,还是做其他各种行为,其美德为民众所共有,而不会为某个人所专有。庖羲氏以后,社会风气良善,人们品德美好,那些得道的圣人具备了善良美德而从不傲慢。到了五帝在位的时候,人们的美好天性慢慢被破坏了,人人开始自私自利,于是各种所谓的美好善良的品德就体现在各级官员的任命上,大盗也开始知道如何利用美名,对那些纯朴的人们施行欺骗以获取官位。公输般获取了机巧,而众人就显得愚笨;离朱的眼睛能够明察秋毫,而天下民众的眼睛就显得昏暗不明。这些大盗不仅想很快盗取日月,还想在未来盗取整个天地,他们的盗窃之心永远不会消失;在名声方面,他们想盗取像雷霆一样响亮的美名,而且还想让这些美名永垂不朽;他们就像鬼魂那样,想盗取神的灵气,这就是那些大盗的想法与行为,这难道不就是古今所说的大盗吗?如今天下实在不幸,人们都丢掉了廉洁的品质,唯独把'盗取'美誉的名声归之于我,可怜的是我的衰弱肩膀实在是承担不起啊!"

【解读】

《庄子·应帝王》中的一个寓言故事,有助于我们对本段"凿民"一词的理解。故事如下:

　　　　南海之帝为儵(shū),北海之帝为忽,中央之帝为浑沌。儵与忽时相与遇于浑沌之地,浑沌待之甚善。儵与忽谋报浑沌之德,曰:"人皆有七窍以视听食息,此独无有,尝试凿之。"日凿一窍,七日而浑沌死。

南海大帝叫作"儵",北海大帝叫作"忽",中央大帝叫作"浑沌"。儵与忽时常在浑沌的地盘上见面,浑沌对他们招待得非常周到。儵与忽便一起商量如何报答浑沌的恩德,说:"人人都有眼睛、耳朵、鼻子、嘴巴七个孔窍用来观看、聆听、吃饭和呼吸,唯独浑沌没有,我们试着也为他开凿七个孔窍吧!"于是他们俩辛辛苦苦地每天为浑沌开凿一个孔窍,忙碌了七天,七窍倒是开凿出来了,而浑沌却被他俩给开凿死了。

浑沌被凿死的故事主要是提醒君主在治理国家时,一定要顺应民众的天性。如果治国方略违背了人的天性,即便是出于好意,其结果也是害人害己。"迨夫五帝凿民,心心自私"讲的就是这个道理。

须臾①,有拾遗者闻之②,以其珠归市长。市长曰:"於陵先生方悲盗廉也③,请子亡盗义④,我其敢盗能听也哉⑤!"

【注释】

①须臾(yú):过了一会儿。

②拾遗者:拾到这颗遗失的宝珠的人。

③方悲盗廉:正在为自己"盗窃"廉洁名声的事情悲哀。方,正在。

④亡(wú)盗义:不要"盗取"仁义的名声。意思是希望拾到宝珠的人,也不要自认为是干了一件仁义之事。

⑤我其敢盗能听也哉:我哪敢"盗取"善于断案的名声!

【译文】

没有多大一会儿,一位拾到宝珠的人听说了这件事,就把宝珠交给了市长。市长对他说:"於陵先生正在为'窃取'廉洁之名而悲痛,请你也不要'窃取'仁义之名,我也哪敢'窃取'善于断案的美名呢!"

【解读】

这篇文章的写作特点值得我们关注与学习,那就是层层递进,出人意料。第一层次,文章的前面主要写於陵子为自己的盗窃之污名而悲伤。当市长为他仗义执言,称赞他为廉洁之士时,於陵子又为自己"窃取"廉洁美名而悲哀,这是第二层次。最后一段进入第三层次,市长受到於陵子的感染,不仅自己抛弃了善于断案的美名,也教诲拾珠者放弃拾物不昧的美名。全文结构可以说是曲径通幽,渐至佳境。

梦葵

【题解】

　　梦葵，於陵子梦中偷了句氏家的葵菜。葵，蔬菜名。即冬葵，又称"冬寒菜"。於陵子晚上在梦中偷了句氏家的葵菜，第二天便送给句氏家一双鞋子作为补偿。句氏认为於陵子并非真的偷了葵菜，因此坚决不接受这双鞋子。两人争执不下，鞋子最后被抛弃在大路上烂掉。本文的主旨是在赞美两人品质的高洁，客观上也反映出远古时代民风对后人的影响。

　　於陵子过句氏之圃而美其蔬①，则夜梦拔葵而亨诸②。明日，於陵子遗之句氏屦③。句氏曰："小人货用者④，不敢先侪偶涅子⑤，涅子，由今度来之不亡往也⑥。"於陵子馨之故⑦，句氏曰："夫梦，神驭也⑧，是以善败颠焉⑨。今予樊⑩，亡罪乎防⑪，宁忍以屦毒予也⑫？取子指亡罪乎攘⑬，独奈以屦毒而予也⑭。"於陵子曰："俾神而驭也⑮，亡必商与相周与齿已耳⑯。否者，神非意乘乎⑰？意非我乘乎？子固亡取⑱，安免我须臾跖也⑲。"句氏曰："子不眇眇为跖⑳，欲我昭昭为跖耶㉑？"遂不取，弃之通庄㉒。人闻二子之风，三年不取而萎焉㉓。

【注释】

①句（gōu）氏：姓句的人家。句，姓氏。圃：菜园。美其蔬：看到句
氏的菜长得非常好。美，认为……美好。

②则夜梦拔葵而亨（pēng）诸：晚上做梦偷拔了句氏家的葵菜，炒着
吃了。亨，同"烹"，煮，烹调。诸，第三人称代词，相当于现代汉
语中的"他、她、它"。

③遗（wèi）之句氏屦（jù）：就送给句氏家一双鞋子作为补偿。遗，
赠送，送给。屦，用麻、葛等制成的鞋子。

④小人货用者：我是一个买卖各种器具的人。小人，句氏自我谦称。
货，买卖。用，各种器用、器具。

⑤不敢先侪（chái）偶涅（niè）子：不敢接受前辈您的赠送以诬陷
您。於陵子只是梦中偷了葵菜，为此而赔偿以求得心理安慰。句
氏认为偷葵菜不是事实，如果接受赔偿，就等于坐实了於陵子偷
菜之事，这是对於陵子的诬陷，因此不接受赔偿。先侪，先辈。
侪，同辈。偶，投合，迎合。这里是接受的意思。涅，染黑。这里
指玷污、诬陷。

⑥由今度（duó）来之不亡（wú）往也：从今天的情况看来，您根本
就没有进入过我的菜园。度，推测，看来。不，为本句衍字。亡，
不，没有。

⑦於陵子罄（qìng）之故：於陵子把自己要赔偿的缘故讲完了。罄，
本指器皿里面没有东西，后引申为用完。这里指讲完。

⑧神驳：神志出现混乱。驳，混杂，混乱。

⑨是以善败颠焉：因此事情好坏常常是颠倒的。败，败坏。

⑩今予樊：如今我在菜园周围修筑了篱笆。樊，篱笆。

⑪亡（wú）罪乎防：不必怪罪我对别人有所提防。句氏认为於陵子
可能是怪罪自己筑篱笆防范别人偷盗，所以才送来鞋子。亡，无。
一说"今予樊，亡罪乎防"意思是，我修筑篱笆防范他人并没有什

么错误的地方。

⑫宁忍以屦（jù）毒予也：您难道忍心拿您的鞋子来损害我的名声吗？宁，难道。毒，毒害，伤害。

⑬取子指亡（wú）罪乎攘（rǎng）：如果接受了您的鞋子，就是把没有任何错误的您指认为盗贼。攘，盗窃。

⑭独奈以屦毒而予也：怎么能够拿鞋子陷我于不仁不义呢？独奈，怎么，如何。

⑮俾（bǐ）神而驳：即便是我睡梦中神志混乱。俾，使，即使。

⑯亡（wú）必商与相周与齿已耳：应为“亡必商与周相与齿已耳”，也不会把商朝与周朝混为一谈啊。以上两句的意思是说，自己梦中偷菜，不是因为梦中神志混乱，而是由于自己具有偷菜的潜意识。亡必，不会。相与，相互。齿，排列在一起。这里指相互混淆。已耳，句末语气词。

⑰神非意乘乎：人的思想不是意念在支配的吗？乘，驾驶，支配。神，神志，想法。

⑱子固亡（wú）取：您如果坚持不接受我的鞋子。固，固执，坚持。亡，不。

⑲安免我须臾跖（zhí）也：怎么能够免除我在短暂时间内所具有的盗贼身份呢？安，怎么能够。须臾，时间短暂。指梦中偷菜的那段时间。跖，人名。为先秦大盗，被人们称为“盗跖”。这里用“跖”代指盗贼的身份。

⑳子不朕朕（zhèn）为跖：您不愿意当一个有细微征兆的盗贼。於陵子梦中偷菜，说明心中已有偷菜的意识，这可说是想当盗贼的征兆。朕，通“朕”，征兆，迹象。

㉑欲我昭昭为跖耶：却想让我当一个明明确确的盗贼。句氏认为，自己如果接受了鞋子，就是拿了不应该拿的东西，这也是一种盗窃的行为。昭昭，明确的样子。

㉒通庄：大路。庄，四通八达的大路。

㉓萎焉：烂在大路上。萎，枯萎。这里指鞋子慢慢烂掉了。焉，代指
   大路。

【译文】

    於陵子经过句氏家的菜园时，看到园中长势茂盛的蔬菜很是喜爱。当天晚上就做了一个梦，梦中他偷拔了句氏家菜园里一把葵菜，炒着吃了。第二天，内疚的於陵子就拿着一双鞋子送给句氏作为补偿。句氏说："我是一个做小生意的人，不敢接受前辈您的赠送以诬陷您，如果接受了鞋子就等于诬陷了您，因为从今天的情况看来，您根本就没有进入过我的菜园。"於陵子把梦中偷菜应该赔偿鞋子的原因全都说尽了，句氏还是拒绝说："做梦的时候，人的神志处于混乱状态，事情的好坏常常是颠倒的。我在菜园周围修筑篱笆，您不必怪罪我对别人有所提防，那么您难道就忍心拿您的鞋子而损害我的名声吗？如果接受了您的鞋子，就是把没有任何错误的您指认为盗贼了，而您又何必拿鞋子陷我于不仁不义呢？"於陵子说："即便是我睡梦中的神志不够清醒，也不至于把商朝与周朝混为一谈吧。如果不是这样的话，那么我的偷盗想法不就是受我的意念支配的吗？而我的意念不就是由我本人支配的吗？如果您坚决不接受我的鞋子，怎么能够免除我在短暂时间内所具有的盗贼身份呢？"句氏说："先生您不愿意当一个刚刚有那么一点点儿征兆的盗贼，难道就想让我当一个明明确确的盗贼吗？"于是句氏坚决不接受於陵子的鞋子，就把鞋子丢弃在大路上。人们听说了於陵子与句氏的高洁品格，整整三年也没有人去拾取这双鞋子，这双鞋子最后烂掉在大路上。

【解读】

    本篇有两个问题值得我们进一步讨论，一是关于梦中偷盗该不该赔偿的问题，二是"慎独"的问题。

    第一个问题：关于梦中偷盗该不该赔偿。

    在原始社会里，一个人在梦中受到某人的侵害，这个人有权力向某

人追索赔偿,因为原始人普遍相信梦中的活动,就是某人的灵魂活动,既然是某人的灵魂做了侵害别人的事情,那么他自然负有赔偿、道歉的责任。从《梦葵》这一故事中,明显可以看出原始人这种观念对战国时人的影响。

当然,於陵子坚持赔偿的另一个重要原因则来自时人的道德观念。《慎子》逸文:"昼无事者,夜不梦。"后来慢慢形成"日有所思,夜有所梦"的观念。梦中的行为是人们清醒时意念的虚幻实施与延伸。於陵子也认为:"神非意乘乎?意非我乘乎?"梦中偷菜的想法是出自意念,而意念则出自自己的本心。战国时的宋钘、尹文学派曰:"语心之容,命之曰'心之行'。"(《庄子·天下》)他们把心理活动叫作"内心的行动",这与王阳明的"知是行之始,行是知之成"(《传习录》卷上)的说法十分相似。既然意念是行为的开始,而意念又是出自本人,那么於陵子就完全可以认定自己梦中偷菜这件事,是自己现实中偷菜行为的开始,因此自己必须为此事负责,至少也要为自己的道德缺陷负责,向句氏做出赔偿。於陵子的这一想法并非全无道理,但为此而执着到坚持赔偿鞋子、对方不接受就任鞋子烂掉的程度,无疑是一种道德"洁癖"的表现。

第二个问题:关于"慎独"。

"慎独"是儒家非常重视的一种修养,《礼记·中庸》说:

> 莫见乎隐,莫显乎微,故君子慎其独也。

无论如何隐蔽的事情也会被人发现,无论如何细微的行为也会被人知道,因此君子在独处时要特别谨慎。刘向《列女传·卫灵夫人》(《四库全书》作《古列女传》)记载:

> 灵公与夫人夜坐,闻车声辚辚,至阙(què)而止,过阙复有声。公问夫人曰:"知此为谁?"夫人曰:"此蘧(qú)伯玉也。"公曰:"何以知之?"夫人曰:"妾闻:礼下公门式路马,所以广敬也。夫忠臣与孝子,不为昭昭变节,不为冥冥惰行。蘧伯玉,卫之贤大夫也。仁而有智,敬于事上。此其人必不以暗昧废礼,是以知之。"公使视之,

果伯玉也。

　　有一天晚上，卫灵公与夫人在宫中坐着，先听到"辚辚"的车声，可车声到了官门时却消失了，过了官门之后，"辚辚"的车声又响了起来。卫灵公问夫人说："你知道刚才过去的人是谁吗？"夫人说："一定是蘧伯玉。"卫灵公问："你怎么知道是他呢？"夫人说："我听说：臣下路过君主的官门时要下车慢行，见了君主乘坐的马也要致敬，这是臣下对君主尊敬的表现。忠臣和孝子不会因为是在大庭广众之下就信守礼义，也不会因为是在黑暗之中没人看见而改变自己的操守。蘧伯玉是我们卫国品行端正的贤良大夫，他仁义而有智慧，对君主特别尊敬，他不会因为是黑夜，没人看见就忘记对君主的礼节，所以我知道是他。"卫灵公派人去看，果然是蘧伯玉。

　　君子不欺暗室，而於陵子不仅不欺暗室，就连梦中的事情，也做到了既不欺己，更不欺人。这样的人，这样的行为，古今中外都十分罕见。

巷之人

【题解】

　　巷之人，与於陵子住在同一个巷子里的人。於陵子打柴回家途中，发现同巷之人的家里挂着许多供受到刖（yuè）刑（砍脚之刑）之人穿的踊鞋，于是认为以此为职业的同巷之人为了赚钱，会盼望着更多的人被国家砍掉双脚，这不仅会使以此为职业者的品德变坏，甚至会导致一个国家的灭亡，因此对同巷之人表现出极大地反感与恐惧心理。本文主要表现了於陵子的仁义之心。

　　於陵子薪于野①，遇巷之人②。耦负于途③，罢思息焉④。巷之人曰："瞩而坟然者⑤，小人居也，请得假力乎否⑥？"於陵子曰："诺⑦。"及门弛荷⑧，将趾畿焉⑨，睹县踊而止⑩，问曰："奚县此罪人之具也⑪？"巷之人曰："使楚固靡废法乎⑫，小人业为之⑬，靡废步也⑭。"於陵子曰："胡以尔也⑮？毋宁屦而业乎⑯？"巷之人曰："夫屦，指稠而报浅⑰，亡若踊擅而报足⑱，我糊口者⑲。"

【注释】

①薪：柴草。这里用作动词，打柴。

②巷之人：同住一个巷子的人。

③耦(ǒu)负于途：两人一同背着柴草走在回家的路上。耦，两人一起。负，背着。这里指背着柴草。

④罢(pí)思息焉：於陵子累了，想休息一会儿。罢，疲劳。

⑤瞩而坟然者：您看到前面那个高高的土坡。坟然者，高高的地方。坟，高。然，……的样子。

⑥请得假力乎否：请到那里暂时歇息一下，可以吗？假，权且，暂时。力，恢复力气。否，表示询问是否可以的疑问词。

⑦诺：表示同意的应答词。

⑧弛荷：放下背上的柴草。弛，解下，放下。荷，负荷。这里指背着的柴草。

⑨将趾畿(jī)焉：将要抬脚进门时。趾，脚趾。这里用作动词，走。畿，门限，门槛。

⑩睹县踊(xuán yǒng)而止：看见室内悬挂着许多踊鞋，便停了下来。县，悬挂。踊，被砍掉脚的人穿的鞋子。古代有一种刖刑，就是把罪犯的脚砍掉，踊就是供被砍掉脚的人穿的鞋子。

⑪奚县(xuán)此罪人之具也：您家里为什么悬挂了这么多的罪犯用的鞋子呢？奚，为什么。具，器具。这里具体指踊鞋。

⑫使楚固靡废法乎：假如楚国能够坚持不废除现行的刑法。固，坚决，坚持。靡，不。

⑬小人业为之：我的职业就是专门做踊鞋的。为，制作。之，代指踊鞋。

⑭靡废步也：不让受刖刑的人无法走路。靡，不。步，走路。

⑮胡以尔也：怎么能够以这个为职业呢？胡，为何，怎么。尔，这，这种职业。

⑯毋宁屦而业乎：还不如以做普通鞋子为你的职业吧？毋宁，宁可，不如。毋，发语辞。屦，本指用麻、葛等制成的鞋子。这里泛指普通鞋子。而，你，你的。

⑰指稠而报浅：花工夫多而利润低。指，用同"黹"，编织。这里指编织普通鞋子。稠，多。这里指花工夫多。报，报酬，利润。浅，少。

⑱亡（wú）若踊擅而报足：不如做踊鞋较为擅长，而且利润多。亡，无，不。擅，擅长。一说"擅"是独揽的意思。引申为很少，指做踊鞋的人少。关于"踊贵屦贱"的社会现象，见"解读"。

⑲我糊口者：这是我用来养家糊口的职业。

【译文】

於陵子在野外打柴时，遇到一个住在同一巷子的人也在打柴。二人一起背着柴往回走，於陵子觉得有点儿累了，想休息一会儿。同巷子的人说："您看见前面那个高高的土坡，我就住在那里，请到我那里暂时歇息一下，可以吗？"於陵子说："好啊。"走到了同巷子人的家门口，於陵子放下柴草，刚要抬脚进门，忽然看见室内悬挂着许多踊鞋，於陵子便停了下来，问道："你这里怎么悬挂着这么多犯罪的人使用的东西呢？"同巷子的人说："假如楚国坚持不废除现行刑法的话，我就能够以做踊鞋为职业了，让那些被砍掉脚的人还能走路。"於陵子说："你怎么能干这种职业呢？还不如以做普通鞋子为你的职业吧？"同巷子的人说："做普通鞋子，花的工夫多而利润很少，不如做踊鞋较为擅长，而且利润多，这是我用来养家糊口的职业啊。"

【解读】

先秦时期，有五刑之说，指劓（yì，割鼻）、墨（刺字）、刖（yuè，砍脚）、宫（阉割）、大辟（pì，杀头）五种刑罚。"踊"就是专供受刖刑的人穿的鞋子。由于当时用刑酷滥，以至于出现了踊贵屦贱的现象。除了本文记载之外，《韩非子·难二》也记载了这一现象：

　　景公过晏子，曰："子宫小，近市，请徙子家豫章之圃。"晏子再拜而辞曰："且婴家贫，待市食，而朝暮趋之，不可以远。"景公笑曰："子家习市，识贵贱乎？"是时景公繁于刑，晏子对曰："踊贵而屦贱。"景公曰："何故？"对曰："刑多也。"景公造然变色曰："寡人其暴乎！"于是损刑五。

齐景公去看望大臣晏子，说："先生住的房屋很小，又靠近市场，请先生搬家到豫章的园林里去吧。"晏子连拜了两拜，婉言谢绝："我晏婴家里比较贫穷，依靠到市场上购买食物过日子，一早一晚都要到市场上去，不能离它太远啊。"齐景公笑着说："先生比较熟悉市场行情，您知道商品的贵贱吗？"当时齐景公的刑法苛刻而繁杂，于是晏婴就回答说："踊鞋昂贵，而一般的鞋子便宜。"齐景公说："这是什么缘故呢？"晏婴回答说："是因为刑法太多了。"齐景公听后，吃惊得改变了面容，说："我也许太残暴了吧！"于是就减去了五种刑法。

於陵子曰："殆夫①，子之业也！将亡贼咎繇之意②，而亡楚国耶。夫楚，历先神而拊有江汉者③，非得于全民首踵而为之奔走哉④！今考而业也⑤，则是上尸虐主⑥，下藏戮民⑦。虐主戮民，汤、武所为基也⑧。鬻熊将不食乎⑨！且而夺鬻熊之食，以糊其口⑩；尽楚国之足⑪，以实子室⑫。盖所夷豫矣⑬，几何而不怒予亡罪⑭，使子业弗售一人利也⑮。嗟乎⑯！予又安能干楚国之宪⑰，以副子之欲哉⑱！"遂舍薪而趋⑲，曰："巷之人将刖我矣⑳！"

【注释】

①殆（dài）夫：危险，可怕。指这个职业可怕。夫，句末语气词。表示感叹。

②将亡（wú）：即"将无"，莫不是，大概是。贼：伤害，违背。咎繇

（gāo yáo）：一作"皋陶"，虞舜的臣子，是一位非常贤明的司法官员。咎繇制定刑法的本意是为了防止犯罪，而同巷之人却希望楚国不要改变残酷的刑罚，以便自己的踊鞋生意兴隆，所以於陵子批评他违背了咎繇制定刑罚的本意。

③先神：对先祖的美称。拊有：占有，拥有。江汉：长江与汉水。汉水为长江支流。这里指长江流域。

④非得于全民首踵（zhǒng）而为之奔走哉：这难道不是因为有身体健全的民众为楚王奔走效力吗！全民首踵，保全民众的身体。踵，脚跟，这里用"首踵"代指整个身体。

⑤今考而业也：现在考察一下你的职业。考，考察。而，你，你的。

⑥上尸虐主：你上面拥戴暴虐的君主。尸，主。这里是"以……为主"的意思，也即拥戴。因为只有虐主在位，受刖刑的人才会多。

⑦下藏戮民：下面保护了罪犯。藏，收藏，保护。戮，因犯罪而受刑。

⑧虐主戮民，汤、武所为基也：暴虐的君主，犯罪的人们，正是商汤王、周武王能够成功建立新王朝的基础。意思是说，正是因为君主夏桀暴虐、人们荒淫，商汤王才能够推翻夏朝，建立商朝。同样是因为商纣王暴虐，人们荒淫，周武王才能够灭掉商朝，建立周朝。

⑨鬻（yù）熊将不食乎：鬻熊将会得不到祭祀了！鬻熊，楚国君主的先祖。因鬻熊为周朝立下功勋，所以周成王封其后人于楚国，楚国便把鬻熊视为楚国的实际建国者。关于鬻熊的生平事迹，可见本书《鬻子》。食，给……吃。这里指祭祀。楚国如果亡国了，就不再会有人去祭祀鬻熊。下文的"食"，为祭品之义。

⑩且而夺鬻熊之食，以糊其口：再说你夺走了鬻熊的祭品，来养活自己一家。而，你。其，代指同巷之人全家。

⑪尽楚国之足：想砍掉所有楚国人的脚。

⑫以实子室：用来充实你家的财富。

⑬盖所夷豫矣：我大概应该有所预防了。盖，副词。大概。夷，语助

词。朱俊声《说文通训定声·履部》："夷,发声之词。"豫,事先有所准备、提防。

⑭几何而不怒予亡(wú)罪:你很可能会因为我不犯罪而发怒。意思是,於陵子不犯法,脚不被砍掉,不用去买同巷之人的踊鞋,同巷之人将会为此而发怒。几何,表示数目较少。这里具体指不发生以下情况的可能性很小。而,你。亡,无。

⑮使子业弗售一人利也:让您的踊鞋无法赚到我这个人的钱。业,指做踊鞋的职业。这里具体指踊鞋。一人,指於陵子一人。

⑯嗟乎:感叹词。

⑰予又安能干楚国之宪:我又怎么能够违反楚国的法律。安能,怎么能够。干,干犯,违反。宪,法律。

⑱以副子之欲哉:以此满足你赚钱的欲望!副,符合,满足。

⑲遂:于是。趋:跑,逃跑。

⑳刖(yuè):古代的一种酷刑,把脚砍掉。

【译文】

於陵子说:"太可怕了,你的这种职业啊!你盼望人们的脚被砍掉的想法,大概违背了咎繇制定刑法的本意吧,这样将会导致楚国的灭亡。楚国,是经历了历代先辈的努力才拥有了长江流域这片土地的,这难道不是因为有众多的身体健全的民众为历代楚王奔走效力的结果吗!如今考察一下你的这个职业,它上面是要拥戴暴虐的君主,下面是要保护犯罪的人们。前朝那些暴虐的君主与犯罪的人们,正是商汤王、周武王能够成功建立新王朝的基础。你的行为将会使楚国的始祖鬻熊无法再享受祭祀了!而且你这是夺走了鬻熊的祭品,来养活自己的家人;你想砍掉所有楚国百姓的脚,来充实你家的财富。我大概也应该提前提防着你了,你很可能会因为我不犯罪而发怒,因为我不犯罪而你的踊鞋就无法赚到我这个人的钱。哎呀!我又怎么能够去触犯楚国的法律,来满足你的赚钱欲望呢!"于是於陵子赶紧丢下柴草,急忙往外跑去,说:"这位同巷之人也想把我的脚砍掉啊!"

【解读】

职业并不能从根本上改变人的天性,但对于人性的好坏的确会产生不同程度的影响。《孟子·公孙丑上》记载:

> 孟子曰:"矢人岂不仁于函人哉?矢人唯恐不伤人,函人唯恐伤人。巫匠亦然,故术不可不慎也。孔子曰:'里仁为美。择不处仁,焉得智?'夫仁,天之尊爵也,人之安宅也。莫之御而不仁,是不智也。不仁、不智、无礼、无义,人役也。人役而耻为役,由弓人而耻为弓,矢人而耻为矢也。如耻之,莫如为仁。仁者如射,射者正己而后发;发而不中,不怨胜己者,反求诸己而已矣。"

孟子说:"造箭的人难道不如造铠甲的人仁慈吗?造箭的人唯恐自己造的箭不能够伤害人,造铠甲的人却唯恐刀箭伤害了人。巫医和棺材匠的用心也是这样。巫医为人治病,只怕人死了;而棺材匠为了卖棺材,只怕人不死。所以,一个人选择谋生职业的时候不可以不谨慎啊。孔子说:'选择有仁德的地方居住才算是最好。选择住所时而不找有仁德的地方生活,这怎么能够算是明智呢?'仁,是上天赋予的尊贵爵位,是人间最安逸的住宅。如果没有人阻挡却不去施行仁义,是不明智的。不仁不智、无礼无义的人,只配当被别人驱使的仆役。当了仆役而以此为耻,就好像当了造弓的人却又以造弓为耻,当了造箭的人却又以造箭为耻一样。如果真正感到耻辱,最好是去施行仁义。施行仁义的人就好像射手,射手先端正自己的姿势,然后才放箭;如果没有射中,不去抱怨比自己射得好的人,而是反过来在自己身上找原因。"

包括职业在内的生活环境改变不了人的趋利避害之天性,但可以改变人们趋利避害的方法。於陵子认为同巷之人的职业,不仅会使自己的品德变坏,甚至会导致一个国家的灭亡。虽然於陵子的这些想法有一点儿"小题大作",但也有一定的道理,同时也体现了於陵子的仁义之心。

未信

【题解】

　　未信,指於陵子对妻子是否能够甘于贫贱生活的信念还不够信任。於陵子夫妇饥寒交迫,而此时楚王派使者邀请於陵子前去担任宰相,於陵子在谢绝之后,又去试探妻子的想法,而妻子也劝告於陵子坚决不可出任宰相一职,不必为了一点儿富贵而去冒生命的危险。本篇的主旨是赞美於陵子夫妻同心,自乐于贫贱的生活之中。

　　於陵子之妻,齐大夫之子也①。去华靡而降处饥寒②,白首无厌③,而心由未信于於陵子④。他日,於陵子不食且三易旦⑤,积雪距门⑥,突微生烟⑦。楚王使使持黄金百镒⑧,聘於陵子为相。於陵子辞而谢其使者⑨。因入占其妻⑩,曰:"楚王且相我⑪,今日匹夫,明日结驷连骑⑫,食方丈于前⑬,可乎?"

【注释】

　　①子:女儿。先秦时期,儿子、女儿都可称"子"。

　　②去华靡而降处饥寒:舍弃了豪华舒适的生活,甘愿降低生活水准,

　　过着饥寒交迫的贫贱日子。去，舍弃。华靡，豪华奢侈的生活。

③白首无厌：直到老年也不厌恶、嫌弃这种生活。白首，代指老年。

④而心由未信于於陵子：然而妻子的内心想法仍然没有取得於陵子的完全信任。由，通"犹"，依然，仍然。

⑤於陵子不食且三易旦：於陵子连续将近三天没有饭吃。且，将近。三易旦，过了三天。易，变易，过了。旦，日。

⑥积雪距门：积雪堵住了大门。距，通"拒"，抵住。

⑦突微生烟：烟囱里没有一点儿烟火。突，烟囱。微，没有。

⑧使使：派使者。第一个"使"是派遣的意思。第二个"使"是使者的意思。镒（yì）：古代的重量单位。二十两黄金为一镒，一说二十四两黄金为一镒。

⑨辞：拒绝。谢：谢绝。

⑩因入占其妻：于是进入室内试探一下妻子的意思。因，于是，就。占，察看，试探。

⑪且相我：将要委任我为相。且，将要。相，相当于后世的宰相。这里用作动词，任命……为相。

⑫结驷连骑（jì）：带着连续不断的车马、侍从。形容声势显赫。结驷，四匹马共拉一辆车。骑，骑兵或骑马的侍从。

⑬食方丈于前：面前摆放着丰盛的山珍海味。方丈，一丈见方。形容食物丰盛。《孟子·尽心下》："食前方丈，侍妾数百人，我得志，弗为也。"

【译文】

　　於陵子的妻子，是齐国一位大夫的女儿。她舍弃了豪华舒适的生活，甘愿降低生活水平，过着饥寒交迫的贫贱日子，直到老年也没有厌恶、嫌弃这种生活，然而妻子内心的想法仍然没有取得於陵子的完全信任。有一段时间，於陵子已经连续三天没有饭吃，积雪堵住了大门，烟囱里也没有一点儿烟火。楚王派来使臣，带着黄金百镒，来聘请於陵子去任楚国的宰相。於陵子婉言谢绝了楚国使者的邀请。接着於陵子进入室内，想试探一下妻子的意思，说："楚王将要聘任我去当宰相，我今天还是一个普通百姓，明天就能够坐上豪华的车子，带着众多的侍从，吃上丰盛的山珍海味，你觉得可以吗？"

【解读】

於陵子的妻子出身贵族，本来可以享有钟鸣鼎食的富贵生活，却甘愿与於陵子一起过着饥寒交迫的贫贱日子，直到老年也毫无怨言。像这样的贤妻，历史上虽不多见，但也非绝无仅有。《列女传·鲁黔娄妻》记载的一例也非常感人：

> 鲁黔娄先生之妻也。先生死，曾子与门人往吊之。其妻出户，曾子吊之。上堂，见先生之尸在牖（yǒu）下，枕墼（jī）席藁（gǎo），缊（yùn）袍不表，覆以布被，手（首）足不尽敛。覆头则足见，覆足则头见。曾子曰："斜引其被，则敛矣。"妻曰："斜而有余，不如正而不足也。先生以不斜之故，能至于此。生时不邪，死而邪之，非先生意也。"曾子不能应，遂哭之曰："嗟乎，先生之终也！何以为谥？"其妻曰："以'康'为谥。"曾子曰："先生在时，食不充口，衣不盖形。死则手足不敛，旁无酒肉。生不得其美，死不得其荣，何乐于此而谥为康乎？"其妻曰："昔先生君尝欲授之政，以为国相，辞而不为，是有余贵也。君尝赐之粟三十钟，先生辞而不受，是有余富也。彼先生者，甘天下之淡味，安天下之卑位。不戚戚于贫贱，不忻忻（xīn）于富贵。求仁而得仁，求义而得义。其谥为康，不亦宜乎！"曾子曰："唯斯人也，而有斯妇。"

黔娄是春秋末年的隐士，著有《黔娄子》，《汉书·艺文志》《清史稿·艺文志》等都将其列为道家。黔娄先生去世后，他的好友、孔子的弟子曾参前往吊唁。曾参进屋后，看到黔娄的遗体躺在破窗之下，头枕着砖坯，身下垫着烂草席，长袍的衣面已经全部烂掉了，遗体用粗布做的被子覆盖着。被子又短又小，盖住头就露出脚来，盖住脚又露出头来。

曾参说:"把被子斜着盖,就可以盖住黔娄先生的全身了。"黔娄夫人回答说:"与其斜着盖有余,不如正着盖而不足。先生生前正是因为从不做邪恶不正之事,才落得如此贫穷地步。生前不斜,死后却给他斜盖着被子,这不符合先生的生前意愿。"曾参听后不知该如何回答,于是流着眼泪问道:"先生去世了,给他起个什么谥号呢?"所谓"谥号",就是用一两个字对死者的一生德行予以概括。黔娄夫人回答:"以'康'为谥号吧。""康"有安乐的意思。曾参听后大惑不解,问道:"先生生前,食不充饥,衣不遮体。死后手足不能完全覆盖,旁边也没有用来祭祀的酒肉。生前没有过上美好的日子,死后也没有得到应有的荣耀,为什么要用'康'为谥号呢?"夫人回答:"先生生前,国君曾经邀请他为相,但他予以谢绝,这说明他非常的高贵。君主还曾经赐给他三十钟粮食,先生也谢绝了,这说明他非常的富有。我的先生,心甘情愿吃着粗茶淡饭,安于卑贱地位。他不为自己的贫贱而悲伤,也不会为富贵而欣喜。他追求仁爱而得到了仁爱,追求正义而得到了正义,以'康'为谥号,不是也很恰当吗!"曾参听后赞叹说:"正是因为有黔娄这样的先生,才有了这样好的夫人啊!"

看了这段文字,谁能不为之动容!黔娄夫人不仅能够在极为贫苦的生活中无怨无悔地陪同丈夫走完一生,而且在丈夫死后,她又能深刻理解丈夫生前的一片苦心,不仅继承了丈夫的遗志,而且还深为丈夫的贫贱而自豪。於陵子夫人与黔娄夫人相比,毫不逊色,甚至还有过之之处。《庄子·让王》曾经称赞魏牟说:"魏牟,万乘之公子也,其隐岩穴也,难为于布衣之士。"魏牟是战国时代魏国君主的儿子,他抛弃荣华富贵,隐居于深山之中,庄子认为这比普通百姓去当隐士,要艰难得多。我们可以套用庄子的话来评价於陵子夫人:"於陵子夫人,大贵族的女儿,她甘愿过着挨饿受冻的日子,比起普通百姓家的女孩,要艰难得多了。"

与於陵子夫人、黔娄夫人形成鲜明对比的是汉代朱买臣的夫人,《汉书·朱买臣传》记载:

朱买臣字翁子,吴人也。家贫,好读书,不治产业,常艾(yì)薪樵,卖以给食。担束薪,行且诵书。其妻亦负戴相随,数止买臣毋歌呕道中,买臣愈益疾歌,妻羞之,求去。买臣笑曰:"我年五十当富贵,今已四十余矣。女苦日久,待我富贵报女功。"妻恚(huì)怒曰:"如公等,终饿死沟中耳,何能富贵?"买臣不能留,即听去。其后,买臣独行歌道中,负薪墓间。故妻与夫家俱上冢,见买臣饥寒,呼饭饮之。……(后来朱买臣被汉武帝任命为会稽太守,回到故乡会稽)会稽闻太守且至,发民除道,县吏并送迎,车百余乘。入吴界,见其故妻、妻夫治道。买臣驻车,呼令后车载其夫妻,到太守舍,置园中,给食之。居一月,妻自经死,买臣乞其夫钱,令葬。

朱买臣字翁子,是吴地(泛指今江苏南部、浙江一带。一说在今江苏苏州)人。他家里贫穷,却喜欢读书,不会置办家产,常常去砍柴,靠卖柴来供给衣食。朱买臣常常挑着两捆柴草,一边走,一边诵读书籍。他的妻子也背着柴草跟在后面,多次制止他在路上诵读,朱买臣越发大声地诵读,妻子感到羞耻,请求离婚。朱买臣笑着说:"我五十岁时将会富贵,现在已经四十多岁了。你跟着我受苦了这么长时间,等我富贵了,一定好好报答你。"妻子愤怒地说:"像你这种人,最终会饿死在山沟里,怎么能够富贵!"朱买臣无法挽留,就听任妻子离开。此后,朱买臣就独自一人在路上边走边诵读,或者背着柴草穿行于坟墓之间。他的前妻和现任丈夫一起来上坟,看见朱买臣饥寒交迫,就喊他去一起吃饭喝酒。……后来朱买臣被汉武帝任命为会稽太守,回到了故乡会稽。会稽郡的官吏们听说太守就要来了,便征集百姓修整道路,县吏们一起前去迎接,浩浩荡荡地有一百多辆车子。进入吴地后,朱买臣看见他前妻和前妻的现任丈夫也在修路。于是朱买臣就停下车,让后面的车子载上他们夫妻,一起到了太守府,然后把他们夫妻俩安置在园里居住,并供应他们的饮食。过了一个月左右,朱买臣的前妻因羞愧而上吊自杀,朱买臣给她现任丈夫一些钱,让他把前妻安葬了。

　　妻曰：“前夫子不为齐大夫①，后夫子不为楚相，此固妾厚信以生平也②。事毋亦有非然者耶③。妾谓夫子织缕以为食④，非与物亡治也⑤；左琴右书，非与事亡接也⑥。饮水笑歌⑦，乐亦在其中矣。何辱于楚相哉⑧？且结驷连骑，所安不过容膝⑨；食方丈于前，所甘不过一肉⑩。今以容膝之安，一肉之味，怀楚国之忧⑪，可乎？窃恐乱世多害⑫，不保夫子朝夕也⑬。”於陵子笑曰：“子诚我妻也！业已却之矣⑭。”遂信其妻，相与逃去⑮，辟楚之重命⑯。

【注释】

①前：从前。夫子：对於陵子的尊称。

②此固妾厚信以生平也：这让我深信您一辈子都不会再去做官了。此，代指不做官的行为。固，确实，坚信。

③事毋亦有非然者耶：事情竟然又变成不是这样了。非然，不是这样。然，代指不做官的行为。

④妾谓夫子织缕以为食：我认为您以织布为生。谓，认为。缕，丝线，麻线。

⑤非与物亡（wú）治也：并非没有从事任何职业。物，事务，职业。亡，无，没有。治，做。

⑥非与事亡（wú）接也：并非没有做任何事情。亡，无，没有。接，接触，从事。

⑦饮水笑歌：在贫困、简单的生活里谈笑歌咏。饮水，形容生活的贫困与简单。

⑧何辱于楚相哉：何必屈辱地去接受楚国宰相的位置呢？妻子认为，接受楚国宰相的职务，对於陵子来说，是一种屈辱。一说，本句的意思是，当隐士，并不比当宰相更显得受屈受辱。

⑨所安不过容膝：所用来安身的，不过只是很小的一块地方而已。
    容膝，仅仅能够容纳双膝。形容狭小的地方。

⑩所甘不过一肉：能够吃得下的也不过只是很少的一点儿食物。一
    肉，一块肉。形容很少的食物。

⑪怀楚国之忧：去承担整个楚国的忧患。怀，怀抱，承担。

⑫窃恐乱世多害：我很担心在这个混乱的社会里会发生很多灾难。
    窃，谦辞。私下，私自。害，灾难。

⑬不保夫子朝夕也：很难保证您有片刻时间的安全。朝夕，形容时
    间短暂。

⑭业已却之矣：已经拒绝他们了。业已，已经。却，拒绝。

⑮相与：一起。

⑯辟（bì）楚之重（chóng）命：以躲避楚王的再次邀请。辟，避开，躲
    避。重，再次。命，楚王的命令。指楚王对於陵子的聘请、任命。

【译文】

    妻子回答说："从前，先生您不愿当齐国的大夫；后来，您又曾拒绝过做楚国的宰相，这让我深信您一辈子再也不会去做官了。事情竟然又变得不是这样了。我认为先生您以织布为生，不能说没有自己的职业；一边弹琴，一边读书，不能说没有任何事情去做。在贫困、简单的生活里谈笑歌咏，我们可以说是乐在其中了。为什么要甘受屈辱去当楚国的宰相呢？再说，无论多么豪华的车子，所用来安身的也不过是很小的一块地方；无论多么丰盛的山珍海味，能够吃得下的也不过是很少的一点儿食物。如今为了那么一小块安身之地，为了那么一丁点儿食物，就去担负起整个楚国的忧患，这怎么可以呢？我个人还担心在这个混乱的社会里会发生许多灾祸，很难保证先生您一定就有片刻的安全时间。"於陵子高兴地笑着说："你真是我的好妻子啊！其实我已经拒绝他们的聘请了。"于是於陵子对妻子的隐居决心深信不疑，二人一起逃离了原来居住的地方，以躲避楚王再次派人前来聘请。

【解读】

在先秦，还有两位道家人物，发生过与此十分类似的故事。老莱子是先秦的另一位道家人物（有人甚至说他与老子为同一人），也是著名隐士，他的夫人隐居态度比老莱子更为坚定。《列女传》卷二记载，老莱子与妻子在蒙山的南边以农耕为生，他们住的是破草房，铺的是烂草席，穿的是破衣，吃的是粗粮，生活过得非常艰苦。有人把他介绍给楚王，楚王便亲自登门请他出仕，老莱子答应了。妻子劳作回来后，与丈夫有一段对话：

> 王去，其妻戴畚（běn）菜挟薪樵而来，曰："何车迹之众也？"老莱子曰："楚王欲使吾守国之政。"妻曰："许之乎？"曰："然。"妻曰："妾闻之：可食以酒肉者，可随以鞭捶；可授以官禄者，可随以铁（fú）钺。今先生食人酒肉，受人官禄，为人所制也。能免于患乎！妾不能为人所制！"投其畚菜而去。老莱子曰："子还，吾为子更虑。"遂行不顾，至江南而止，曰："鸟兽之解毛，可绩而衣之；据其遗粒，足以食也。"老莱子乃随其妻而居之。

楚王走了之后，老莱子的妻子头顶着一簸箕野菜，胳膊夹着一捆柴草回来了，问老莱子："咱们家门前的车辙痕迹怎么会这么多呢？"老莱子说："楚王来了，想请我去为他管理楚国的政务。"妻子说："您答应他了？"老莱子说："是的。"妻子反对说："我听说：可以被别人用酒肉供养的人，也可以被别人用鞭子抽打；可以被别人授予官职爵位的人，也可以被别人用刀斧砍杀。如今先生您吃了别人的酒肉，接受了别人的官爵，就会受到别人的控制，您能够免除灾祸吗！我不愿意被别人所控制！"妻子说完，扔下簸箕回头就走了。老莱子赶忙说："您回来，我为了您再考虑考虑这件事。"妻子随即离开，连回头看一眼也没有，一直走到长江以南才停下脚步，说："鸟兽脱掉的一些毛羽，可以纺织成衣服穿戴；捡拾一些丢失在田地里的粮食，也完全可以填饱我们的肚子啊。"老莱子于是就追随着妻子一起隐居在江南。

　　类似的一件事还发生在另一位道家人物接舆的身上："楚狂接舆躬耕以食。其妻之市，未返，楚王使使者赍金百镒，造门曰：'大王使臣奉金百镒，愿请先生治河南。'接舆笑而不应，使者遂不得辞而去。妻从市而来曰：'先生少而为义，岂将老而遗之哉！门外车轶，何其深也！'接舆曰：'今者王使使者赍金百镒，欲使我治河南。'其妻曰：'岂许之乎？'曰：'未也。'妻曰：'君使不从，非忠也；从之，是遗义也。不如去之。'乃夫负釜甑，妻戴纴器，变易姓字，莫知其所之。"（《韩诗外传》卷二）老莱子和接舆都能够及时接受妻子的意见，抵挡住了名利的诱惑，继续过着安贫乐道的日子，真可以说是妇唱夫随，琴瑟和谐。

灌园

【题解】

灌园，为别人浇灌菜园以谋生。於陵子谢绝楚王的出仕邀请后，去为别人浇灌菜园以谋生。一位楚国大夫认为於陵子的行为是拒绝施展才华的机会而委屈了自己，於陵子便用历史事实，说明一旦出仕为官，其命运就会掌握在别人手中，还不如自己自始至终就在贫贱的生活中固守着大道，过着自由自在的恬静日子。

於陵子既辞楚相，为人灌园。有楚大夫过而识於陵子于众人，曰："先生不为千乘仆心①，乃为十亩陈力②，毋亦辞信而就屈焉③！"於陵子曰："子徒知信我之为信④，而不知信天之为信耶⑤？夫伊尹之于太甲⑥，周公之于成王⑦，咸身都师保之隆⑧，家侔王室之富⑨，名位冗盛矣⑩。然不免复辟之祸⑪，居东之放⑫，则安在其信也⑬？以是知贵我者之贱⑭，而卑宁不去也⑮；知敬我者之辱⑯，而礼宁不享也⑰；知戚我者之疏⑱，而独宁不群也⑲；知誉我者之损⑳，而晦宁不章也㉑。明不烛其暗暗㉒，而信于蒙冥㉓；知不理其棼棼㉔，而信于寂寞㉕；道不因其升沉㉖，而信于亡往㉗。食力灌园之余，寓神冲虚之表^㉘，一裘御冬^㉙，一箪驱夏^㉚，休息同乎禽鹿^㉛，内征吾天^㉜，息息然为伊尹、周公降气也者^㉝，而子顾屈我^㉞，亦不怪乎！"

【注释】

①千乘（shèng）：中等国家。这里指楚国。乘，古时一车四马叫作"一乘"。能够拥有千乘战车的国家在当时属于中等国家。楚国大夫这样讲，带有谦虚的成分，因为楚国当时属于能够拥有万乘战车的大国。仆心：劳心，操劳。仆，劳苦。

②乃为十亩陈力：却为十亩大的菜园子出力。乃，却。陈力，出力。

③毋亦辞信（shēn）而就屈焉：这不是拒绝了施展才能的机会，而自甘屈辱的地位吗！信，通"伸"，伸展。这里指施展自己的才华。与后面的"屈"相对。

④子徒知信（shēn）我之为信（shēn）：您只知道让我做官是施展了我的才华。徒，仅仅。

⑤而不知信（shēn）天之为信（shēn）耶：而不知道顺应天道才是真正施展了我的才华。於陵子认为自己的行为是顺应了天道，这才是真正施展了自己的才华。

⑥伊尹之于太甲：伊尹在商朝天子太甲那里。指伊尹辅佐太甲。伊尹，名挚，又称"伊挚"。夏末商初人，商朝的开国贤相。伊尹辅佐商汤王灭掉夏桀，被尊为阿衡。因为商汤王的太子太丁还未即位而去世，所以商汤王去世后，伊尹就先后辅佐了太丁的弟弟外丙、仲壬两位君主。仲壬去世后，伊尹又辅佐太丁之子太甲。太甲即位后，荒淫无度，完全违背了商汤王的治国方略，被伊尹放逐到了桐（在今山东曹县东，一说在今河南偃师西）。三年之后，太甲悔过自新，伊尹又把他迎接回来复位。一说伊尹放逐太甲之后，自立为王，太甲从桐潜回京师，杀死伊尹。这就是下文所说的

"复辟之祸"。

⑦周公之于成王：周公在周成王那里。周公，周武王之弟，姓姬，名旦。辅助武王灭商。武王去世后，成王即位。因成王年幼，由周公摄政。武王的兄弟管叔、蔡叔等散布流言蜚语，怀疑周公篡位，于是勾结商纣王之子武庚禄父反叛。周公率军东征，杀武庚禄父、管叔，流放蔡叔。由于嫌疑未除，周公不得不继续留居东都洛邑，后来还一度逃往楚国。这即下文所说的"居东之放"。

⑧咸身都师保之隆：都曾经身居太师、太保的高位。咸，全，都。都，居于。师保，古代担任辅导和协助帝王治国的高级官员，有师有保，统称"师保"。周代最高官员为三公，即太师、太傅、太保。"师保"即其中的太师与太保。隆，高。这里指高位。

⑨侔（móu）：相等，一样。

⑩名位冗盛矣：名誉与地位可以说达到鼎盛了。冗，多，繁多。"冗"疑为"亢"字，因形近而误。亢，高。

⑪复辟（bì）之祸：君主复辟后带来的灾祸。复辟，指失位的君主复位。具体指太甲复辟后伊尹被杀之事。辟，君主，君位。

⑫居东之放：被流放到了东边。具体指周公为避免成王猜忌而留居东都洛邑。

⑬则安在其信（shēn）也：那么他们所谓的才华施展又表现在哪里呢？安，哪里。

⑭以是知贵我者之贱：因此我知道那些能够使我高贵的人，也能够使我变得低贱。贵我，使我高贵。

⑮而卑宁不去也：而我就宁肯始终守着卑贱的地位。去，离去。

⑯知敬我者之辱：我知道那些尊敬我的人，也能够羞辱我。

⑰而礼宁不享也：而我就宁肯始终不享有这种尊敬的礼遇。

⑱知戚我者之疏：知道那些亲近我的人，也能够疏远我。戚，亲近。疏，疏远。

⑲而独宁不群也：而我就宁肯始终孤独一人，也不愿与他们相处在一起。群，会合，一起。

⑳知誉我者之损：知道赞誉我的人，也能够使我的名声受到损害。誉，赞誉。

㉑而晦宁不章也：而我就宁肯始终默默无闻而不求扬名。晦，不显著，默默无闻。章，彰显，著名。

㉒明不烛其暗暗：我的那一点儿光亮无法照亮这个黑暗的社会。烛，照亮。暗暗，昏暗的样子。

㉓而信（shēn）于蒙冥：而我就在昏暗之中发挥一点儿自己的作用。蒙冥，昏暗的样子。

㉔知不理其棼棼（fén）：我的那一点儿智慧无法治理好这个纷乱的国家。知，同"智"，智慧。棼棼，纷乱的样子。

㉕而信（shēn）于寂寞：而我就在寂寞之中多少做一点儿事情。

㉖道不因其升沉：我心中的大道不会因为我的处境好坏而有所改变。升沉，提高或降低。这里指改变。

㉗而信（shēn）于亡（wú）往：无论到哪里去我都可以展现自己的大道。亡往，无论到任何地方。亡，无。

㉘寓神冲虚之表：让自己的精神自由自在地游荡于虚净的境界之上。寓，放置。冲虚，恬淡虚静。冲，虚净。表，在……之外。引申为"在……之上"。

㉙一裘御冬：穿一件粗糙的兽皮衣就可以抵御冬天的寒冷。裘，这里指粗糙的兽皮衣。

㉚一箑（shà）驱夏：拿一把扇子就能够驱除夏日的炎热。箑，扇子。

㉛休息同乎禽鹿：与鸟兽生活在一起。休息，生活。休，休息。息，生长。这里引申为活动。

㉜内征吾天：在内心里修养好我的天性。征，求，修养。一说"征"是"成就""保护"的意思。

㉝息息然为伊尹、周公降气也者：我在一呼一息之中，慢慢地降低了像伊尹、周公那样热衷富贵名利的意愿。息，一呼一吸为一息。气，意气，意愿。

㉞而子顾屈我：然而您却认为我为人浇灌菜园是让我受到了屈辱。顾，副词。表示轻微的转折。

【译文】

　　於陵子委婉地拒绝了让他出任楚国宰相的聘请之后，便去为别人浇灌菜园以维持生活。有一位楚国大夫从这里路过，在众人中认出了於陵子，于是就对於陵子说："於陵先生不愿为国家操劳，却甘愿为几亩菜园子卖力，这难道不是舍弃了施展自己才华的机会，而自甘于屈辱的生活吗！"於陵子回答说："您只知道让我做官是施展了我的才华，而不知道顺应天道才是真正地施展了我的才华。当年伊尹辅佐商朝天子太甲，周公辅佐周成王，他们都曾经身居太师、太保这样极为尊荣的高位，家里与王室一样的富有，他们的名声与地位可以说都达到了鼎盛。然而伊尹没能躲过太甲复位后被杀的灾祸，周公也没能免除成王的怀疑而被放逐到了东都洛邑，他们所谓的才华施展又表现在哪里呢？因此我知道那些能够使我高贵的人，也能够使我变得低贱，那么我就宁肯始终守着卑贱的地位；我知道那些能够尊敬我的人，也能够羞辱我，那么我就不愿享有他们这种尊敬的礼遇；我知道那些能够亲近我的人，也能够疏远我，那么我就宁肯始终孤独一人也不愿与他们相处在一起；我知道那些能够赞扬我的人，也能够使我的名声受到损害，那么我就宁肯始终默默无闻而不求扬名。我的那一点儿光亮无法照亮这个黑暗的社会，那么我就在黑暗之中发挥一点儿自己的作用；我的那一点儿智慧不能治理好这个纷乱的国家，那么我就在寂寞之中多少做一点儿好事，我心中的大道不会因为我的处境好坏而有所改变，无论到哪里去我都要遵循着大道生活。我在为人浇灌菜园、自食其力的劳动之余，让自己的精神在恬淡虚静的境界中自由遨游，一件粗糙的兽皮衣就可以让我抵御冬天的寒冷，一把扇子就可以让我驱除夏天的炎热，我与飞鸟走兽们一起生活，在内心修养好自己的天性，我在一呼一吸之中，慢慢降低了像伊尹、周公那样热衷于富贵名利的意愿，然而您却认为我为人浇灌菜园是受到了屈辱，这不是很奇怪吗！"

【解读】

本篇"食力灌园之余，……息息然为伊尹、周公降气也者"这段话所描述的自由生活很类似《庄子·让王》中善卷的生活：

> 舜以天下让善卷，善卷曰："余立于宇宙之中，冬日衣皮毛，夏日衣葛絺；春耕种，形足以劳动；秋收敛，身足以休食；日出而作，日入而息，逍遥于天地之间，而心意自得。吾何以天下为哉！悲夫，子之不知余也！"遂不受。于是去而入深山，莫知其处。

舜帝想把天下禅让给善卷，善卷谢绝说："我生活于天地之间，冬天穿着兽皮袄，夏天穿着葛布衣；到了春季下地耕种，我的身体完全可以从事这样的劳动；到了秋天收获粮食，我的身体便可以得到休息和食物；太阳升起时我就起身劳作，太阳落山了我就回家歇息，我自由自在地生活于天地之间，已经是心满意足。我为什么还要去治理天下呢！可悲呀，您一点儿也不了解我啊！"善卷没有接受舜帝的禅让。接着善卷就离开家乡进入深山，没有人知道他隐居在什么地方。

古代有一首非常著名的民歌——《击壤歌》，我们就以这首民歌作为本书的结束语：

> 日出而作，日入而息；凿井而饮，耕田而食；帝力于我何有哉！

据《艺文类聚》引《帝王世纪》说，尧在位时，天下安定太平，百姓生活幸福美满，有几位老人一边在地里平整土地，一边唱了这首歌曲。百姓们"日出而作，日入而息"，渴了"凿井而饮"，饿了"耕田而食"，一切都是那样的自由祥和，他们根本感觉不到君主的存在。清人沈德潜的《古诗源》把这首民歌置于《古逸》的第一首，也就是说，清人认为这首民歌是现存最古老的民歌。既然能够过上如此悠闲自由的日子，谁还愿意去做日夜费心、操劳的天子、官吏呢！

中华经典名著
全本全注全译丛书
（已出书目）